本书是教育部哲学社会科学研究重大课题攻关项目
“我国货币政策体系与传导机制研究”
（08JZD0015）的阶段性成果

CHINA'S MACROECONOMIC MANAGEMENT UNDER EXTERNAL AND INTERNAL DISEQUILIBRIA

内外失衡下的中国宏观调控

苏 剑◎著

北京大学出版社
PEKING UNIVERSITY PRESS

图书在版编目(CIP)数据

内外失衡下的中国宏观调控/苏剑著. —北京:北京大学出版社,2012.1
ISBN 978-7-301-19950-3

Ⅰ. ①内… Ⅱ. ①苏… Ⅲ. ①中国经济-宏观经济调控-研究 Ⅳ. ①F123.16

中国版本图书馆 CIP 数据核字(2011)第 265011 号

书　　　名:内外失衡下的中国宏观调控
著作责任者:苏　剑　著
责 任 编 辑:仙　妍
标 准 书 号:ISBN 978-7-301-19950-3/F·3006
出 版 发 行:北京大学出版社
地　　　址:北京市海淀区成府路 205 号　100871
网　　　址:http://www.pup.cn
电　　　话:邮购部 62752015　发行部 62750672　编辑部 62752926
　　　　　　出版部 62754962
电 子 邮 箱:em@pup.cn
印　刷　者:北京大学印刷厂
经　销　者:新华书店
　　　　　　730 毫米×1020 毫米　16 开本　14 印张　226 千字
　　　　　　2012 年 1 月第 1 版　2012 年 1 月第 1 次印刷
印　　　数:0001—4000 册
定　　　价:36.00 元

序　　言

目前,我国经济面临着非常复杂的形势。在工业化、城镇化、市场化、全球化、信息化的大背景下,我国还面临着内外失衡的局面。国际上,我国持续多年的巨额贸易顺差和资本项目顺差表明我国的对外经济已经严重失衡。在国内,流动性过剩和产能过剩的局面已经出现很久而且有越来越严重的倾向,而近年来我国劳动力市场上出现的"民工荒"等现象也表明我国经济很可能已经接近甚至已经越过了所谓的"刘易斯拐点",与之相伴的是劳动力成本的上升,同时,随着我国经济的长期持续快速增长,自然资源也出现严重短缺的局面,因而自然资源的价格也在上涨,工资和自然资源价格的上涨导致了我国生产成本的上涨,这与流动性过剩和产能过剩结合在一起,使得中国经济出现了前所未有的复杂性。如何应对这一复杂的经济形势是我国目前面临的一个重大挑战。

最近几年来,苏剑对这个问题进行了大量的思考,提出了许多独到而且很有道理的见解,并就这一问题发表了许多文章。他的著作《内外失衡下的中国宏观调控》一书就是对他的这些成果的汇总。在这本书中,他探讨了中国流动性过剩产生的原因及其对中国经济的危害,产能过剩与金融危机的关系,生产成本上升对中国经济的影响,以及我国针对这些问题的应对措施。

在我看来,苏剑在这本书中的首要贡献是对宏观调控体系的创新。他把供给管理重新引入了短期宏观调控,详细讨论了供给管理政策的各项工具,提出了同时强调需求管理和供给管理的短期宏观调控体系。他指出了目前标准的宏观调控体系忽视供给管理的严重缺陷,解释了供给管理为何可被用于短期宏观调控。引入供给管理之后,现在宏观经济中面临的许多问题就能够得到解决,比如困扰宏观调控多年的"滞胀"问题。

其次,他对需求管理政策也提出了新的思想。他在需求管理中引入了"创新支持政策”的概念。现在世界各国都很重视创新活动，但创新活动是如何影响宏观经济的？对这一问题却没有明确的回答。实际上，世界各国都在采取各种政策鼓励创新，但这些“创新支持政策”在宏观经济学和宏观调控中却未被考虑，这显然是不合适的。苏剑的这本书论述了创新支持政策对刺激总需求的意义，指出了在刺激总需求方面“创新支持政策”相对于传统的货币政策和财政政策的巨大优势，那就是“创新支持政策”刺激出来的总需求是优质总需求，有助于提高宏观经济的强健性，具有防范金融危机的功能。

再次，苏剑讨论了我国经济增长方式的转换问题，分析了一国的实际和目标经济增长方式的决定因素，指出我国经济增长方式转换应考虑要素禀赋结构。所谓的“粗放型”增长未必不好，而所谓的“集约型”增长未必就好，主要看经济是否实现了成本最小化，只有能够实现成本最小化的经济增长方式才是好的经济增长方式。我国在经济发展的初级阶段，资金短缺，技术落后，因此进行技术开发来提高生产效率从而实现经济增长的方式的成本就比较高，因此应该尽量使用比较丰裕的劳动力资源。因此，他指出，在经济发展的初级阶段，最优经济增长方式必然是要素密集型的，即所谓的“粗放型增长”，只不过更具体一点说，应该是劳动密集型增长方式。

最后，苏剑在讨论我国目前面临的实际问题的时候，把人口政策也纳入了分析框架之中，分析了计划生育政策跟我国现阶段和未来的宏观经济形势的矛盾，提出我国应重新审视我国的人口政策，并尽快放松甚至取消计划生育政策。

苏剑的这本书中还分析了本次全球金融危机出现的原因以及我国的应对措施等许多问题。总之，苏剑的这本书中有许多闪光点，在理解我国目前的宏观经济问题方面能够给读者一定的启迪。

我认为，中国经济很复杂，对中国经济的研究和理解需要一个漫长的过程，也需要无数研究人员长期艰苦的努力。苏剑的这本书就是这种努力的一种体现。我希望他继续努力，进一步深入研究宏观经济问题尤其是中国的宏观经济问题，并祝愿他取得更多成果。

刘伟
2011 年 6 月 17 日

目　　录

第一部分　概　　论

第二部分　产能过剩、全球金融危机及我国的应对措施

第三部分 流动性过剩

第四部分 要素禀赋结构的变化与我国经济发展方式的转换

第五部分 我国的对策

第六部分 展 望

第一部分

概　　论

第　一　章

中国宏观经济的总体情况

自1978年以来,中国开始步入从计划经济向市场经济的转型期,而这个时期,中国宏观经济的方方面面对我们来说都是一个全新的视野。要想了解中国经济面临的机遇与挑战以及相应的宏观经济政策,就必须先从中国宏观经济的总体状况入手。本章将从中国的GDP及其增长、价格水平、需求和供给结构、区域结构、人口和劳动力、所有制、科技实力、国际收支、货币供给等方面来介绍中国宏观经济的总体状况,并简单阐述我国经济目前面临的几个主要问题。

第一节　中国的GDP及其增长率

一、中国的真实GDP及其增长率

自改革开放以来,我国经济高速增长。表1.1给出了1978年以来我国的真实国内生产总值及其增长率、人均真实国内生产总值及其增长率以及真实国民总收入的数据(以2009年价格水平计算)。2009年,中国的真实国内生产总值达到340 507万元,是1978年的18.6倍,年均增长率为9.7%;相应地,中国的人均真实国内生产总值达到25 575元,是1978年的13.4倍,年均增长率为8.6%;中国的真实国民总收入达到343 465万元,是1978年的18.8倍,年均增长率为9.8%。2010年中国的GDP达到375 579亿元(以2009年价格计算),比2009年增长10.3%。

表 1.1　中国的真实 GDP 及其增长率(以 2009 年价格计算)

年份	国民总收入(万元)	国内生产总值(万元)	国内生产总值的年增长率(%)	人均国内生产总值(元)	人均国内生产总值的年增长率(%)
1978	18 282	18 282	—	1 912	—
1979	19 671	19 671	7.6	2 029	6.1
1980	21 209	21 209	7.8	2 161	6.5
1981	22 311	22 321	5.2	2 246	3.9
1982	24 375	24 342	9.2	2 413	7.5
1983	27 088	26 984	11.1	2 637	9.3
1984	31 233	31 079	15.3	2 998	13.7
1985	35 361	35 264	13.2	3 355	11.9
1986	38 381	38 384	8.5	3 598	7.2
1987	42 802	42 830	11.5	3 951	9.8
1988	47 642	47 661	11.3	4 326	9.5
1989	49 623	49 598	4.2	4 434	2.5
1990	51 641	51 502	4.1	4 537	2.3
1991	56 345	56 229	9.1	4 886	7.7
1992	64 270	64 237	14.1	5 514	12.8
1993	73 054	73 207	13.7	6 212	12.7
1994	82 630	82 783	13.1	6 946	11.8
1995	90 342	91 827	9.3	7 621	9.7
1996	99 550	101 018	10.2	8 297	8.9
1997	109 134	110 409	9.6	8 976	8.2
1998	117 114	119 058	7.3	9 587	6.8
1999	126 419	128 130	7.9	10 228	6.7
2000	137 233	138 933	8.6	11 003	7.6
2001	148 288	150 465	8.1	11 830	7.5
2002	162 443	164 130	9.5	12 819	8.4
2003	179 723	180 585	10.6	14 016	9.3
2004	198 435	198 797	10.4	15 338	9.4
2005	222 324	221 281	12.0	16 973	10.7
2006	250 725	249 332	12.8	19 018	12.0
2007	286 735	284 643	14.4	21 599	13.6
2008	314 238	312 068	9.6	23 558	9.1
2009	343 465	340 507	9.3	25 575	8.6

资料来源:作者根据《中国统计年鉴》(2010)表 2-1 和 2-5 计算得到,2009 年为基年。

从表 1.1 中可以看出中国经济形势的一个比较重要的变化，那就是国民总收入与国内生产总值的相对大小的变化。我们把表 1.1 中国民总收入与国内生产总值之差画在图 1.1 中，就可以看出这个差额的变化。如果这个差额小于 0，表明我国要素在国外取得的收入小于外国要素在我国取得的收入；相反，如果这个数字大于 0，就表明我国要素在国外取得的收入大于外国要素在我国取得的收入。[①] 1994 年前，这个差额很小，说明我国经济这一时期的对外开放度不高，或者说，外国在我国的直接投资尚未产生效益。而从 1995 年起，这个差额急剧下降，并在 2001 年达到最小值（ -2 178 万元），占该年 GDP 的 1.45%，说明我国此前引入的外资在这一段时期开始产生效益，外国人在我国的净要素收入急剧上升。从 2001 年起，这一差额开始急剧上升，在 2005 年变为正值，并在 2009 年达到 2 958 万元，占该年度 GDP 的 0.87%。这说明我国从外国取得的收入大于外国在我国取得的收入。这跟我国的外国直接投资和我国的对外投资形势的变化是一致的。见图 1.2。

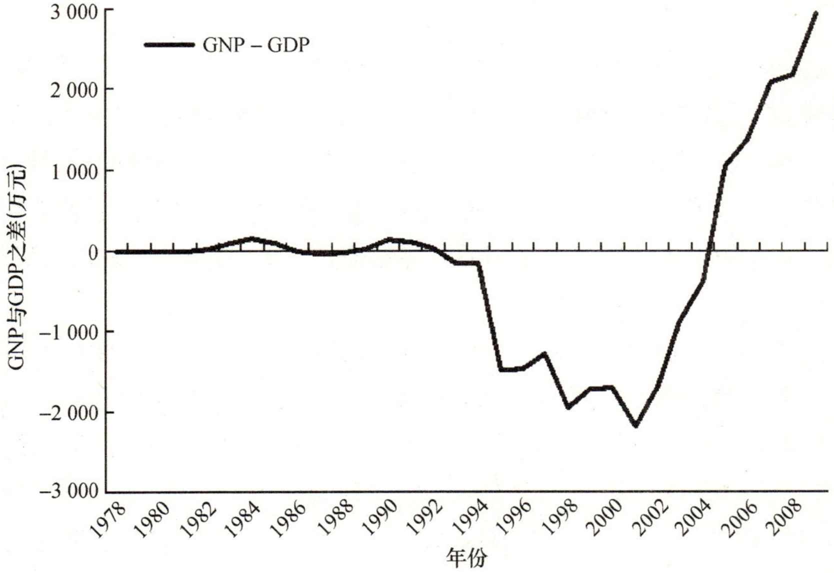

图 1.1　国民总收入与国内生产总值之差

资料来源：作者根据《中国统计年鉴》（2010）表 1.1 计算得到。

① 当然，还有收入的国际转移，但我们查不到国民总收入的来源构成的数据，所以假定这个项目数额较小，予以忽略。

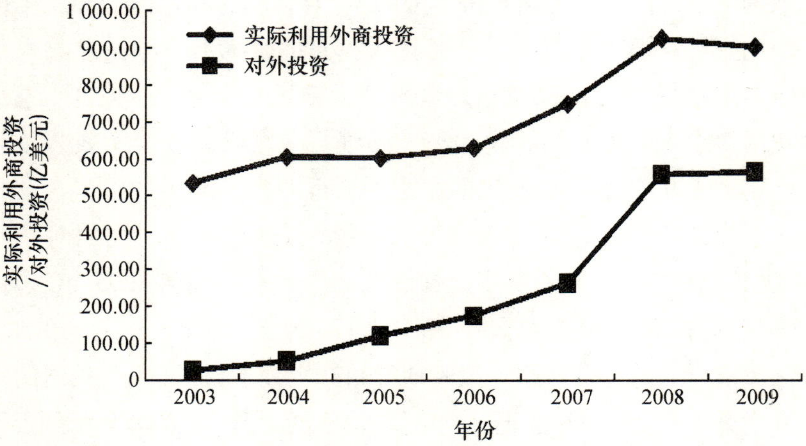

图 1.2 外国直接投资和我国的对外投资形势变化

资料来源:作者根据《中国统计年鉴》(2010)表 6-13 和 18-1 整理得到。

二、以美元计价的中国 GDP 和人均 GDP

以人民币计价的中国 GDP 可以对我国经济的纵向发展有一个概览,但是这个指标并不具备横向可比性。为了能够在世界范畴内对我国的经济发展状况有一个概览,我们必须通过汇率换算来计算出一个具有世界标准的数值。目前国际市场上,美元仍然具有国际货币的职能,所以在这一部分,我们介绍用美元计价的中国 GDP,换算机制采用的是每年现价 GDP 与当年年末的人民币/美元汇率。

通过图 1.3,我们可以发现,2000 年后我国经济走入了一个快速上升的通道,2000 年后经济的平均增长率为 16.4%。2009 年,我国的美元计价 GDP 达到了 49 868 亿美元;2010 年达到了 58 786 亿美元。[①] 而与总量趋势一致,我国的人均美元 GDP 也在 2000 年后进入了一个快速上升的通道,平均增长率为也达到了 15.8%。见图 1.4。这表明,无论从总量上还是人均量上,我国经济近十年都呈现了一个良好的态势。

① 参见 http://www.chinanews.com/cj/2011/02-14/2840655.shtml,查阅时间 2011.05.31。

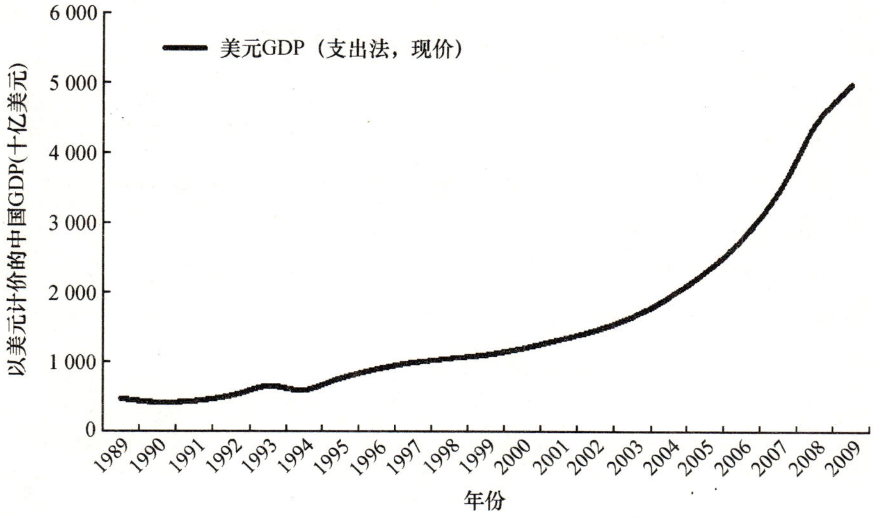

图 1.3　以美元计价的中国 GDP

资料来源:中经网数据库。

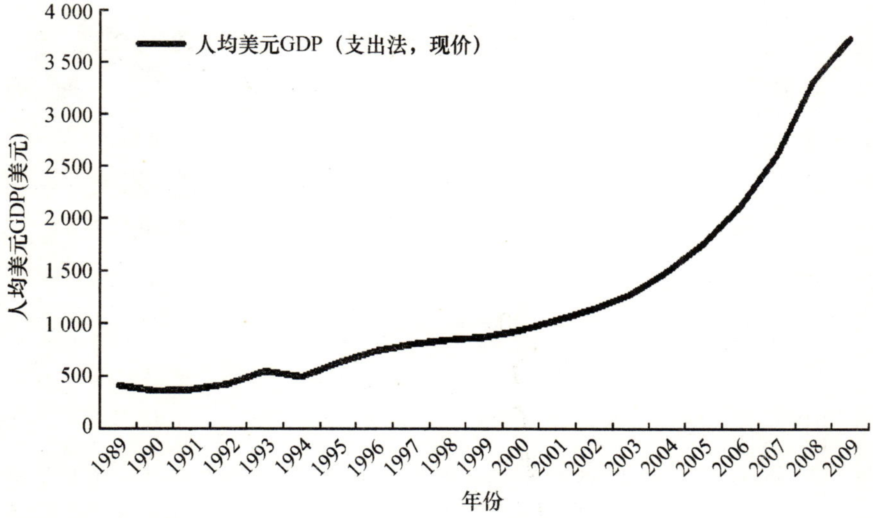

图 1.4　人均美元 GDP

资料来源:中金网数据库,作者根据《中国统计年鉴》(2010)表 3-1 计算得到。

第二节 中国的价格水平

经济的发展一定会伴随着价格水平的变动，尤其是转型时期，由于市场变动而释放出的不确定因素，很可能会表现在价格水平的剧烈变动上。自1978年以来，我国衡量价格水平的几个指数基本上呈同向变动。居民消费价格指数(CPI)的平均值为105.4，固定资产投资价格指数(PPI)自1990年以来的平均值为105.1，工业品出厂价格指数自1991年以来的平均值为104.7。见图1.5。作为一个转型经济体，可以说表现良好。

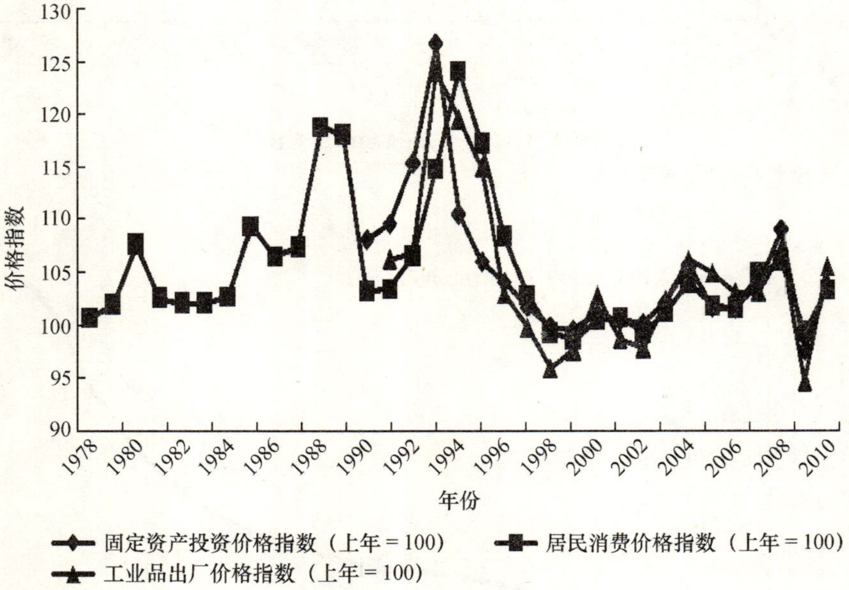

图1.5 中国的价格水平

资料来源：作者根据《中国统计年鉴》(2010)表9-1整理得到。

20世纪90年代初，我国开始价格改革，CPI、PPI和工业品出厂价格指数都在110以上，也就是说，在价格改革开始的几年，我国通货膨胀率在10%以上。进入到90年代末，价格水平稳定在了一个比较平稳的状态，除了1998年和1999年经历了通货紧缩以外，其他年份都是轻微的通货膨胀。值得注意的是，2009年我国的通货膨胀率也是负值，这与2008年年末爆发的世界性金融经济危机不无关系。

第三节　中国的需求结构

支出法 GDP 由消费、投资、政府购买和净出口构成，我国的统计数据将政府购买按最终消费和投资来处理。也就是说，政府购买的投资部分作为资本形成总额计入总值，消费部分按照最终消费总额计入总值。

在我国改革开放初期，我国经济的对外开放度不高，消费和投资基本上构成了我国 GDP 的全部，净出口只占到很小的一个部分。而随着改革开放进程的推进，尤其是进入 90 年代以来，净出口对经济的影响逐渐加大。值得注意的是，随着时间的推移，我国的消费占经济总量的比例是逐渐减少的，1978 年消费占经济总量的 62.1%，而 2009 年这一比重下降到了 48.0%。投资的比重则从 38.2% 上升到了 47.7%。见表 1.3 和图 1.6。

表 1.3　支出法构成的 GDP 核算(以 2009 年价格计算)

年份	支出法国内生产总值(亿元)	最终消费支出(亿元)	资本形成总额(亿元)	货物和服务净出口(亿元)	最终消费率(%)	资本形成率(%)	净出口(%)
1978	18282.0	11353.2	6986.6	-57.8	62.1	38.2	-0.32
1979	19671.0	12658.8	7108.3	-96.1	64.4	36.1	-0.49
1980	21209.0	13889.8	7387.1	-67.9	65.5	34.8	-0.32
1981	22321.0	14980.0	7264.8	76.2	67.1	32.5	0.34
1982	24342.0	16176.3	7769.4	396.3	66.5	31.9	1.63
1983	26984.0	17912.4	8851.1	220.5	66.4	32.8	0.82
1984	31079.0	20456.9	10616.6	5.5	65.8	34.2	0.02
1985	35264.0	23257.4	13432.8	-1426.2	66.0	38.1	-4.04
1986	38384.0	24917.7	14398.4	-932.2	64.9	37.5	-2.43
1987	42830.0	27226.5	15565.8	37.7	63.6	36.3	0.09
1988	47661.0	30474.5	17654.4	-468.0	63.9	37.0	-0.98
1989	49598.0	31986.2	18143.6	-531.8	64.5	36.6	-1.07
1990	51502.0	32183.8	17959.9	1358.4	62.5	34.9	2.64
1991	56229.0	35095.9	19595.2	1537.9	62.4	34.8	2.74
1992	64237.0	40090.0	23504.8	642.2	62.4	36.6	1.00
1993	73207.0	43403.0	31150.6	-1346.7	59.3	42.6	-1.84
1994	82783.0	48205.5	33532.1	1045.3	58.2	40.5	1.26
1995	91827.0	53379.3	36997.1	1450.5	58.1	40.3	1.58

（续表）

年份	支出法国内生产总值（亿元）	最终消费支出（亿元）	资本形成总额（亿元）	货物和服务净出口（亿元）	最终消费率（%）	资本形成率（%）	净出口（%）
1996	101 018.0	59 822.6	39 207.8	1 987.6	59.2	38.8	1.97
1997	110 409.0	65 090.0	40 519.2	4 799.8	59.0	36.7	4.35
1998	119 058.0	70 979.7	43 084.9	4 993.4	59.6	36.2	4.19
1999	128 130.0	78 230.5	46 332.8	3 566.7	61.1	36.2	2.78
2000	138 933.0	86 548.7	49 021.4	3 362.8	62.3	35.3	2.42
2001	150 465.0	92 372.7	54 884.1	3 208.2	61.4	36.5	2.13
2002	164 130.0	97 839.2	62 075.5	4 215.2	59.6	37.8	2.57
2003	180 585.0	102 674.0	73 964.2	3 946.9	56.9	40.9	2.19
2004	198 797.0	108 241.2	85 512.8	5 043.0	54.4	43.0	2.54
2005	221 281.0	117 127.3	92 065.0	12 088.7	52.9	41.6	5.46
2006	249 332.0	126 362.2	104 285.6	18 684.2	50.7	41.8	7.49
2007	284 643.0	140 815.1	118 793.0	25 034.9	49.5	41.7	8.80
2008	312 068.0	150 975.9	137 080.7	24 011.4	48.4	43.9	7.69
2009	345 023.6	165 526.8	164 463.5	15 033.3	48.0	47.7	4.36

资料来源：作者根据《中国统计年鉴》(2010)表 2-1、表 2-5 和表 2-17 计算得到，2009 年为基年。

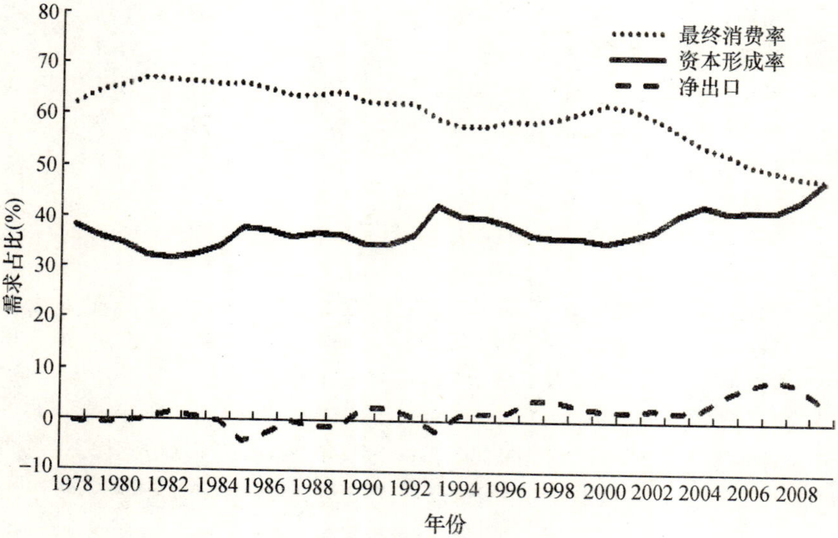

图 1.6　三大需求所占比重

资料来源：作者根据《中国统计年鉴》(2010)表 2-17 整理得到。

图1.7给出了每年中国真实GDP的增长率中投资、消费和净出口各自的贡献。从图中我们可以看出,近十年来的大部分时间里我国的经济增长中投资和消费的贡献基本相当,而净出口的贡献的波动性很大。2009年是一个特殊的年份,受全球金融危机和我国宏观调控政策的影响,这一年中国9.1%的经济增长中,投资的贡献达8.7个百分点,对这一年中国经济增长的贡献达95.2%,而净出口的贡献则是-3.7个百分点。

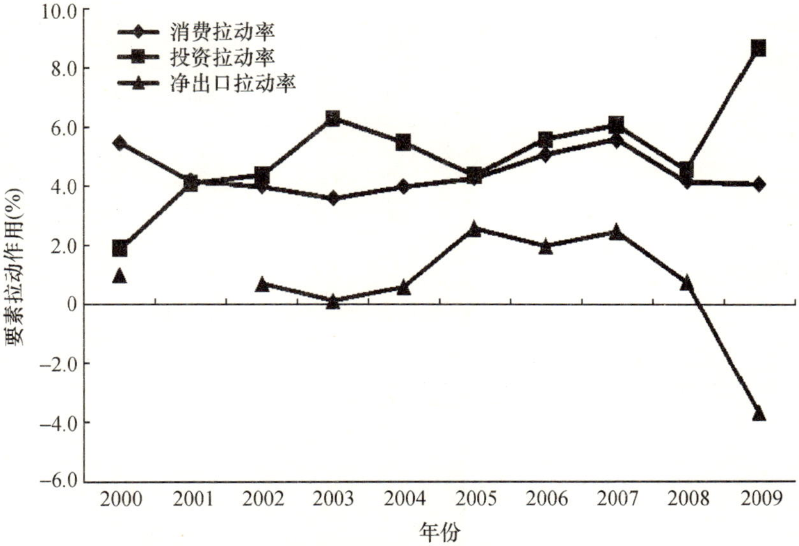

图1.7　各构成要素对经济增长的拉动作用

资料来源:作者根据《中国统计年鉴》(2010)表2-20整理得到。

第四节　中国的产业结构

产业结构实际上就是供给结构。最近30年来,我国的第一产业的比重总体上逐步下降,第二产业的比重相对比较稳定,而第三产业的比重则在逐步上升。2009年,以当年价格计算的第一产业总值为35 226.0亿元,占总产值的10.3%;第二产业总值为157 638.8亿元,占总产值的46.2%;第三产业总值为147 642.1亿元,占总产值的43.3%。表1.4和图1.8给出了中国产业结构的演变情况。从1978年到1982年,由于当时的农村改革,中国农业的比重是逐步上升的,此后中国的农业制度基本上稳定下来,农业的比重就逐步下降。

表 1.4 中国的产业结构(以 2009 年价格计算)

年份	第一产业		第二产业		第三产业	
	比重(%)	增长率(%)	比重(%)	增长率(%)	比重(%)	增长率(%)
1978	28.2	—	47.9	—	23.9	—
1979	31.3	0.17	47.1	0.04	21.6	-0.05
1980	30.2	0.04	48.2	0.10	21.6	0.07
1981	31.9	0.10	46.1	-0.01	22.0	0.06
1982	33.4	0.11	44.8	0.03	21.8	0.06
1983	33.2	0.11	44.4	0.11	22.4	0.15
1984	32.1	0.14	43.1	0.14	24.8	0.30
1985	28.4	0.02	42.9	0.15	28.7	0.33
1986	27.2	0.02	43.7	0.09	29.1	0.09
1987	26.8	0.11	43.6	0.12	29.6	0.14
1988	25.7	0.06	43.8	0.11	30.5	0.14
1989	25.1	0.02	42.8	0.02	32.1	0.10
1990	27.1	0.10	41.3	-0.01	31.6	0.00
1991	24.5	-0.01	41.8	0.10	33.7	0.17
1992	21.8	0.03	43.4	0.20	34.8	0.19
1993	19.7	0.01	46.6	0.20	33.7	0.08
1994	19.8	0.14	46.6	0.13	33.6	0.13
1995	19.9	0.12	47.2	0.13	32.9	0.09
1996	19.7	0.08	47.5	0.11	32.8	0.09
1997	18.3	0.02	47.5	0.10	34.2	0.15
1998	17.6	0.04	46.2	0.06	36.2	0.15
1999	16.5	0.02	45.8	0.08	37.7	0.13
2000	15.1	0.01	45.9	0.11	39.0	0.14
2001	14.4	0.04	45.1	0.07	40.5	0.12
2002	13.7	0.03	44.8	0.07	41.5	0.11
2003	12.8	0.02	46.0	0.12	41.2	0.09
2004	13.4	0.15	46.2	0.11	40.4	0.08
2005	12.1	0.00	47.4	0.13	40.5	0.11
2006	11.1	0.02	47.9	0.12	40.9	0.12
2007	10.8	0.14	47.3	0.16	41.9	0.20
2008	10.7	0.09	47.4	0.10	41.8	0.09
2009	10.3	0.05	46.3	0.07	43.4	0.13

资料来源:作者根据《中国统计年鉴》(2010)表 2-1、表 2-2 和表 2-17 计算得到,2009 年为基年。

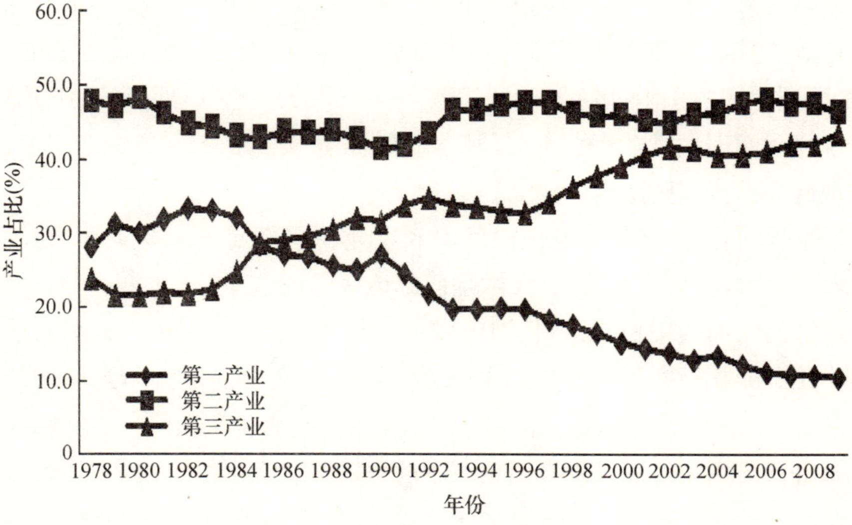

图 1.8　三大产业构成(1978—2009)

资料来源:作者根据《中国统计年鉴》(2010)表 2-2 整理得到。

第五节　中国经济的区域结构

中国作为一个大的经济体,我们除了要关心其总量外,还有必要对其内部的发展状况有一个系统的了解。考虑到我国经济发展的不同区位因素和发展优势,1986 年全国人大六届四次会议通过的"七五"计划正式公布了将我国划分为东部、中部、西部三个地区的方案。这个划分不仅是基于地理意义的,还基于区域经济发展的联系和共性,决定了此后中国在宏观经济政策制定方面对各省份的大的定位,具有很大的经济意义。

东部地区包括北京、天津、河北、辽宁、上海、江苏、浙江、福建、山东、广东和海南 11 个省(市);中部地区包括山西、内蒙古、吉林、黑龙江、安徽、江西、河南、湖北、湖南、广西 10 个省(区);西部地区包括四川、贵州、云南、西藏、陕西、甘肃、青海、宁夏、新疆 9 个省(区)。1997 年全国人大八届五次会议决定设立重庆市为直辖市,并划入西部地区后,西部地区所包括的省级行政区就由 9 个增加为 10 个省(区、市)。

东部地区基本上被作为改革开放的前沿阵地,也是经济转型的先锋。因此无论是经济总量还是增长速度上,我国东部地区在1996—2009年间的总体表现都最为突出,以2009年的地区生产总值为例,东部地区是中部地区的2.03倍,是西部地区的4.28倍。1996—2009年,东部的年平均增长率达到了11%,高于中部和西部地区。而在东部地区内部,经济总量最高的省份是广东,而增长表现最好的区域则是天津。见表1.5。

从整体而言,中部地区的区位优势和工业积累都属于中等水平,因此表现在2009年的地区生产总值上,大约是西部地区的两倍左右。1996—2009年间,中部地区的年平均增长率达到了10.42%。其中内蒙古依托其丰富的自然资源和相对便利的交通条件等区位因素,成为这14年间全国范围内经济增长表现最好的省份,年平均增长率达到了13.5%,增长了近六倍。在国家"中部崛起"的政策导向下,近年来中部地区已成为我国经济持续增长的重要动因。见表1.6。

相对于其他区域而言,西部地区经济发展较为落后,但是仍然实现了从1996年以来9.9%的年平均增长率,2009年的地区生产总值是1996年的3.75倍。在西部地区中增长最缓慢的云南省,也实现了年平均增长8.67%、14年增长3.2倍的优良发展态势。这在全世界范畴内都是一个很高的增长数字。见表1.7。

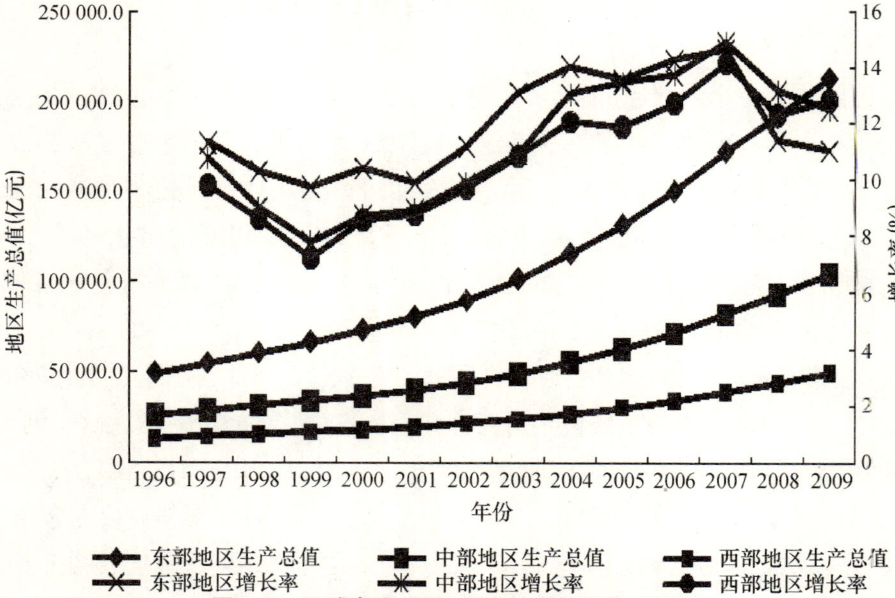

图1.9 区域真实GDP和增长率(1996—2009)

资料来源:作者根据《中国统计年鉴》(2010)表1.2、表1.3和表1.4计算得到。

表 1.5　东部地区的真实 GDP 及年平均增长率

（以 2009 年价格计算，单位：亿元）

	东部地区	北京	天津	河北	上海	江苏	浙江	福建	广东	山东	辽宁	海南
1996	49 134.7	3 076.3	1 455.7	4 406.7	3 725.4	7 400.5	5 358.0	2 822.5	9 191.0	7 414.2	3 816.5	468.0
1997	54 697.9	3 371.7	1 631.8	4 957.6	4 198.5	8 288.6	5 952.7	3 231.7	10 165.3	8 244.5	4 156.1	499.3
1998	60 329.6	3 702.1	1 783.6	5 488.0	4 622.6	9 200.3	6 553.9	3 600.1	11 202.1	9 135.0	4 501.1	540.8
1999	66 211.3	4 080.8	1 962.6	5 990.1	5 093.8	10 131.5	7 210.4	3 960.1	12 262.3	10 061.6	4 871.1	587.0
2000	73 105.7	4 529.1	2 173.9	6 557.3	5 642.5	11 209.2	8 005.9	4 335.1	13 589.7	11 118.1	5 306.5	638.4
2001	80 352.4	5 037.8	2 435.6	7 127.8	6 218.0	12 352.5	8 846.5	4 725.2	14 895.2	12 235.5	5 783.2	695.1
2002	89 341.6	5 561.7	2 741.2	7 812.1	6 895.8	13 786.9	9 952.3	5 221.4	16 588.6	13 648.7	6 373.1	759.9
2003	101 037.2	6 155.3	3 146.4	8 718.3	7 712.5	15 661.9	11 385.5	5 829.2	18 959.8	15 524.0	7 104.7	839.7
2004	115 228.7	6 969.3	3 640.9	9 810.9	8 764.7	17 994.7	13 011.7	6 533.4	21 655.5	17 906.8	8 013.8	926.9
2005	130 821.9	7 812.6	4 183.4	11 125.5	9 763.9	20 604.0	14 677.2	7 291.3	24 715.4	20 592.8	9 031.5	1 024.3
2006	149 475.3	8 828.2	4 798.3	12 616.4	11 003.9	23 674.0	16 717.3	8 370.4	28 373.3	23 620.0	10 314.0	1 159.5
2007	171 355.7	10 108.3	5 542.1	14 231.3	12 676.5	27 201.4	19 174.8	9 642.7	32 600.9	26 974.0	11 861.1	1 342.6
2008	190 856.9	11 028.2	6 456.5	15 668.6	13 906.1	30 656.0	21 111.4	10 896.3	35 991.4	30 210.9	13 450.5	1 480.9
2009	211 886.9	12 153.0	7 521.9	17 235.5	15 046.5	34 457.3	22 990.4	12 236.5	39 482.6	33 896.7	15 212.5	1 654.2
年平均增长率	11.00%	10.31%	12.45%	10.23%	10.49%	11.61%	10.96%	11.05%	10.97%	11.47%	10.38%	9.44%

资料来源：作者根据《中国统计年鉴》(2010)表 2-5 和表 2-14 计算得到，2009 年为基年。

表 1.6 中部地区的真实 GDP 及年平均增长率

（以 2009 年价格计算，单位：亿元）

	中部地区	吉林	黑龙江	山西	江西	内蒙古	河南	湖北	湖南	安徽	广西
1996	25 956.5	1 774.9	2 394.5	2 019.8	1 931.2	1 653.9	4 902.5	3 241.5	3 330.8	2 673.5	2 033.9
1997	28 749.1	1 938.1	2 634.0	2 231.9	2 153.3	1 814.3	5 412.4	3 662.9	3 690.5	3 013.1	2 198.7
1998	31 333.9	2 112.6	2 852.6	2 432.8	2 329.8	1 988.5	5 883.3	4 040.2	4 026.3	3 269.2	2 398.7
1999	33 768.0	2 284.5	3 065.1	2 556.9	2 511.5	2 142.8	6 356.7	4 374.3	4 358.6	3 534.0	2 583.6
2000	36 712.2	2 493.7	3 316.4	2 755.8	2 712.3	2 349.7	6 957.2	4 779.5	4 749.9	3 826.1	2 771.6
2001	39 987.6	2 726.8	3 625.0	2 987.3	2 950.9	2 574.3	7 586.9	5 214.4	5 177.4	4 144.7	2 999.9
2002	43 934.4	2 985.9	3 997.0	3 336.8	3 260.8	2 885.6	8 307.6	5 688.9	5 643.3	4 513.5	3 314.9
2003	48 744.2	3 290.4	4 406.7	3 800.7	3 684.7	3 370.2	9 202.1	6 223.7	6 185.1	4 928.8	3 651.9
2004	55 090.6	3 690.5	4 920.7	4 336.3	4 169.8	4 024.4	10 466.1	6 924.6	6 928.7	5 545.7	4 083.8
2005	62 499.3	4 137.0	5 491.5	4 921.7	4 703.5	4 982.2	11 952.3	7 762.5	7 773.9	6 155.8	4 618.8
2006	71 082.9	4 757.6	6 156.0	5 551.7	5 282.0	5 933.8	13 673.4	8 787.2	8 769.0	6 925.3	5 246.9
2007	81 677.1	5 523.6	6 894.7	6 434.4	5 979.2	7 073.1	15 669.7	10 070.1	10 084.4	7 908.6	6 039.2
2008	92 394.2	6 407.4	7 708.3	6 981.3	6 768.5	8 332.1	17 565.8	11 419.5	11 486.1	8 913.0	6 812.3
2009	103 942.7	7 278.8	8 587.0	7 358.3	7 655.2	9 740.3	19 480.5	12 961.1	13 059.7	10 062.8	7 759.2
年平均增长率	10.42%	10.61%	9.55%	9.67%	10.34%	13.50%	10.36%	10.41%	10.25%	9.93%	10.04%

资料来源：作者根据《中国统计年鉴》(2010)表 2-5 和表 2-14 计算得到，2009 年为基年。

表 1.7　西部地区的真实 GDP 及年平均增长率

（以 2009 年价格计算，单位：亿元）

	西部地区	重庆	四川	贵州	云南	西藏	陕西	甘肃	青海	宁夏	新疆
1996	13 188.6	1 614.9	3 613.7	1 066.1	1 926.9	104.5	1 953.1	977.0	270.4	362.2	1 299.8
1997	14 481.3	1 792.5	3 982.3	1 162.0	2 108.0	116.3	2 132.8	1 060.1	294.7	389.7	1 442.8
1998	15 730.1	1 943.1	4 344.7	1 260.8	2 276.6	128.2	2 326.9	1 157.6	321.3	422.8	1 548.1
1999	16 866.5	2 090.8	4 588.1	1 366.0	2 441.0	140.6	2 521.2	1 254.3	347.5	459.6	1 657.6
2000	18 311.2	2 268.2	5 001.1	1 484.2	2 614.7	153.8	2 748.8	1 363.5	378.6	504.4	1 793.8
2001	19 915.9	2 472.4	5 461.2	1 615.5	2 784.7	173.5	2 998.9	1 491.1	424.2	555.4	1 939.1
2002	21 844.7	2 727.0	6 040.1	1 762.5	3 013.0	195.8	3 289.8	1 631.6	476.5	612.0	2 096.2
2003	24 212.9	3 040.6	6 751.9	1 940.5	3 272.1	219.5	3 648.4	1 796.4	534.1	686.7	2 322.6
2004	27 133.6	3 411.0	7 609.0	2 162.3	3 649.4	246.3	4 119.9	1 992.6	599.7	762.5	2 580.8
2005	30 357.8	3 810.1	8 567.7	2 436.9	3 974.2	276.1	4 684.3	2 227.8	672.9	845.6	2 862.1
2006	34 215.6	4 282.6	9 724.4	2 748.9	4 435.2	312.8	5 335.5	2 484.0	762.4	953.0	3 176.9
2007	39 058.3	4 963.5	11 134.4	3 155.7	4 976.3	356.6	6 178.5	2 789.5	865.3	1 074.1	3 564.5
2008	43 862.1	5 683.2	12 359.2	3 512.3	5 503.8	392.7	7 191.7	3 071.2	982.1	1 209.4	3956.6
2009	49 474.1	6 530.0	14 151.3	3 912.7	6 169.8	441.4	8 169.8	3 387.6	1 081.3	1 353.3	4 277.1
年平均增长率	9.90%	10.49%	10.24%	9.73%	8.67%	10.84%	10.76%	9.29%	10.41%	9.87%	8.88%

资料来源：作者根据《中国统计年鉴》（2010）表 2-5 和表 2-14 计算得到，2009 年为基年。

第六节 中国人口和劳动力的总量和结构

一个国家的人口对经济的意义重大,人口意味着劳动力的供给和生产能力,同时还意味着对产品的需求和消费能力。因此,我国的人口状况对经济发展有着重要的影响。

新中国成立以后,到1983年实行计划生育政策之前,我国的人口增长率较高,当时我国的平均人口增长率为1.85%,35年间人口增长了1.87倍。而在实行计划生育政策后,我国的人口增长率有了明显的下降,从1998年起,人口增长率下降到1%以下,2009年我国的人口增长率为0.51%。而从人口绝对数字上来看,2005年以来我国的人口总量稳定在13亿左右。见表1.8和图1.10。

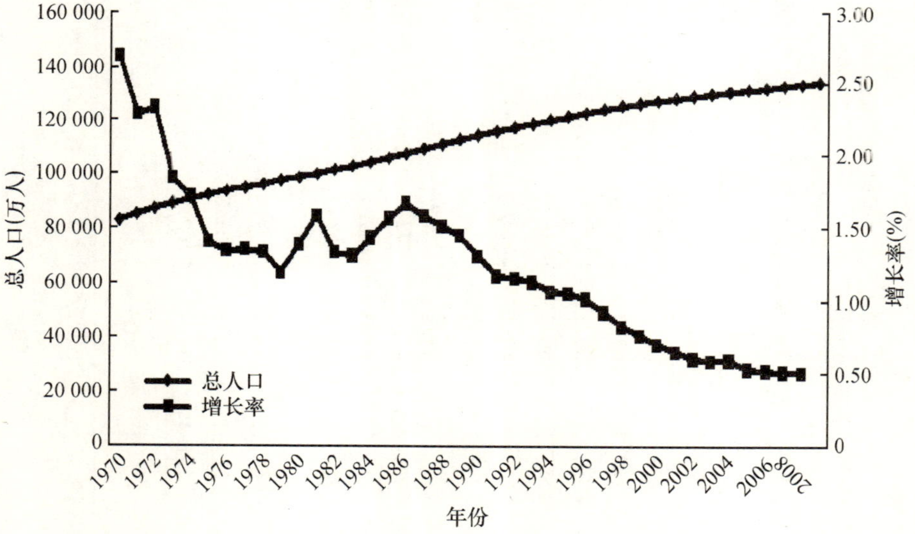

图1.10 我国的总人口及增长状况(1970—2009)

资料来源:作者根据《中国统计年鉴》(2010)表3-1计算得到。

表 1.8 中国的人口总量及结构

年份	总人口（年末）（万人）	按性别分				按年龄组分					
		男		女		0—14 岁		15—64 岁		65 岁及以上	
		人口数（万人）	比重（%）	人口数（万人）	比重（%）	人口数（万人）	比重（%）	人口数（万人）	比重（%）	人口数（万人）	比重（%）
1982	101 654	52 352	51.50	49 302	48.50	34 146	33.6	62 517	61.5	4 991	4.9
1987	109 300	56 290	51.50	53 010	48.50	31 347	28.7	71 985	65.9	5 968	5.4
1990	114 333	58 904	51.52	55 429	48.48	31 659	27.7	76 306	66.7	6 368	5.6
1995	121 121	61 808	51.03	59 313	48.97	32 218	26.6	81 393	67.2	7 510	6.2
1996	122 389	62 200	50.82	60 189	49.18	32 311	26.4	82 245	67.2	7 833	6.4
1997	123 626	63 131	51.07	60 495	48.93	32 093	26.0	83 448	67.5	8 085	6.5
1998	124 761	63 940	51.25	60 821	48.75	32 064	25.7	84 338	67.6	8 359	6.7
1999	125 786	64 692	51.43	61 094	48.57	31 950	25.4	85 157	67.7	8 679	6.9
2000	126 743	65 437	51.63	61 306	48.37	29 012	22.9	88 910	70.1	8 821	7.0
2001	127 627	65 672	51.46	61 955	48.54	28 716	22.5	89 849	70.4	9 062	7.1
2002	128 453	66 115	51.47	62 338	48.53	28 774	22.4	90 302	70.3	9 377	7.3
2003	129 227	66 556	51.50	62 671	48.50	28 559	22.1	90 976	70.4	9 692	7.5
2004	129 988	66 976	51.52	63 012	48.48	27 947	21.5	92 184	70.9	9 857	7.6
2005	130 756	67 375	51.53	63 381	48.47	26 504	20.3	94 197	72.0	10 055	7.7
2006	131 448	67 728	51.52	63 720	48.48	25 961	19.8	95 068	72.3	10 419	7.9
2007	132 129	68 048	51.50	64 081	48.50	25 660	19.4	95 833	72.5	10 636	8.1
2008	132 802	68 357	51.47	64 445	48.53	25 166	19.0	96 680	72.7	10 956	8.3
2009	133 474	68 652	51.44	64 822	48.56	24 663	18.5	97 502	73.0	11 309	8.5

资料来源:作者根据《中国统计年鉴》(2010)表 3-1 和表 3-3 计算得到。

根据表 1.8，我们可以发现，中国人口老龄化的趋势一直在加强，相应地，是 0—14 岁年龄段的人口比例的持续减少。近年来，15—64 岁年龄段人口这一构成劳动力的主要力量在不断增加，为我国经济的发展提供了劳动力的支持。但是这同时意味着，随着时间的进一步推移，随着更多的适龄劳动力走向退休，中国人口老龄化的趋势会进一步加强。虽然目前的人口构成暂时是向好的，但是这种状况的进一步发展，可能会对经济的持续发展构成挑战。

分区域来看，西部地区的人口数量是三个区域中最少的，城镇人口的比重也是最低的，与经济相对落后相呼应，西部地区的出生率和死亡率都较其他两个地区高一些。而就人口自然增长率的分区域值而言，东部地区是最小的，这与经济发展程度有着重要的相关关系。见表 1.9。

随着经济转型的深入，农村富余的零值劳动力向城镇进行转移，城镇化进程也在不断深化。在 1978 年以后，城镇人口的比重就不断增加。1978 年，城镇人口总数为 17 245 万，占总人口的比重为 17.92%，而进入了 2009 年，城镇人口总数已经上升为 62 186 万，占总人口的比重为 46.59%。1996 年至 2000 年，城镇人口的比重增长最快，而这五年，正是我国转型经济与劳动力转移飞速发展的时期。见图 1.11。

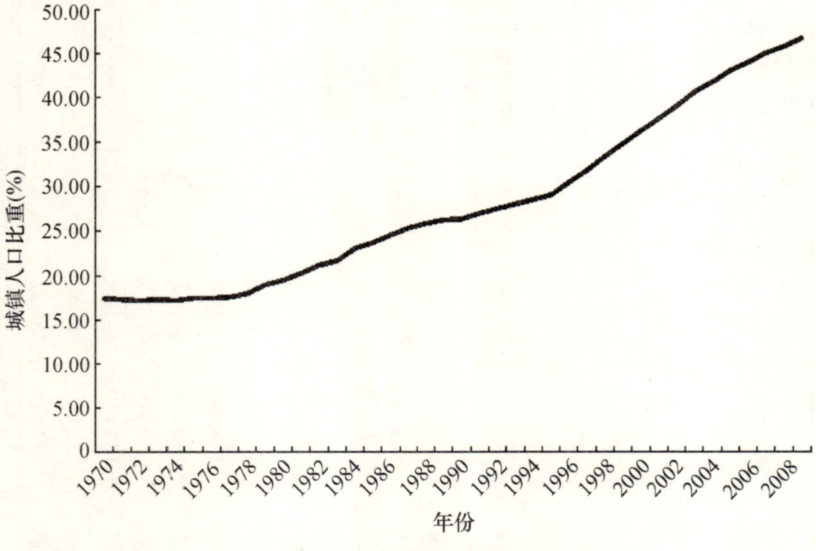

图 1.11　城镇人口比重

资料来源：作者根据《中国统计年鉴》(2010)表 3-1 整理得到。

表 1.9　中国人口的区域结构

地区	总人口(年末)(万人)	城镇人口		乡村人口		出生率(‰)	死亡率(‰)	自然增长率(‰)
		人口数(万人)	比重(%)	人口数(万人)	比重(%)			
北京	1 755	1 492	85.00	263	15.00	8.06	4.56	3.50
天津	1 228	958	78.01	270	21.99	8.30	5.70	2.60
河北	7 034	3 025	43.00	4 009	57.00	12.93	6.43	6.50
广东	9 638	6 110	63.40	3 528	36.60	11.78	4.52	7.26
海南	864	424	49.13	440	50.87	14.66	5.70	8.96
辽宁	4 319	2 607	60.35	1 712	39.65	6.06	5.09	0.97
上海	1 921	1 702	88.60	219	11.40	8.64	5.94	2.70
江苏	7 725	4 295	55.60	3 430	44.40	9.55	6.99	2.56
浙江	5 180	2 999	57.90	2 181	42.10	10.22	5.59	4.63
福建	3 627	1 864	51.40	1 763	48.60	12.20	6.00	6.20
山东	9 470	4 576	48.32	4 894	51.68	11.70	6.08	5.62
东部合计	**52 762**	**30 052**	**56.96**	**22 709**	**43.04**	**10.37**	**5.69**	**4.68**
河南	9 487	3 577	37.70	5 910	62.30	11.45	6.46	4.99
湖北	5 720	2 631	46.00	3 089	54.00	9.48	6.00	3.48
安徽	6 131	2 581	42.10	3 550	57.90	13.07	6.60	6.47
湖南	6 406	2 767	43.20	3 639	56.80	13.05	6.94	6.11
江西	4 432	1 914	43.18	2 518	56.82	13.87	5.98	7.89
山西	3 427	1 576	45.99	1 851	54.01	10.87	5.98	4.89
内蒙古	2 422	1 293	53.40	1 129	46.60	9.57	5.61	3.96
吉林	2 740	1 461	53.32	1 279	46.68	6.69	4.74	1.95
黑龙江	3 826	2 123	55.50	1 703	44.50	7.48	5.42	2.06
广西	4 856	1 904	39.20	2 952	60.80	14.17	5.64	8.53
中部合计	**49 447**	**21 828**	**45.96**	**27 619**	**54.04**	**10.97**	**5.94**	**5.03**

（续表）

地区	总人口（年末）（万人）	城镇人口		乡村人口		出生率（‰）	死亡率（‰）	自然增长率（‰）
		人口数（万人）	比重（%）	人口数（万人）	比重（%）			
重庆	2 859	1 475	51.59	1 384	48.41	9.90	6.20	3.70
四川	8 185	3 168	38.70	5 017	61.30	9.15	6.43	2.72
贵州	3 798	1 135	29.89	2 663	70.11	13.65	6.69	6.96
云南	4 571	1 554	34.00	3 017	66.00	12.53	6.45	6.08
西藏	290	69	23.80	221	76.20	15.31	5.07	10.24
陕西	3 772	1 641	43.50	2 131	56.50	10.24	6.24	4.00
甘肃	2 635	860	32.65	1 775	67.35	13.32	6.71	6.61
青海	557	233	41.90	324	58.10	14.51	6.19	8.32
宁夏	625	288	46.10	337	53.90	14.38	4.70	9.68
新疆	2 159	860	39.85	1 299	60.15	15.99	5.43	10.56
西部合计	**29 452**	**11 283**	**38.20**	**18 168**	**61.80**	**12.90**	**6.01**	**6.89**

资料来源：作者根据《中国统计年鉴》（2010）表 3-4 计算得到。

第七节　中国经济的所有制结构的变化

中国经济所有制结构的变化历经了三个重要阶段。

第一阶段是从新中国成立初期到1978年十一届三中全会召开之前。这个阶段我国实行的是计划经济，生产资料所有制片面追求“一大二公”，认为公有制的实现形式越纯越好。

第二阶段是从十一届三中全会到1992年十四大召开。实行改革开放后，我国提出发展有计划的商品经济，强调以公有制经济为主体，其他经济成分为补充，多种经济成分共同发展。非公有制经济逐步走上历史舞台。到这一时期，我国的社会主义市场经济体系基本确立，价格改革已初步完成，企业改革也有了一定进展，经济中计划经济的成分逐步减少。

第三阶段是中央十四大召开之后。十四大提出发展社会主义市场经济，以市场为基础对资源进行配置，决定了所有制结构的多元性和多样性，非公有制经济得到蓬勃发展，成为中国特色社会主义现代化建设的重要力量。这之后国企改革加速，中国经济的产权结构更为明晰，经济也步入快速发展的轨道。

1956年社会主义改造完成之后，我国的公有制经济比重达到了90%以上。这样的状况一直持续到1978年改革开放以前。随着改革开放的深入，外资企业、合资企业被引入到我国的经济建设中来，公有制比重也逐渐下降。这主要是由于该阶段招商引资所带来的对公有制比重的稀释，而并非对公有制企业主动地改革。

这样的状况在1992年以后得到了改善，在这一阶段，公有制企业领域也展开了相应的改革。尤其是1998年提出“国有企业改革三年攻坚战”以来，国有企业改革成效卓著。党的十五大和十五届一中全会提出，用三年左右的时间，使大多数国有大中型亏损企业摆脱困境，力争到20世纪末大多数国有大中型骨干企业初步建立现代企业制度。1998年我国共有国有企业64 737个，而2009年仅剩20 510个。虽然个数减少，但是产值依然不断增加，2009年的146 630亿元较1998年的33 621.04亿元增长了4.3倍。国有企业改革初见成效。见表1.10。

表 1.10 各所有制工业企业的经济指标

年份	企业单位数（个）	工业总产值（亿元）	资产总计（亿元）	流动资产合计（亿元）	所有者权益合计（亿元）	主营业务收入（亿元）	主营业务成本（亿元）	利润总额（亿元）	全部从业人员年平均人数（万人）
全国范围内工业企业总指标									
1998	165 080	67 737.14	108 821.87	46 600.87	39 445.4	64 148.86	52 797.54	1 458.11	6 195.81
1999	162 033	72 707.04	116 968.89	49 630.23	44 618.8	69 851.73	57 339.52	2 288.24	5 805.05
2000	162 885	85 673.66	126 211.24	54 338.15	49 406.88	84 151.75	68 653.95	4 393.48	5 559.36
2001	171 256	95 448.98	135 402.49	57 804.97	55 424.4	93 733.34	77 259.89	4 733.43	5 441.43
2002	181 557	110 776.48	146 217.78	63 468.46	60 242.01	109 485.77	90 243.76	5 784.48	5 520.66
2003	196 222	142 271.22	168 807.7	76 163.74	69 129.56	143 171.53	118 638.47	8 337.24	5 748.57
2004	276 474	201 722.19	215 358	97 183.74	90 286.7	198 908.87	167 246.4	11 929.3	6 622.09
2005	271 835	251 619.5	244 784.25	111 031.41	102 882.02	248 544	209 862.52	14 802.54	6 895.96
2006	301 961	316 588.96	291 214.51	132 310.12	123 402.54	313 592.45	264 696.6	19 504.44	7 358.43
2007	336 768	405 177.13	353 037.37	163 259.62	149 876.15	399 717.06	334 598.64	27 155.18	7 875.2
2008	426 113	507 448.25	431 305.55	195 681.75	182 353.38	500 020.07	423 295.75	30 562.37	8 837.63
2009	434 364	548 311.42	493 692.86	223 038.68	206 688.83	542 522.43	457 510.01	34 542.22	8 831.22
国有企业总指标									
1998	64 737	33 621.04	74 916.27	29 559.03	26 759.22	33 566.11	27 092.45	525.14	3 747.78
1999	61 301	35 571.18	80 471.69	31 042.81	30 566.88	35 950.7	28 919.13	997.86	3 394.58
2000	53 489	40 554.37	84 014.94	32 628.81	32 714.81	42 203.12	33 473.62	2 408.33	2 995.25
2001	46 767	42 408.49	87 901.54	33 239.63	35 741.27	44 443.52	35 522.47	2 388.56	2 675.11
2002	41 125	45 178.96	89 094.6	33 468.77	36 139.17	47 844.21	38 048	2 632.94	2 423.63
2003	34 280	53 407.9	94 519.79	36 125.14	38 381.02	58 027.15	45 987.63	3 836.2	2 162.87
2004	35 597	70 228.99	109 708.25	39 376.2	47 479.25	71 430.99	57 187.96	5 453.1	1 973.2
2005	27 477	83 749.92	117 629.61	42 155.31	50 625	85 574.18	69 302.41	6 519.75	1 874.85

（续表）

年份	企业单位数（个）	工业总产值（亿元）	资产总计（亿元）	流动资产合计（亿元）	所有者权益合计（亿元）	主营业务收入（亿元）	主营业务成本（亿元）	利润总额（亿元）	全部从业人员年平均人数（万人）
国有企业总指标									
2006	24 961	98 910.45	135 153.35	46 713.09	58 656.37	101 404.62	81 957.8	8 485.46	1 804
2007	20 680	119 685.65	158 187.87	54 997.45	68 568.59	122 617.13	98 515.08	10 795.19	1 742.99
2008	21 313	143 950.02	188 811.37	65 493.98	77 388.89	147 507.9	122 504.18	9 063.59	1 794.1
2009	20 510	146 630	215 742.01	74 113.99	85 186.57	151 700.55	124 590.48	9 287.03	1 803.37
私营企业总指标									
1998	10 667	2 082.87	1 486.98	776.53	577.55	1 846.25	1 563.23	67.25	160.8
1999	14 601	3 244.56	2 289.21	1 217.04	922.1	2 921.58	2 485.2	121.52	229.06
2000	22 128	5 220.36	3 873.83	1 910.75	1 664.99	4 791.5	4 121.97	189.68	346.42
2001	36 218	8 760.89	5 901.98	3 130	2 374.59	7 982.43	6 947.43	312.56	541.52
2002	49 176	12 950.86	8 759.62	4 686.53	3 567.35	11 971.63	10 433.8	490.23	732.9
2003	67 607	20 980.23	14 525.29	7 838.48	5 743.95	19 733.77	17 194.65	859.64	1 027.61
2004	119 357	35 141.25	23 724.8	13 080.46	9 195.48	33 487.25	29 452.27	1 429.74	1 515.43
2005	123 820	47 778.2	30 325.12	16 426.01	12 286.22	45 801.43	39 914.5	2 120.65	1 692.06
2006	149 736	67 239.81	40 514.83	22 035.64	16 567.96	64 817.7	56 316.16	3 191.05	1 971.01
2007	177 080	94 023.28	53 304.95	29 412.56	22 184.6	90 277.81	77 335.75	5 053.74	2 252.91
2008	245 850	136 340.33	75 879.59	40 572.42	33 051.48	131 525.4	112 220.27	8 302.06	2 871.89
2009	256 031	162 026.18	91 175.6	47 550.43	40 383.67	156 603.57	134 374.58	9 677.69	2 973.84

资料来源：作者根据《中国统计年鉴》(2010)表 14-4 和表 14-8 整理得到。

而相伴随的，则是公有制经济比重的进一步下降，非公有制尤其是私营经济飞速发展。私营企业的个数从 1998 年的 10 667 个发展到 2009 年的 256 031 个，增长了 24 倍左右。见图 1.12。同样地，工业总产值更是增长了接近 78 倍。私营企业自 1999 年起就保持着比国有企业更高的产值增长率，前者的平均增长率是 49.29%，而后者的平均增长率则为 14.65%，私营企业的产值增长率是国有企业的 3 倍多。见图 1.13。

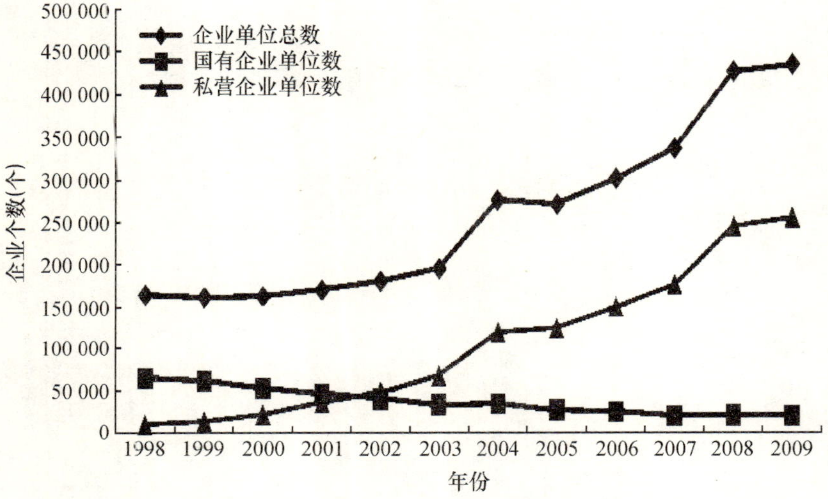

图 1.12 企业数变动情况(1998—2009)

资料来源：作者根据《中国统计年鉴》(2010)表 14-4 和表 14-8 整理得到。

在国有企业改革的推进下，许多国有企业实现了民营化，国有企业的产值、利润和从业人员在所有工业企业中的比重从 1998 年起就不断下降。1998 年国有企业的产值占总产值的 49.63%，2009 年则下降到 26.74%。1998 年国有企业总利润的比重为 36.02%，2009 年则为 26.89%。同时，就业人员从 60.49% 下降到了 20.42%。显然，国有企业的就业比重下降的幅度最大，其次是产值，利润下降的幅度相对较小。这是由于在计划经济时期国有企业中存在着严重的过度就业现象，1998 年国有企业职工下岗等政策施行之后，就业比重首先锐减。反观私营企业，在这 12 年的增长是惊人的。1998 年，私营企业的产值比重只有 3.07%，2009 年这个数字变成了 29.55%，增长了 9 倍。私营企业总利润从 1998 年的 4.61% 变成了 2009 年的 28.02%，就业也从 2.60% 增长到了 33.67%。见图 1.14。

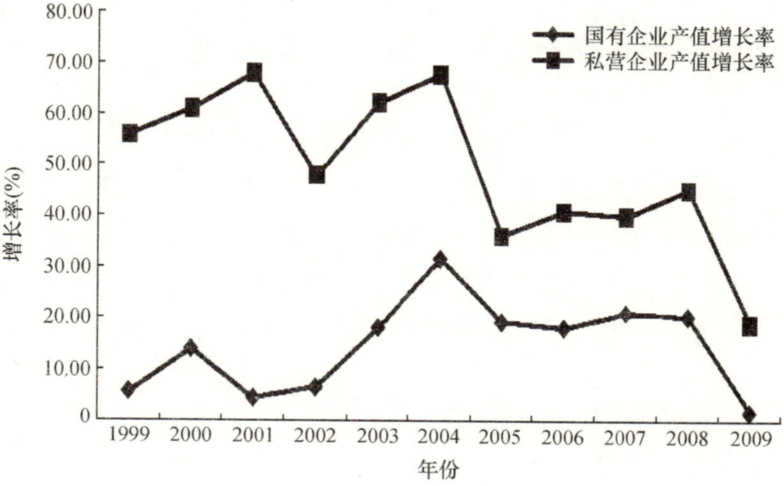

图 1.13 国有企业和私营企业的产值增长率

资料来源:作者根据《中国统计年鉴》(2010)表 14-4 和表 14-8 整理得到。

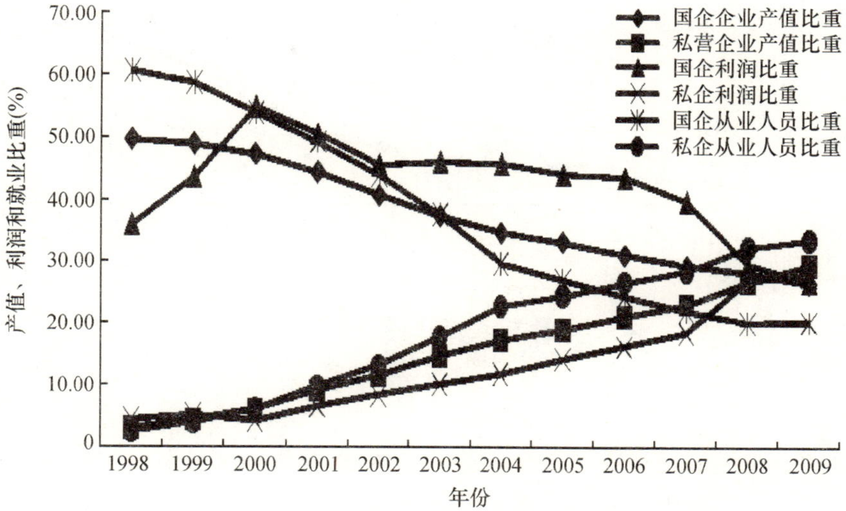

图 1.14 国有企业和私营企业产值、利润和就业比重

资料来源:作者根据《中国统计年鉴》(2010)表 14-4 和表 14-8 整理得到。

第八节 中国的国际收支

自改革开放以来,我国的对外贸易状况就对经济的整体表现有着重要的影响。图1.15显示了1991年以来中国的对外贸易状况。从该图可以看出,1991年以来中国对外贸易发展良好,2000年以来更是进入了一个快速的上升通道,2002年至2007年,进出口总额年平均增长率超过20%。进入2008年和2009年之后,进出口总额有所减少,这与2008年年末的世界金融危机影响有很大关系。

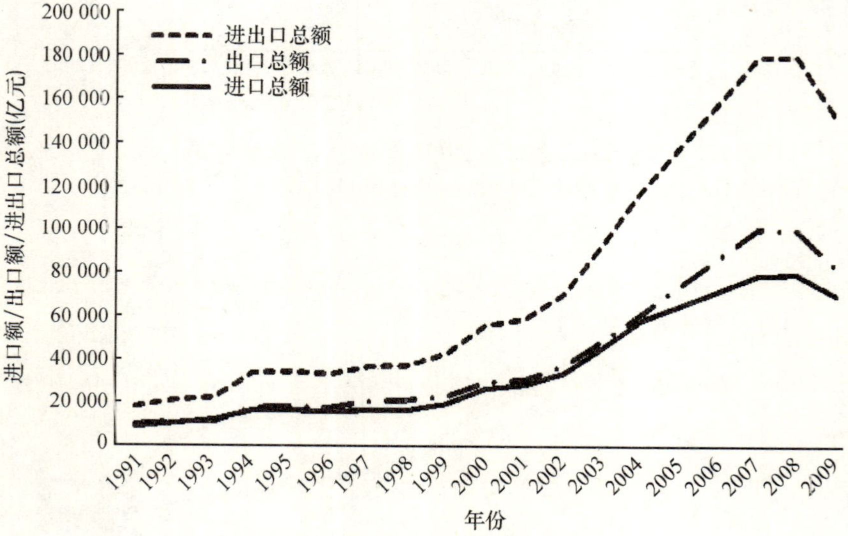

图1.15 对外贸易状况

资料来源:作者根据《中国统计年鉴》(2010)表2-5和表18-1计算得到,2009年为基年。

在考虑中国的国际收支状况时,还有一个重要指标就是对外依存度。对外依存度是各国广泛采用的一个衡量一国经济对外依赖程度的指标,指的是一国进出口总额占该国GDP的比重。在我国对外依存度最高的2006年,这一比重达到了63%。这样的数字说明,我国的经济增长与世界经济的总体状况紧密联系。世界经济状况良好,我国的产业结构决定的经济增长状况也向好,相反,若世界经济的状况走低,我国的经济增长状况也会受到影响。2009年,我国的对外依存度为43%,比2006年大幅下降了20个百分点。见图1.16。

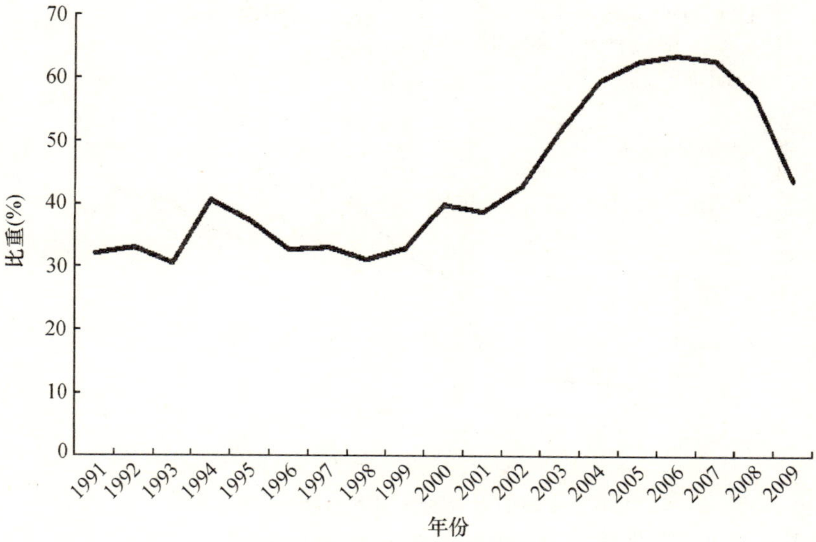

图 1.16　对外依存度(进出口总额/GDP)

资料来源:作者根据《中国统计年鉴》(2010)表 2-17 和表 18-1 整理得到。

国际收支的下一个维度则是外国直接投资和我国的对外投资。前者在经济刚刚起步,经济中资本稀缺的状况下对一国的经济有着重大的影响。而后者则是在经济发展到一定程度时,谋求更加具有比较优势的原料和投资机会等的最佳选择。1985 年以来我国实际利用外资额度不断提高,2009 年实际利用外资达到 918.04 亿美元。这说明国际资本对我国的投资前景看好,外资认为在我国能够获得更好的收益率。见图 1.17。

而目前我国对外投资的发展则是一个较为新兴的项目,在进行了接近 30 年的"引进来"之后,资金如何"走出去"将成为我国下一阶段合理运用社会资本的重要议题。我国对外投资基本上保持了一个较高的增长率,2005 年对外投资的增长率达到了历史最高的 123.01% 。2009 年我国的对外投资总额达到了历史最高点 565.2 亿美元。见图 1.18。

我国长期的外向型和出口导向型战略使得我国的外汇储备逐年增加。在经济转轨的初期,外汇储备有利于进口经济中的稀缺投资品,提高投资率和推动经济增长。相比于外汇储备,我国的黄金储备一直比较平稳。2009 年年末,我国的外汇储备总额为 23 991.52 亿美元,2011 年 3 月超过 3 万亿美元,达到30 446.74亿美元。见表 1.11。

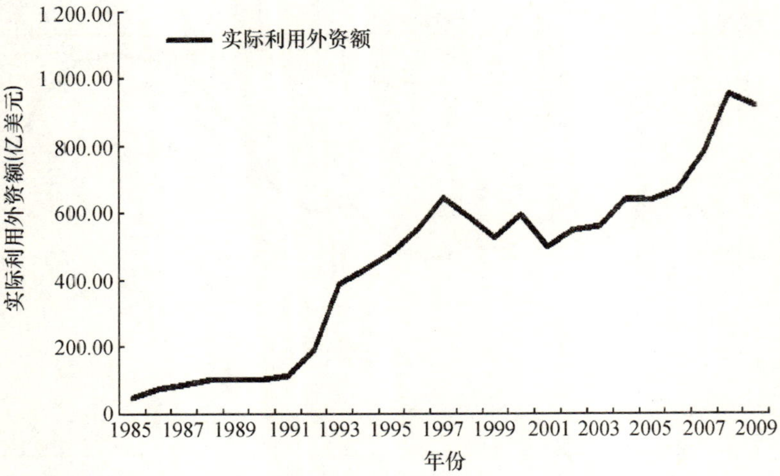

图 1.17 实际利用外资额

资料来源:作者根据《中国统计年鉴》(2010)表 6-13 整理得到。

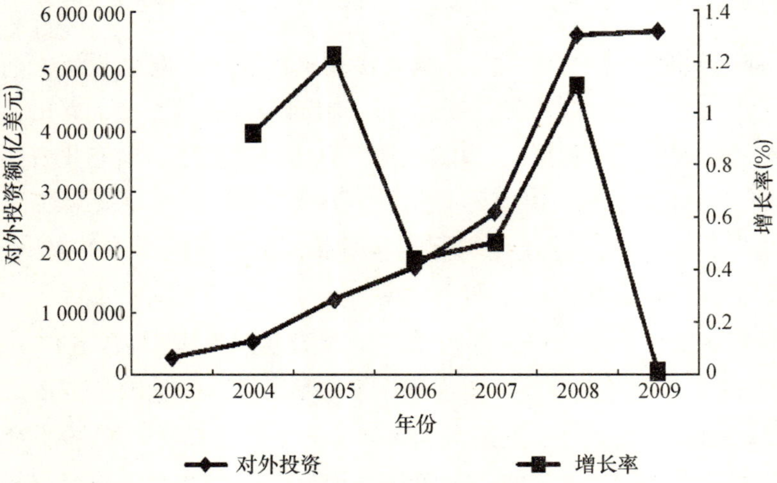

图 1.18 我国对外投资的基本状况

资料来源:作者根据《中国统计年鉴》(2010)表 6-13 整理得到。

表 1.11　中国的外汇和黄金储备

年份	黄金储备（万盎司）	外汇储备（亿美元）	年份	黄金储备（万盎司）	外汇储备（亿美元）
1978	1 280	1.67	1995	1 267	735.97
1979	1 280	8.40	1996	1 267	1 050.29
1980	1 280	-12.96	1997	1 267	1 398.90
1981	1 267	27.08	1998	1 267	1 449.59
1982	1 267	69.86	1999	1 267	1 546.75
1983	1 267	89.01	2000	1 267	1 655.74
1984	1 267	82.20	2001	1 608	2 121.65
1985	1 267	26.44	2002	1 929	2 864.07
1986	1 267	20.72	2003	1 929	4 032.51
1987	1 267	29.23	2004	1 929	6 099.32
1988	1 267	33.72	2005	1 929	8 188.72
1989	1 267	55.50	2006	1 929	10 663.40
1990	1 267	110.93	2007	1 929	15 282.49
1991	1 267	217.12	2008	1 929	19 460.30
1992	1 267	194.43	2009	3 389	23 991.52
1993	1 267	211.99	2010	3 718	28 473
1994	1 267	516.20			

资料来源:作者根据《中国统计年鉴》(2010)表 19-10 整理得到。

第九节　中国的科技实力

一国的科技实力关系到该国的创新能力和经济的长期增长能力,在现在的国际竞争中至关重要。2005—2009 年这五年间,我国的 R&D 人员从 136.5 万人增长到了 229.0 万人,年平均增长率为 10.9%。而经费支出更是从 2 450.0 亿元增加到了 5 791.9 亿元,年平均增长率达到 18.78%。在 2009 年,R&D 支出已经达到了国内生产总值的 1.7%。表 1.12 从不同角度反映了中国的科技状况。

从我国 2009 年的 R&D 人员和经费分布我们可以发现,从事试验发展的人员占到了所有人员的大多数,达到了 79%(见图 1.19),获得的经费也是最多的,达到了总经费的 82%。而研发资金的来源大部分来自于企业,这部分奖金达到了总研发资金的 70% 以上。

表 1.12 中国的科技实力

	2005	2006	2007	2008	2009	平均增长率
R&D 人员全时当量(万人年)	136.5	150.2	173.6	196.5	229.0	10.90%
R&D 经费内部支出(亿元)	2 450.0	3 003.1	3 710.2	4 616.0	5 791.9	18.78%
R&D 经费内部支出相当于国内生产总值比例(%)	1.32	1.39	1.40	1.47	1.70	5.19%
发表科技论文(万篇)	94	106	114	119	141	8.33%
出版科技著作(种)	40 120	42 918	43 063	45 296	47 826	3.58%
科技成果登记数(项)	32 359	33 644	34 170	35 971	38 688	3.64%
国家技术发明奖(项)	40	56	51	55	55	6.58%
国家科学技术进步奖(项)	236	241	255	254	282	3.63%
专利申请授权数(件)	214 003	268 002	351 782	411 982	581 992	22.15%
高技术产品进出口额 (亿元)	4 160	5 288	6 348	7 574	6 868	10.55%
技术市场成交额(亿元)	1 551	1 818	2 227	2 665	3 039	14.39%

资料来源:作者根据《中国统计年鉴》(2010)表 20-40 整理得到。

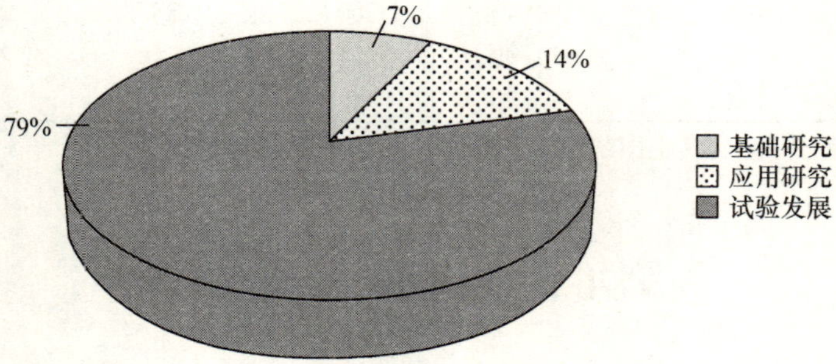

图 1.19 R&D 人员分布(2009)

资料来源:作者根据《中国统计年鉴》(2010)表 20-40 整理得到。

而将科技投入和成果的增速与真实 GDP 的增长率相对比,我们可以发现,2006 年以来科技投入和成果的增长表现要好于真实 GDP。见图 1.20。2009 年真实 GDP 增长率为 9.3%,而 R&D 人员全时当量的增长率为 16.54%,发表科技论文的增长率达到了 17.97%,技术市场成交额增长了 14.03%,达到了3 039亿元。最值得一提的是 2009 年专利申请授权数的增长率,高达 41.27%。

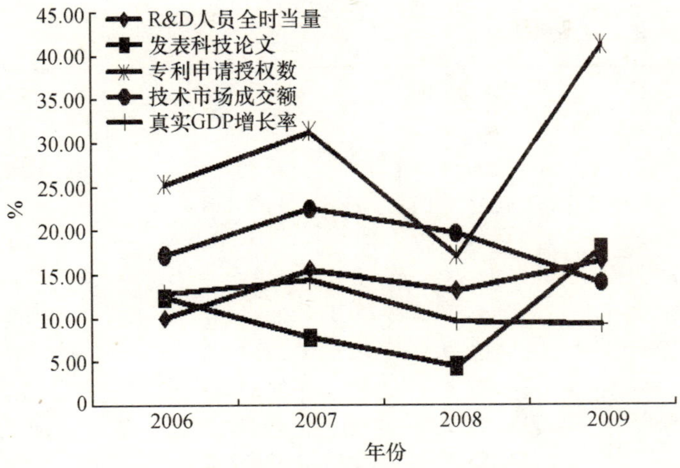

图 1.20　科技投入成果增长率与 GDP 增长率

资料来源:作者根据《中国统计年鉴》(2010)表 20-40 和表 2-5 计算得到。

第十节　中国的货币供给

一、货币供给量的变化

我国现行货币统计制度将货币供应量划分为三个层次:(1)流通中现金(M0),是指银行体系以外各个单位的库存现金和居民的手持现金之和;(2)狭义货币供应量(M1),是指 M0 加上经济中各类单位和个人在银行的活期存款;(3)广义货币供应量(M2),是指 M1 加上各类单位在银行的定期存款和城乡居民个人在银行的各项储蓄存款以及证券客户保证金。M2 与 M1 的差额,即单位的定期存款和个人的储蓄存款之和,通常被称做准货币。我国自 1990 年以来的货币供应量如表 1.13 所示。

表 1.13 经济中的货币量

（单位：亿元）

年份	流通中现金（M0）	货币（M1）	货币和准货币（M2）
1990	2 644.4	6 950.7	15 293.4
1991	3 177.8	8 633.3	19 349.9
1992	4 336.0	11 731.5	25 402.2
1993	5 864.7	16 280.4	34 879.8
1994	7 288.6	20 540.7	46 923.5
1995	7 885.3	23 987.1	60 750.5
1996	8 802.0	28 514.8	76 094.9
1997	10 177.6	34 826.3	90 995.3
1998	11 204.2	38 953.7	104 498.5
1999	13 455.5	45 837.2	119 897.9
2000	14 652.7	53 147.2	134 610.3
2001	15 688.8	59 871.6	158 301.9
2002	17 278.0	70 881.8	185 007.0
2003	19 746.0	84 118.6	221 222.8
2004	21 468.3	95 969.7	254 107.0
2005	24 031.7	107 278.8	298 755.7
2006	27 072.6	126 035.1	345 603.6
2007	30 375.2	152 560.1	403 442.2
2008	34 219.0	166 217.1	475 166.6
2009	38 246.0	220 001.5	606 225.0

资料来源：作者根据《中国统计年鉴》（2010）表 19-6 整理得到。

二、基础货币投放渠道的变化

在计划经济时期，我国的货币投放渠道基本上是中央银行直接投放。中央银行把基础货币投放到经济中，在经济中起一个货币符号的作用。而改革开放以后，基础货币投放渠道就呈现出多元化的趋势。中央银行在使用存款准备金利率、公开市场业务和再贴现率、信贷指导等货币政策时，都会影响到基础货币的投放。

目前，我国基础货币的投放除了以上几种渠道之外，还包括购买外汇。近年来，随着我国外汇储备的迅速增加，通过这一渠道投放的基础货币占我国基础货币的比重也迅速上升。2006 年年初这一比例超过 100%，此后继续攀升，最高时这一比例达到近130%,2011年3月这一比例是113%。这表明,购入外汇已经成为我国中央银行投放基础货币的唯一渠道,不仅如此,我国中央银行还得通过其他渠道回收部分通过购入外汇投放的基础货币。

三、货币量与GDP的关系

近年来,我国经济的特征之一是M2与GDP的比例的显著变化。1990年,这个比例是0.79,而2009年,这一比例上升到1.75。见图1.21。在这段时期,除了2003年至2008年间这一比例略有下降之外,M2/GDP呈现出上升趋势。这一比例的变化是近年来许多研究的焦点。

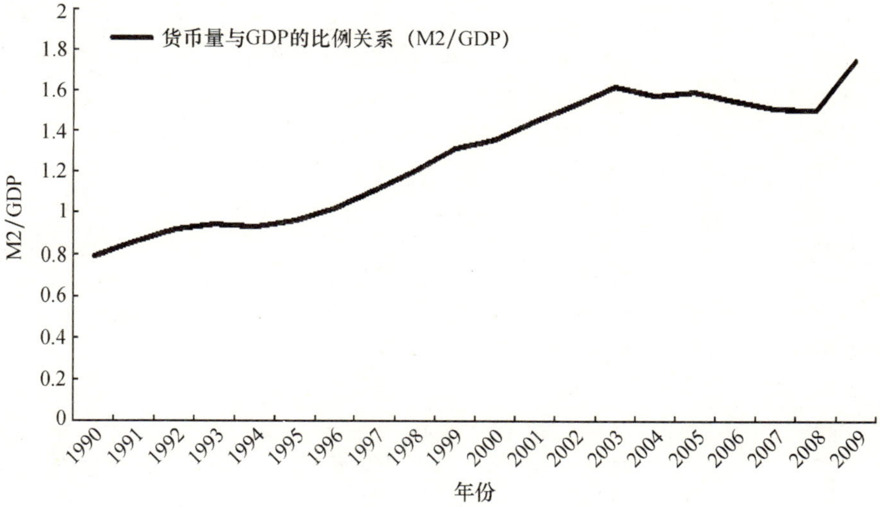

图1.21 货币量与GDP的比例关系

资料来源:作者根据《中国统计年鉴》(2010)表2-1和表19-6计算得到。

第十一节 中国经济目前面临的问题

中国经济在过去三十年的表现之好令人十分惊奇,甚至有了所谓“中国奇迹”的说法。但是在实现了近三十年的高速增长后,中国经济也出现了一些新的问题。能否妥善处理这些问题,直接关系到中国经济在下一个三十年乃至百年的走势。

一、国际收支失衡

国际收支失衡是指一国经常账户、资本与金融账户的余额出现较大问题，即对外经济出现了需要调整的情况。20 世纪 90 年代以来，我国国际收支除个别年份外，持续处于失衡状态。1985 年我国的经常项目差额还为负数，2010 年，我国的经常项目顺差达到了3054 亿美元，经常项目下贸易顺差最大的2008 年，这一数值甚至达到了4124 亿美元。而1985 年我国国际收支还是负的净流入的状态，在2010 年已完全反转过来，国际净流入为5314 亿美元。见表1.14。

表1.14　中国国际收支平衡表

（单位：亿美元）

年份	经常项目差额	资本和金融项目差额	净流入
1985	-114.17	89.72	-24.45
1986	-70.35	59.44	-10.91
1987	3.00	60.02	63.02
1988	-38.03	71.32	33.29
1989	-43.17	37.24	-5.93
1990	119.97	32.55	152.52
1991	145.54	80.32	225.86
1992	64.01	-2.51	61.50
1993	-119.03	234.74	115.71
1994	76.58	326.44	403.02
1995	16.18	386.75	402.93
1996	72.42	399.67	472.09
1997	369.63	210.15	579.78
1998	314.71	-63.21	251.50
1999	211.14	51.80	262.94
2000	205.19	19.22	224.41
2001	174.05	347.75	521.81
2002	354.22	322.91	677.13
2003	458.75	527.26	986.01
2004	686.59	1106.60	1793.19
2005	1341	1010	2351
2006	2327	526	2853
2007	3540	951	4491

（续表）

年份	经常项目差额	资本和金融项目差额	净流入
2008	4 124	463	4 587
2009	2 611	1 808	4 419
2010	3 054	2 260	5 314

资料来源：中国国家外汇管理局。作者根据外汇管理局网站《中国国际收支平衡表》计算得到。http://www.safe.gov.cn/model_safe/tjsj/tjsj_list.jsp? ct_name = 中国国际收支平衡表&id = 5&ID = 110500000000000000

自 1990 年以来，我们几乎都处于对外收支双顺差的状态。除 1993 年外，每年的国际收支经常项目都是顺差，而资本项目则仅在 1992 年和 1998 年有微小的逆差，其他年份都是顺差，2010 年资本项目的顺差甚至达到了 2 260 亿美元。自 1990 年以来，我国的经常项目累计顺差 20 147.0 亿美元，资本项目累计顺差 10 998.4 亿美元，项目总计顺差达到了 31 145.4 亿美元。

二、流动性过剩

自 2005 年以来，我国股市、房地产市场等资产市场都经历了改革以来罕见的涨势。这种资产价格膨胀与我国目前的流动性现状有着很大关系。

通过对金融机构存贷差距的分析，我们可以发现，2000 年以来存贷差在不断扩大，这就意味着我国的金融体系有着多余的流动性没有投入实体经济领域。2000 年我国的存款总额为 123 804.4 亿元，贷款总额 99 371.1 亿元，存贷差为 24 433.3 亿元。2010 年我国的存款总额为 733 382 亿元，贷款总额 509 226 亿元，存贷款差额 224 156 亿元。这期间，存款增长了 5.92 倍，贷款增长了 5.12 倍，存贷差则增加了 9.17 倍。见图 1.22。而我国的存贷款差额还有不断扩大的趋势。这也就意味着，目前我国经济中的流动性过剩情况在近十年来是不断加剧的。

流动性过剩，还表现为货币供应增长快于实体经济增长，即货币增长超过实体经济增长的需要。1990 年至 1999 年我国的 M2/GDP 的平均值为 1.0，而自 2000 年以来，这个数字就有不断扩大的趋势。2009 年，我国的这一比例已经达到了 1.75。见图 1.23。

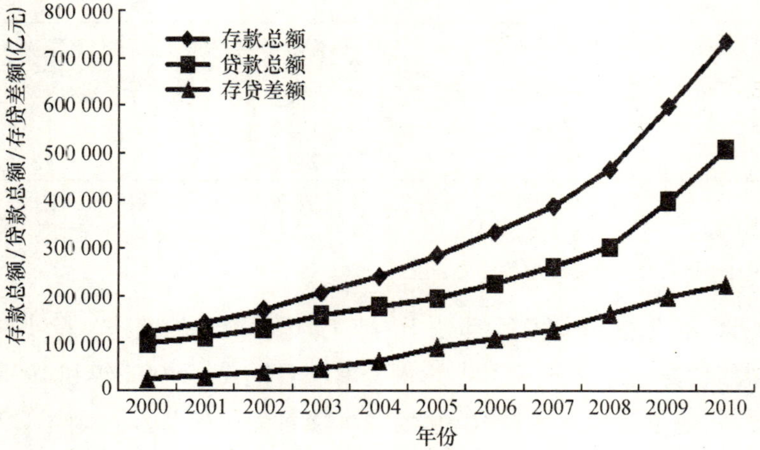

图 1.22 金融机构人民币存贷款状况

资料来源:作者根据《中国统计年鉴》(2010)表 19-2 和表 19-3 计算得到。

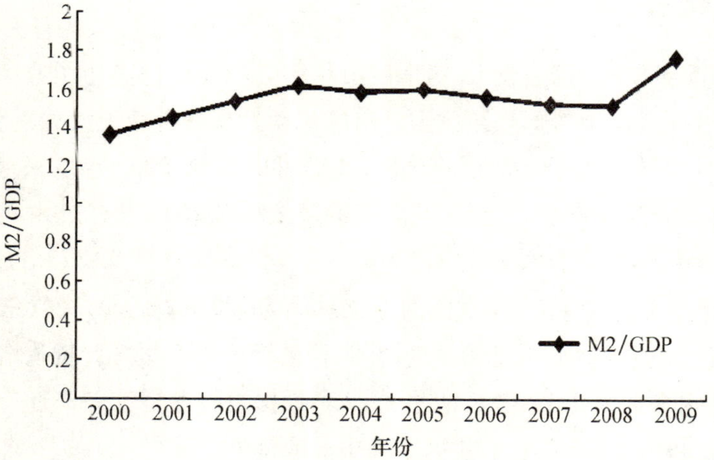

图 1.23 经济货币化程度(2000—2009)

资料来源:作者根据《中国统计年鉴》(2010)表 2-1 和表 19-6 计算得到。

三、产能过剩

产能过剩是指实际产出数量大幅小于生产能力的情形。这里生产能力指企业在正常生产条件下所能达到的产出水平。对产能过剩的这一解读主要是从微观视角出发,而在对宏观经济形势的判断中,我们更关心宏观产能。所谓宏观产能，是指整个社会在给定技术、偏好以及制度的前提下，所有各类资源（如资本、劳动力等）正常限度地得到充分有效利用时所能实现的产出。由于受到社会总需求的限制，经济活动没有达到正常限度的产出水平，从而存在着资源的未充分利用。资源的未充分利用，既包括劳动力没有达到充分就业，也包括资本没有得到充分利用，因此存在着产能一定程度的闲置或过剩。

在计划经济时期，我国长期面临着供给不足的短缺经济局面，改革开放开始以后，我国的产能迅速上升，之前的供需缺口迅速消除。2006 年，关于产能过剩的讨论第一次大规模进入到我国的宏观经济研究领域。根据商务部在 2006 年发布的《600 种主要消费品和 300 种主要生产资料商品供求调查报告》称，2005 年中国商品市场出现新情况：部分行业库存增加，供求关系发生逆转。国内 600 种消费品中，86.9% 的商品供过于求。2008 年世界金融危机对我国需求产生冲击，进入 2009 年以后我国产能过剩压力继续加大。而考虑到近几年我国分行业固定资产投资的增速状况，生产性企业的代表制造业和采矿业的固定资产增速明显高于所有行业平均值（见表 1.15），这意味着我国的产能仍在继续高速增长。

四、生产成本上升

在改革开放的最初阶段，我国依靠低廉的生产成本在出口中获得了巨大的比较优势。目前，我国已经成为了“世界工厂”。这样的局面是依靠中国长期被压低的资本、原材料价格，以及农村富余劳动力的低成本来支撑的。而目前，这些我国之前经济发展的优势正在一点一点地丧失，这就导致了生产成本的上升。

首先是原材料价格方面，目前我国已成为原材料进口大国，生产成本很大程度上依靠国际市场的价格决定。全球大宗商品市场供给、需求的波动都会影响我国的生产成本。中东、北非地区政治形势的动荡对能源市场是一个不利的供给冲击，而这个供给冲击对于能源、原材料对外依存度不断上升的我国经济来说，会有一个很大的影响。

劳动力价格也对生产成本有着巨大的影响。这一点在我国经济发展中体现得尤为明显。在改革开放以后，我国依靠世界第一人口大国所带来的低劳动力成本优势，在国际商品市场上找到了经济增长的突破口。而随着经济的发展和转型，农村富余劳动力总量迅速减少。“民工荒”出现而且逐年严重。

表 1.15　分行业固定资产投资状况

（单位:亿元）

	2003	2004	2005	2006	2007	2008	2009	平均增长率
合计	73 440.3	87 131.2	104 974.0	123 407.4	147 040.3	171 273.4	224 598.8	20.48%
农、林、牧、渔业	2 183.8	2 337.5	2 747.7	3 085.2	3 644.3	5 018.9	6 894.9	21.12%
采矿业	2 346.2	2 962.0	4 242.0	5 248.7	6 294.8	7 636.5	9 210.8	25.60%
制造业	19 414.6	24 213.5	31 425.8	38 245.2	47 654.1	56 192.2	70 612.9	24.01%
电力、燃气、及水的生产和供应业	5 237.0	7 164.5	8 933.0	9 632.3	10 137.5	10 898.3	14 434.6	18.41%
建筑业	1 221.7	1 191.8	1 323.2	1 262.7	1 394.4	1 541.9	1 992.5	8.49%
交通运输、仓储和邮政业	8 312.4	9 453.0	11 368.5	13 617.8	15 155.5	16 871.2	24 974.7	20.12%
信息传输、计算机服务和软件业	2 194.9	2 049.4	1 870.4	2 104.6	1 978.8	2 143.2	2 589.0	2.79%
批发和零售业	1 219.5	1 573.8	2 029.6	2 541.5	3 084.1	3 708.2	5 132.8	27.07%
住宿和餐饮业	559.0	693.3	956.4	1 229.3	1 626.9	1 941.6	2 625.4	29.41%
金融业	119.1	168.1	129.4	136.2	168.7	258.2	360.2	20.24%
房地产业	17 371.2	20 620.1	23 064.9	27 514.0	34 734.1	40 078.0	49 358.5	19.01%
租赁和商务服务业	496.3	520.3	649.9	814.0	1 016.5	1 343.7	2 036.2	26.52%
科学研究、技术服务和地质勘查业	377.7	411.9	514.5	555.7	599.7	774.9	1 200.8	21.26%
水利、环境和公共设施管理业	5 770.1	6 270.2	7 419.3	9 146.5	10 872.8	13 412.5	19 874.4	22.89%
居民服务和其他服务业	319.3	387.8	429.8	436.9	465.4	517.3	801.9	16.59%
教育	2 208.7	2 503.3	2 612.4	2 547.0	2 543.6	2 501.0	3 521.2	8.08%
卫生、社会保障和社会福利业	536.3	638.8	782.6	862.7	947.6	1 145.2	1 858.6	23.02%
文化、体育和娱乐业	702.5	956.1	1 013.4	1 071.9	1 331.3	1 575.6	2 383.4	22.58%
公共管理和社会组织	2 846.5	3 013.4	3 460.9	3 355.1	3 390.1	3 714.8	4 735.9	8.86%
国际组织	3.3	2.5	0.3	0.2	0.0	0.3	0.2	-35.19%

资料来源:作者根据《中国统计年鉴》(2010)表 2-5 和表 5-7 计算得到,2009 年为基年。

第二部分

产能过剩、全球金融危机及我国的应对措施

本部分讨论产能过剩对宏观经济的影响。产能过剩是目前世界各主要国家面临的共同难题。本部分包括三章,我们首先讨论产能过剩与金融危机的关系,指出产能过剩最终会导致金融危机。然后我们分别讨论了各国的应对措施,其中用一章(第三章)的篇幅讨论本次全球金融危机中中美两国宏观经济形势的差异与货币政策选择,本部分的最后一章讨论本次全球金融危机期间贸易保护主义抬头的原因、后果及我国的应对措施。

第二章

产能过剩、全球金融危机与中国的对策[①]

第一节 产能过剩与金融危机

据报道，在谈到全球金融危机时，"林毅夫称，现在的问题主要是产能过剩的问题"（郑东阳，2010），林毅夫指出："尽管危机源自金融部门，但当前的真正挑战来自累积的过剩产能对实体经济的影响。不解决此问题，经济就会有螺旋式下降的风险，危机也有可能拖得更长。"（郑东阳，2010）那么，产能过剩是怎样引发金融危机的呢？

让我们首先设想一下一个没有政府干预的自由市场经济的运行过程，该运行过程图见图 2.1。图 2.1 中的流程图可以分为三个阶段：第一阶段是从第 1 步到第 7 步，这一部分是一个循环，每一步都写在一个椭圆中；第二阶段是从第 8 步到第 14 步，每一步都写在一个八角形中；第三阶段从第 15 步到第 31 步，每一步都写在一个长方形中。

按经济运行的顺序，我们首先从第一阶段说起。随着经济的发展，人们的收入水平越来越高，在边际消费倾向递减的情况下，人们的储蓄越来越多。储蓄本来就是未来的消费，因此储蓄的目的就是把财富带到未来去消费，所以储蓄实际上就是在进行资源的跨时配置，这跟资产的用途一模一样。实际上，各种资产就是储蓄的不同表现形式。随着储蓄的增加，资金供给增加，这一方面

① 本章内容系根据以下论文改写：苏剑，"产能过剩背景下的中国宏观调控"，《经济学动态》2010 年第 10 期，第 47—51 页。

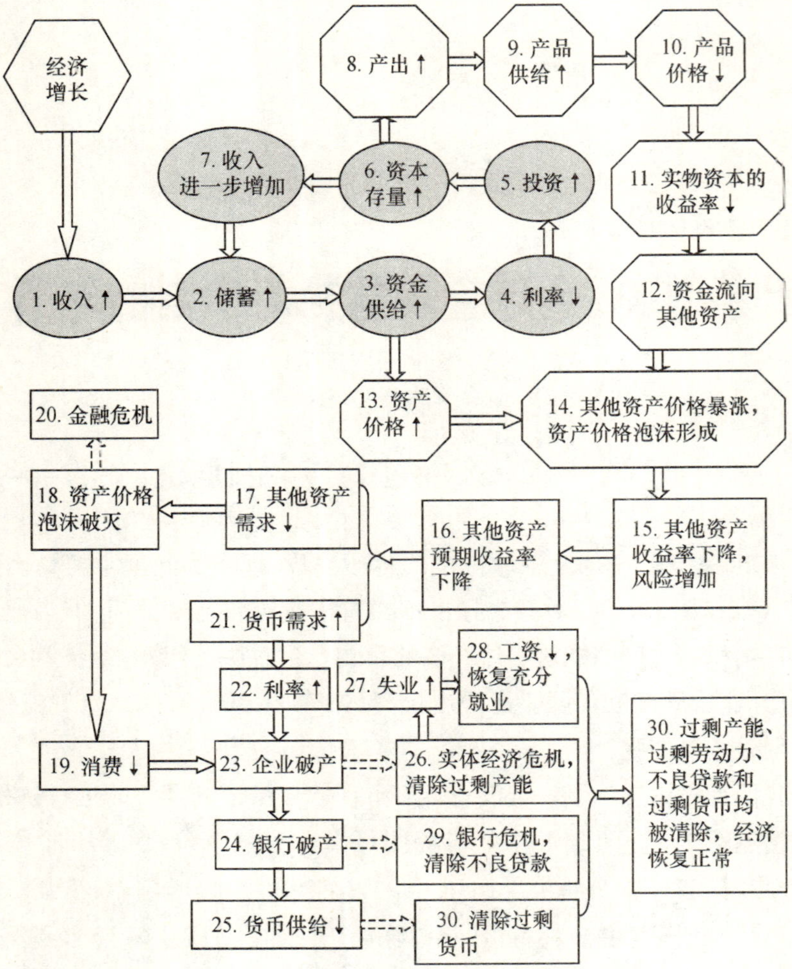

图 2.1　产能过剩与金融危机

导致存贷款利率下降；另一方面，人们对各种资产的需求都增加，导致各种资产的价格都上升。随着存贷款利率下降，企业投资就增加，资本存量越来越大，这会导致产出增加。而按照国民收入的恒等式，这同时意味着收入的增加，而收入的增加又会导致储蓄进一步增加，这就进入了一个新的循环。这个循环一直进行下去，就会导致资本存量的逐步增加，最后导致产能过剩的现象越来越严重。

随着资本存量的增加，企业的产出也会增加（第 8 步），这就进入了第二个阶段。产出的增加意味着商品的供给量增加,这会导致产品价格下降,资本的边际收益率越来越低,实体经济中的投资机会越来越少。随着资本边际收益率的降低,追求利润的资金就会转而考虑其他资产,流入其他资产市场,这相当于其他资产对实物资产的替代效应(第8—12步),于是其他资产的价格上升。而随着收入的上升,资金供给也在上升,导致对其他资产的需求的增加,这是对其他资产需求的收入效应(第13步)。对其他资产需求的收入效应和替代效应共同作用,且方向相同,经过第一阶段的循环作用,最终会导致其他资产价格暴涨,形成严重的资产价格泡沫。

这就进入了第三个阶段。随着资产价格的上涨,这些资产的收益率越来越低,风险也越来越大,最终,当资产的预期收益率低于货币的预期收益率时,人们就会抛售这些资产,增持货币,于是这些资产价格暴跌,资产价格泡沫破灭,导致金融危机。资产价格泡沫破灭导致家庭财富下降,居民户因为财富下降减少消费,消费的下降导致企业的销售环境进一步恶化,引发实体经济危机。

另外,随着人们对货币需求的增加(第21步),利率也跟着上升,于是在低利率期间被投资的项目就会亏损,大量企业破产,这一方面导致失业率上升,另一方面导致大量不良贷款的出现,造成许多银行破产,引发银行危机。大量企业破产的结果是过剩产能被清除,那些经营不善、效率低下的企业被淘汰;而由企业破产带来的大量失业的出现导致劳动力市场的调整,工资下降,这一方面有助于消除失业,另一方面降低了企业的工资成本,提高了企业的竞争力,为经济的下一步发展扫清障碍;银行破产的结果是一方面不良贷款被清除,效率低下的银行被淘汰,另一方面过剩的货币也被清除。

到目前为止,人们在谈到银行破产的后果时,只强调一方面,即不良贷款被清除,效率低下的银行被淘汰,而不谈另一方面,即过剩的货币被清除。我认为这样做不合适。在一个自由市场经济中,银行存款没有政府担保,也没有存款保险制度,其结果是银行破产时,居民户的存款消失,货币供给下降。这种货币供给的下降是在中央银行的货币基础未发生变化的情况下发生的,因此是由于货币乘数的下降导致的。货币供给的下降保证了资产价格在短期内不会再涨起来,因而使得经济真正回复到正常状态。当然,居民户的存款消失对居民户来说是一个损失,但这种调整同时也是一个均贫富的过程,因为存款消失最多的是富人,穷人的存款资产本来就少,相对来说损失小一些;而随着货币供给的下降，股票、房地产等资产价格泡沫破灭的格局被确认，这些资产的持有者的损失也被固定，同样，穷人持有的这些资产较少，损失也相对较少。

如果银行破产时，由于国家担保或者存款保险制度等，居民户的存款没有损失，那么货币供给就没有下降。对于货币持有者来说，实体经济投资与金融资产投资之间存在替代关系，货币持有者在利润最大化动机的驱动下，会投资于预期收益率较高的项目上，这些货币的存在就会给人们一个资产价格还会涨起来的预期。在实体经济已经进入正常状态的情况下，提高这些资产的预期收益率，会使得人们不去投资实体经济，而是等着在资产市场抄底。于是，经济的自动调节过程就会失效。这样，要吸引人们把资金投入实体经济，就必须使实体经济具有更高的预期收益率，而这就要求更多的产能被清除，造成浪费，并加重实体经济危机的程度。因此，清除过剩货币是经济恢复正常的必要条件。在一个没有政府干预的自由市场经济中，银行破产就是清除过剩货币的途径。在有了政府干预的情况下，出现银行危机时居民户的存款不再受损失，或者损失不大，过剩货币没有被清除。现在的美国就是这样。

综上所述，金融危机是经济对产能过剩的一种自然反应，是消除产能过剩的一种方式。金融危机通过以下步骤使经济恢复正常。首先，过剩产能和低效率企业被清除。低效率的企业被淘汰出局，高效率的企业幸存下来，产能过剩不复存在。其次，过剩劳动力被清除。在金融危机中，失业的大量存在会引发劳动力市场的调整，工资下降从而使得劳动力供求重新达到均衡，过剩劳动力不复存在。再次，资产价格泡沫被挤除。在金融危机中，资产价格暴跌，恢复到正常水平。最后，过剩货币被清除。银行破产导致居民户的存款消失，而存款是货币的一部分。过剩货币被清除之后，人们的购买力下降，对各种资产的需求都降低，从而能够确保资产价格和这些资产的预期收益率处于合理状态。

第二节　各国对全球金融危机的应对措施

全球金融危机的爆发是世界经济对全球产能过剩的一种自然反应。在全球金融危机爆发后，世界各国采取了大规模的刺激措施，以避免实体经济危机。这些措施主要包括以下几类：

1. 大规模增加货币供给

这主要是针对图2.1中的第21步,即货币需求上升。如上所述,如果没有政府干预,那么货币需求就会上升,从而利率大幅度上升,导致投资下降,最终引发实体经济危机。因此,在此情况下,如果能够增加货币供给,就可以保证利率不上升;利率不上升,实体经济就不会受影响,因此增加货币供给就可以把金融体系与实体经济隔开,在实体经济与金融体系之间构筑一道防火墙。因此,美国和其他世界主要国家都采取了大规模的货币扩张政策。美国的货币基础在半年内翻了一番,使得美国商业银行体系的超额准备金增加了四百多倍(苏剑等,2009);中国也连续采取了降低利率的政策,使得中国的利率降到了历史最低点。

2. 稳定资产价格

如图2.1第18到第19步所示,资产价格泡沫破灭会导致消费下降,从而引发实体经济危机。因此,世界各国都采取了稳定资产价格尤其是房价和股价的政策。美国采取措施挽救了"房地美"和"房利美",并出台了住房购买税收优惠和其他购房鼓励政策;中国各个地方政府在金融危机期间也采取了购房鼓励措施;世界几乎所有国家都把稳定股市作为稳定经济的主要举措之一。

3. 刺激消费

如图2.1第18到第19步所示,资产价格泡沫破灭会导致消费下降,从而引发实体经济危机。因此,在设法稳定资产价格以外,世界各国都采取了刺激消费的措施。具体措施包括降低个人所得税、消费补贴(如中国的家电下乡、汽车下乡、以旧换新等措施)、税收优惠(比如降低汽车购置税等)等。

4. 挽救大企业

如图2.1第23步所示,金融危机中许多企业会破产倒闭,造成大量失业,尤其是一些大企业,其破产的影响更大,甚至到了政府不敢让其倒闭的地步。于是,世界各国政府,尤其是美国政府就展开了对大企业的挽救,美国汽车业几大巨头都得到了美国政府甚至美国中央银行的直接援助,就是这种政策的表现之一。

5. 挽救大银行

如图2.1第24步所示,金融危机中许多银行会破产倒闭,而银行却是整个宏观经济的命脉所在,所以政府不敢让大量银行破产,尤其是一些大型银行。

于是政府就需要对一些大银行进行挽救。美国中央银行安排的对问题银行的重组等措施实际上就是这种政策的表现。

第三节 各国对全球金融危机的应对措施的后果

这些政策虽然有助于把实体经济与金融体系隔开,避免实体经济的危机,但是却是治标不治本的。由于经济危机的根源是产能过剩,而金融危机本身不是经济危机的根源,它只是经济危机发生和发展的一个环节,因此,这些政策会产生严重的后果,不利于经济的恢复。

第一,资产价格泡沫依然严重,并未被完全挤除。只有资产价格回到正常状态,经济才可能稳定下来。以住房为例,美国的住房价格在金融危机前暴涨,直到现在,虽然房价已经有较大幅度的回落,也只有5%的美国人买得起房(Snyder, 2010)。这么高的房价显然是不可持续的。中国也一样,北京的房价已经比得上日本东京、美国的纽约和夏威夷、新加坡等发达国家的中心城市的房价,北京人以发展中国家的收入水平面对着发达国家的房价,这显然不合理。

第二,过剩货币不仅未被清除,反而因为大规模的货币扩张政策得以大量加强。因此,即使资产价格回落,但人们依然对资产的收益率有着很高的预期,资产价格泡沫无法被完全挤除。中国政府历次调控房价均成"空调",即是这一现象的表现。这种大规模的过剩货币的存在,使得资产的预期收益率高企,人们投资于实体经济的积极性不强,这不仅延缓了经济的恢复进程,更重要的是,为了吸引人们在实体经济中投资,就必须清除过多的产能,造成额外的浪费,并加重经济危机的程度。

第三,挽救企业的措施使得低效率的产能继续存在,失业也没有达到应有的水平,而工资刚性的存在也使得各国的工资未能降到应有的水平。在金融危机中,虽然许多国家的工资水平都有所下降,但降幅不够,无法使得企业起死回生。因此,过剩劳动力没有得到清除。挽救企业的措施只是使得低效率企业得以苟延残喘,并没有解决产能过剩的问题,也就没有解决劳动力过剩的问题。

第四,挽救银行的措施使得过剩货币无法被清除,而不良贷款也将继续存在,这些都为经济埋下了隐患。

第五,在经济增长的过程中,财富的分配格局会不断发生变化,由于收入的差距以及资产价格的变动，收入分配的不平等程度会加剧。而金融危机通过挤除资产价格泡沫，实际上是一次对财富进行重新分配的过程，通过这一过程，将使得财富的分配更趋均等化，同时也将使得劳动收入和资产性收入的比例更为合理。政府干预使得财富分配的格局被相对维持住，不利于财富的再分配，也不利于鼓励劳动致富。

综上所述，政府干预虽然使得经济暂时摆脱了危机，但经济危机的根源没有被消除，而且随着技术的进步和产能过剩的程度在不断加大。治标不治本的措施暂时堵住了经济危机的大洪水，但却形成了一个巨大的经济人工湖，上游的水仍然在不断流入这个湖，使得湖水水位越来越高。政府将不得不步步加高堤坝，稍有不慎堤坝决口就成洪灾；即使政府小心谨慎，确保堤坝不决口，但也有政府最终无力继续加高堤坝的那一天，当那一天到来之时，一场巨大的洪灾就不可避免。

第三章

全球金融危机期间的中国经济政策[①]

第一节 引 言

本次全球金融危机源于2006年年底出现的美国次贷危机。随着次贷危机引发的金融危机向全球逐步扩散,世界经济形势迅速恶化。面对严峻的世界经济形势,世界各主要经济体采取了共同行动。2008年10月8日,美国联邦储备委员会、欧洲央行、英国英格兰银行以及加拿大、瑞士和瑞典等西方主要国家的央行宣布将基准利率降低0.5个百分点。当天,中国人民银行宣布存贷款利率与存款准备金利率同时降低,国务院决定对储蓄存款利息所得暂免征收个人所得税。2009年4月举行的G20伦敦峰会上,全球联手应对金融危机成为主要议题,G20国家领导人同意为IMF和世界银行等多边金融机构提供总额1.1万亿美元资金,其中国际货币基金组织资金规模将扩大至现在的3倍,由2 500亿美元增加到7 500亿美元,以帮助陷入困境的国家。为促进贸易以帮助全球经济复苏,二十国集团领导人同意在未来两年内提供2 500亿美元用于贸易融资。在2010年年底前,G20国家预计支出5万亿美元以刺激经济。可以说,全球联手应对金融危机,是本次金融危机中最大的特色之一。世界各国在很短的时间内达成了如此协调一致的意见,采取了如此协调一致的行动,可说是史无前例。

为什么会出现全球联手应对金融危机的局面?这种现象反映了人们对本

---

① 本章内容系根据以下论文改写:苏剑、林卫斌、叶淏尹,"金融危机下中美经济形势的差异和货币政策选择",《经济学动态》2009年第9期。

次金融危机的哪些认识？首先，人们普遍认为，在本次来势凶猛的金融危机中，没有哪个国家可以独善其身，也没有哪个国家能够独立应对。其次，人们认为，在本次全球金融危机中，既然所有国家同时受到严重的冲击，世界各国的应对措施也应当一致。因此，在这种观点的支配下，世界各国采取了统一行动，而且采取的措施也都是扩张性的，其中最大的特点就是全球统一采取的扩张性货币政策。

那么，这种一致的货币政策是不是合理的？世界各国是否该采取完全一致的货币政策？换句话说，在总需求下降这个一致的现象背后，世界各国面对的经济形势有没有重要的差别，从而要求各个国家采取不同的甚至相反的货币政策？本书认为，本次世界经济面临的经济形势的确非常严峻，需要全球联手应对，但是，世界各国，尤其是中国和美国面临的经济形势是有很大不同的，因此，虽然世界各国应该联手应对，但各国的政策措施应该有很大的差异。就中美两国而言，虽然两国面对的都是总需求下降的局面，但总需求下降的原因却是完全不同的。美国总需求下降，是由于次贷危机导致银行紧缩贷款引发的货币紧缩。而中国总需求下降的原因却是全球金融危机导致的出口下降引发的实体经济衰退，实体经济出现问题后，由于种种原因，企业投资需求和居民户消费需求均下降，结果导致交易性货币需求下降；在货币供给不变的情况下，这意味着货币市场出现了供大于求的局面。因此，在美国，是金融体系出了问题，蔓延到实体经济，其问题是货币供给不足，货币需求很大；而中国则是实体经济出了问题，蔓延到金融体系，其问题是货币需求不足，货币供给很大，从而会导致资产价格的膨胀，如果像美国一样采取扩张性货币政策，就会导致资产泡沫加剧，埋下金融危机的隐患。鉴于中美两国的经济形势存在这样的差别，本书认为，中美两国的货币政策就应该有差别，美国应该采取扩张性的货币政策，中国应该采取稳健的甚至是紧缩性的货币政策。

本章分三节。第二节和第三节分别介绍、分析金融危机下美国和中国的情况，包括中美的经济形势、应该采取的政策，以及到目前为止两国实际采取的政策。

第二节 美国的经济危机

美国的经济危机是从金融体系开始的。首先是次贷危机的爆发。次贷危机爆发后，银行体系为了保证自己的安全，开始大量持有超额准备金，这就导致货币紧缩，放贷量必然相应减少，金融危机就转化为经济危机。图3.1给出了美国经济危机演化的时间和逻辑顺序。

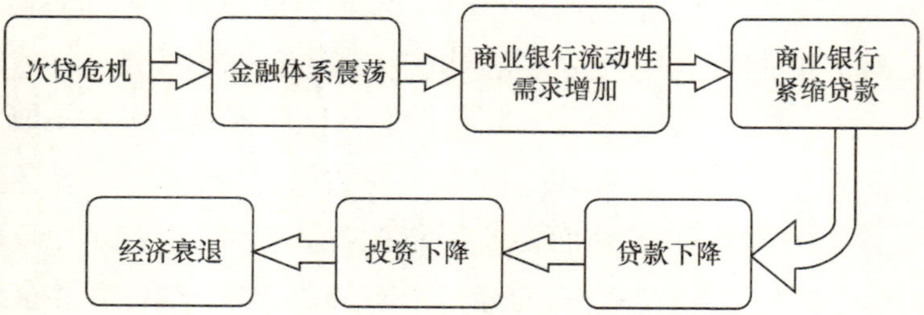

图3.1 美国经济危机的传导机制

1. 美国的经济形势与政策需求

这一传导机制在美国的经济走势上得到了充分的反映。表3.1为美国2007年以来的主要经济数据。从中可以清楚地看出金融危机及其对实体经济的影响过程。2007年中后期，由于次级债无法卖出，100家以上房屋贷款公司因缺乏资金破产。为了应对这种局面，商业银行急需流动性，于是在2007年8月，美国商业银行的超额准备金猛增，比上个月增加200%，随后恢复正常，但问题并没有解决。此后，从2007年第四季度起，金融机构开始出现巨额亏损。2008年3月，贝尔斯登难以为继，被并入J. P. 摩根，引发金融体系震荡。到了2008年9月，美国金融体系几近崩溃："双房"被国有化，雷曼兄弟破产，AIG被80%国有化。至此，美国金融危机彻底爆发。

金融体系出问题后，金融机构为了自身的安全，就希望保留尽可能多的准备金，这就可能导致银行减少贷款发放，从而减少投资和消费，对实体经济产生威胁。因此，要想稳定经济，美国就必须保证金融体系有足够的准备金。所以，美国必须采取宽松的货币政策。

2. 美国实际采取的政策

金融体系出了问题之后，就需要大量的流动性，如果得不到充足的流动性，银行体系就必然会紧缩贷款，从而把经济拖入衰退。因此，美国政府的正确应对措施就是增加货币供应量，而美国中央银行的确这样做了。如表3.1所示。

表 3.1 2007 年以来美国主要经济和金融指标的变化

（单位：10 亿美元，除非特别注明）

年月	（单位：百万美元）				银行贷款	联邦基金利率（%）	M1	M2	总私人国内投资	进口	CPI上涨率（%）	GDP增长率（%）	失业率（%）	金融危机的阶段划分
	货币基础	商业银行准备金总计	法定准备金	超额准备金										
2007.01	812 903	42 309	40 764	1 545	6 170.2	5.25	1 373.6	7 080.9			2.1			
2007.02	812 618	42 454	41 001	1 453	6 227	5.26	1 366	7 086.6	2 118	2 289	2.4	0.1	4.5	
2007.03	814 101	42 290	40 673	1 617	6 184.6	5.26	1 368.4	7 121.4			2.8			
2007.04	817 124	42 583	40 996	1 587	6 238.5	5.25	1 379.7	7 170.6			2.6			
2007.05	819 079	43 272	41 817	1 455	6 287.3	5.25	1 381.9	7 200.7	2 147	2 338	2.7	4.8	4.5	2007 年中后期，由于次级债无法卖出，100 家以上房屋贷款公司因缺乏资金破产
2007.06	819 826	43 580	41 827	1 753	6 324.1	5.25	1 367.5	7 225			2.7			
2007.07	821 025	42 127	40 493	1 634	6 382	5.26	1 370	7 253.1			2.4			
2007.08	825 277	45 380	40 553	4 827	6 469.4	5.02	1 372.2	7 302.3	2 164	2 398	2.0	4.8	4.7	
2007.09	823 281	43 085	41 351	1 734	6 553.2	4.94	1 372	7 339.9			2.8			
2007.10	825 916	42 999	41 539	1 460	6 651.7	4.76	1 379.2	7 372.5			3.5			
2007.11	825 462	43 390	41 697	1 693	6 733.3	4.49	1 375	7 405.1	2 092	2 457	4.3	−0.2	4.8	从 2007 年第四季度起，金融机构开始出现巨额亏损
2007.12	822 422	43 519	41 749	1 770	6 799.5	4.24	1 373	7 438.4			4.1			
2008.01	820 194	42 993	41 353	1 640	6 871.8	3.94	1 377.4	7 487.6			4.3			
2008.02	821 853	43 709	41 988	1 721	6 896.4	2.98	1 380.5	7 564.7	2 056	2 527	4.0	0.9	4.9	贝尔斯登并入 J.P. 摩根，引发金融体系震荡
2008.03	826 284	45 264	42 291	2 973	6 941.6	2.61	1 383.3	7 628.3			4.0			

（续表）

年月	（单位：百万美元）				银行贷款	联邦基金利率（%）	M1	M2	总私人国内投资	进口	CPI上涨率（%）	GDP增长率（%）	失业率（%）	金融危机的阶段划分
	货币基础	商业银行准备金总计	法定准备金	超额准备金										
2008.04	824 697	44 654	42 775	1 879	6 893.2	2.28	1 383.9	7 649.3			3.9			
2008.05	827 357	45 089	43 139	1 950	6 919	1.98	1 383.7	7 669	2 001	2 641	4.2	2.8	5.4	
2008.06	832 449	44 366	42 098	2 268	6 904.8	2	1 393.7	7 681.1			5.0			
2008.07	838 367	44 293	42 376	1 917	6 921.3	2.01	1 409.3	7 725.7			5.6			金融体系几近崩溃："双房"被国有化，雷曼兄弟破产，AIG被80%国有化
2008.08	842 981	45 458	43 486	1 972	6 929.7	2	1 391.6	7 698.2	2 011	2 677	5.4	-0.5	6	
2008.09	905 164	102 767	42 713	60 054	7 036.7	1.81	1 451.5	7 808.3			4.9			
2008.10	1 130 295	315 498	47 594	267 904	7 265	0.97	1 474.7	7 927.3			3.7			金融危机的影响向实体经济扩散
2008.11	1 433 496	609 939	50 901	559 038	7 213.4	0.39	1 523.2	7 980	1 906	2 270	1.1	-6.3	6.9	
2008.12	1 651 270	821 034	53 635	767 399	7 195	0.16	1 595.3	8 153.7			0.1			
2009.01	1 703 114	858 406	60 172	798 234	7 136.5	0.15	1 576.3	8 235.9			0.0			
2009.02	1 557 491	700 972	57 485	643 487	7 137.8	0.22	1 559.5	8 263.4	1 600	1 857	0.2	-5.5	8.1	
2009.03	1 643 140	779 951	55 319	724 632	7 095.8	0.18	1 563.2	8 334.7			-0.4			
2009.04	1 749 791	881 553	57 176	824 377	7 052.1	0.15	1 593.3	8 281.6			-0.7			
2009.05	1 770 195	901 292	57 192	844 100	7 102.3	0.18	1 597	8 344.8			-1.3		9.2	
2009.06	1 680 624	809 015	57 634	751 381		0.21								

资料来源：美国联邦储备银行网站，美国经济分析局网站和美国劳工部网站；所有数据均经季节调整。

从 2008 年 9 月起，美联储开始向经济中大量注入基础货币，2008 年 9 月增加货币基础 620 多亿美元，其中大部分变成了商业银行的超额准备金，使得商业银行的超额准备金在一个月内增加 29.5 倍，2008 年 10 月比上月增加 3.5 倍，2008 年 11 月再比上月翻一番。到 2009 年 1 月，在 5 个月的时间内，美国的基础货币增加了 1 倍，这使得商业银行的超额准备金在同期内增加了 400 多倍。

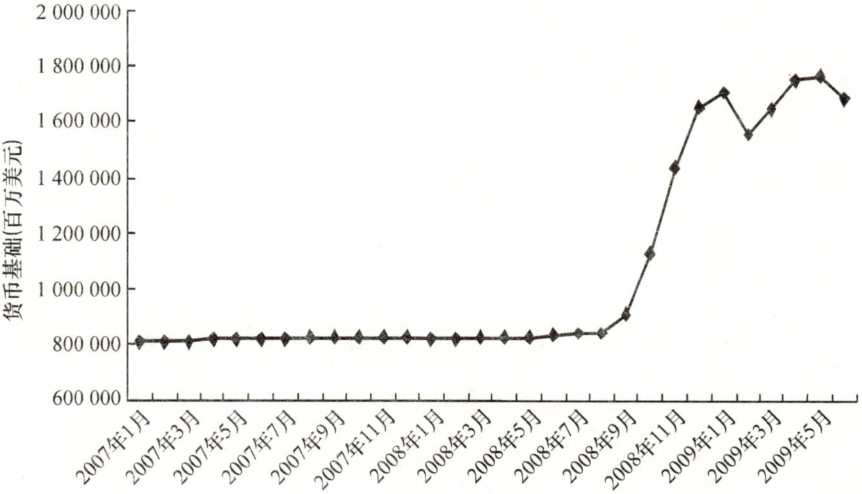

图 3.2　美国货币基础变动情况

3. 美国政策的效果

美国的货币政策是非常及时和到位的，成功地避免了实体经济的大幅震荡。与货币基础和超额准备金的大幅增加相反，美国的 M1、M2、商业银行发放的贷款、总私人国内投资的运行相当平稳，基本上没有大的波动。从 2008 年 6 月到 2009 年 5 月，美国的 M1、M2 以及商业银行发放的贷款不仅没有减少，还有所增加，其中 M1 增长 14%，M2 增长 8%，商业银行发放的贷款增加 3%；从 2008 年 6 月到 2009 年 3 月，美国的季度总私人国内投资仅下降 20%，远远小于人们的预期。从 2008 年 9 月到 2009 年 1 月，在基础货币大幅增加的这 5 个月内，美国的 M1 增长 13%，M2 增长 7%，商业银行发放的贷款增加 3%；从 2008 年 6 月到 2008 年年底，美国的季度总私人国内投资仅下降 4.7%。图 3.3 和图 3.4 给出了美国的 M1、M2、商业银行贷款发放、总私人国内投资在金融危机期间随时间变化的情况。

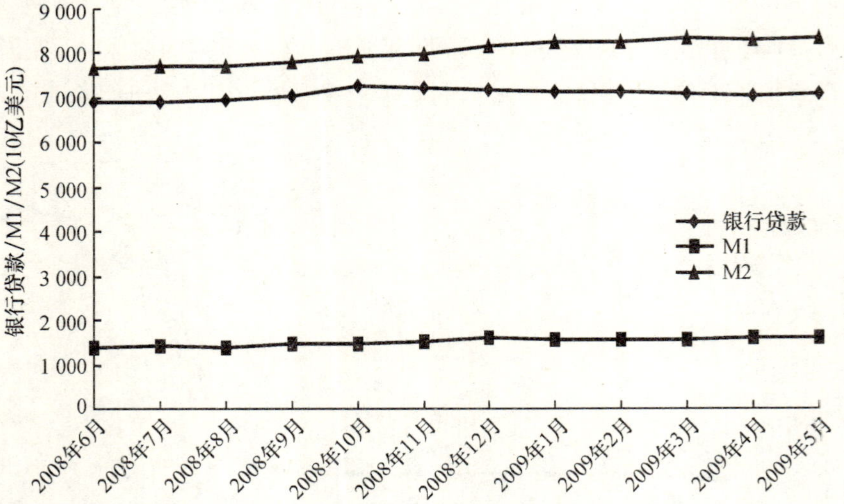

图 3.3　2008 年 6 月后美国银行贷款、M1 和 M2 的变动情况

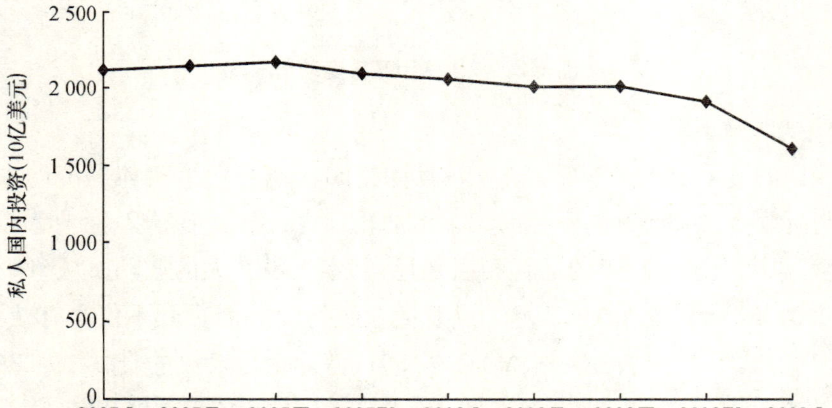

图 3.4　2007 年第一季度到 2009 年第一季度美国私人国内投资变动情况

美国的货币政策不仅稳定了实体经济，也稳定了资产市场。本来，在金融危机的冲击下，美国股市应该猛跌，但美国的货币政策却成功地阻止了这种情况的发生。道・琼斯工业平均指数虽然在 2008 年 10 月有一个很大的跌幅，但之后的走势由于货币政策的调整而逐渐趋于平稳，进入 2009 年 3 月之后股指还有稳步上升的趋势，如图 3.5 所示。

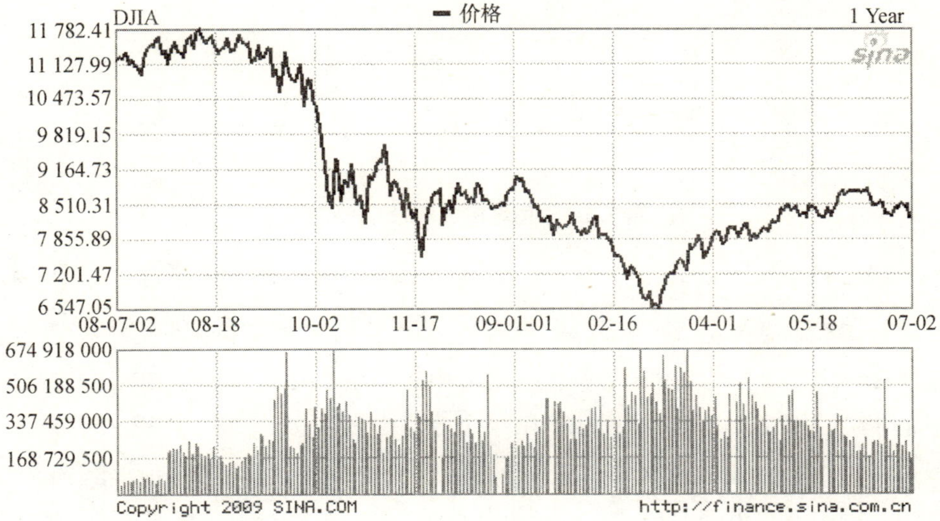

图 3.5　2008 年 7 月至 2009 年 6 月道·琼斯工业平均指数走势图

资料来源：新浪财经。

因此，在本轮金融危机的调控中，美国中央银行的政策成功地把危机限制在银行体系之内，没有对实体经济和资产市场产生大的冲击，避免了“大萧条”期间那种股市崩盘、经济崩溃的局面。

第三节　中国的经济下滑

中国的经济危机是从出口下降开始的。美国次贷危机爆发后，美国的投资和消费能力下降，进口减少，这就影响到了中国的出口企业。中国出口的下降导致了实体经济的衰退，投资和消费下降影响到了交易性货币需求，而交易性货币需求的下降又使多余的货币大量涌入资产市场，造成了资产市场的泡沫化。图 3.6 给出了中国经济危机演化的时间和逻辑顺序。表 3.2 给出了中国 2007 年 1 月以来的各项宏观经济指标。

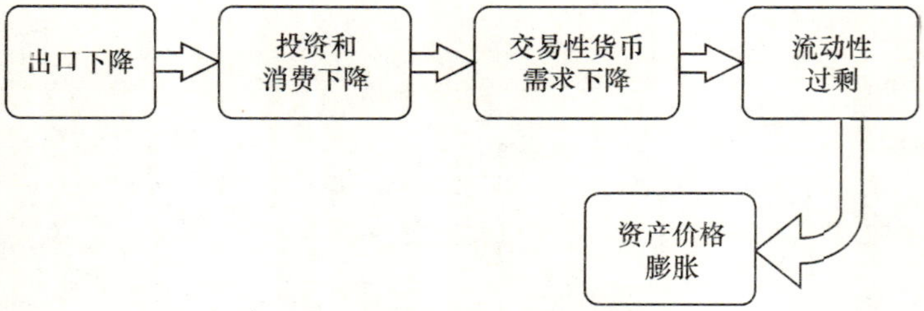

图 3.6 中国经济危机的传导机制

1. 中国的经济形势

在美国金融危机的打击下，我国出口形势非常严峻。从 2008 年 10 月起，我国出口大幅下降，如图 3.7 所示。出口形势不景气导致许多企业尤其是外向型企业经营困难。比如，据广东省中小企业局报道，进入 2008 年 10 月以来，广东关闭的中小企业数量剧增，10 月全省停产的中小企业多于 2008 年前三季度总和。广东省中小企业局局长介绍，根据各市中小企业行政主管部门上报的情况，2008 年前三季度广东停产、歇业、关闭和转移的企业 7 148 户，但进入 10 月后，全省中小企业各项经济指标急转而下，关闭、停产、歇业和外迁的中小企业不断增多，截至 10 月，这个数字已上升至 15 661 家，一个月就翻了一倍（梁钢华，2008）。

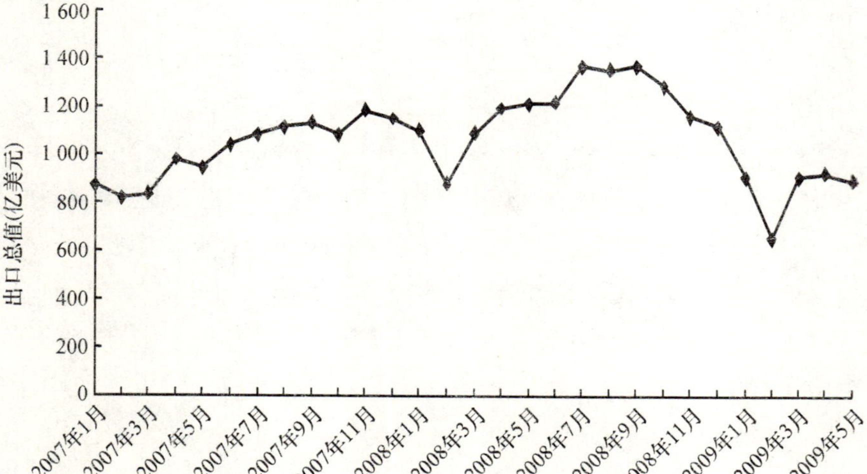

图 3.7 2007 年 1 月至 2009 年 5 月中国出口总值变化图

资料来源：中华人民共和国海关总署网站。

表 3.2　2007 年以来中国主要经济和金融指标的变化

（单位：亿元，除非特别注明）

年月	法定存款准备金率（以该月调整后的数据为准，%）	利率（一年期定期存款，以该月调整后的数据为准，%）	货币基础	M1	M2	商业银行贷款总额	固定资产投资	社会消费品零售总额	出口（亿美元）	CPI上涨率（同比，%）	GDP增长率（%）	美国金融危机的阶段划分
2007.01	9.5	2.52	73 380	128 484	351 499	231 031	14 544	7 488	866	2.2	13	2007 年中后期，由于次级债无法卖出，100 家以上房屋贷款公司因缺乏资金破产
2007.02	10	2.52	80 879	126 258	358 659	235 169		7 017	821	2.7		
2007.03	10	2.79	76 990	127 881	364 105	239 586		6 686	834	3.3		
2007.04	10.5	2.79	76 788	127 678	367 326	243 805	31 534	6 673	974	3.0	13.4	
2007.05	11	3.06	77 858	130 276	369 718	246 278		7 158	941	3.4		
2007.06	11.5	3.06	82 664	135 847	377 832	250 793		7 026	1 033	4.4		
2007.07	11.5	3.33	83 264	136 237	383 885	253 107	32 169	6 998	1 077	5.6	13.4	
2007.08	12	3.6	83 639	140 993	387 205	256 135		7 117	1 114	6.5		
2007.09	12.5	3.87	88 212	142 592	393 099	258 970		7 668	1 125	6.2		
2007.10	13	3.87	88 616	144 649	394 204	260 331	39 167	8 263	1 077	6.5	13.0	从 2007 年第四季度起，金融机构开始出现巨额亏损
2007.11	13.5	3.87	92 433	148 010	399 758	261 205		8 105	1 176	6.9		
2007.12	14.5	4.14	101 545	152 519	403 401	261 691		9 015	1 144	6.5		
2008.01	15	4.14	109 478	154 873	417 846	269 696	18 317	9 077	1 097	7.1	10.6	贝尔斯登并入 J. P. 摩根，引发金融体系震荡
2008.02	15	4.14	107 043	150 178	421 038	272 166		8 355	874	8.7		
2008.03	15.5	4.14	104 224	150 867	423 055	275 000		8 123	1 090	8.3		

（续表）

年月	法定存款准备金率（以该月调整后的数据为准，%）	利率（一年期定期存款，以该月调整后的数据为准，%）	货币基础	M1	M2	商业银行贷款总额	固定资产投资	社会消费品零售总额	出口（亿美元）	CPI上涨率（同比，%）	GDP增长率（%）	美国金融危机的阶段划分
2008.04	16	4.14	106 467	151 695	429 314	279 690	40 119	8 142	1 187	8.5	10.4	
2008.05	16.5	4.14	108 619	153 345	436 222	282 875		8 704	1 205	7.7		
2008.06	17.5	4.14	115 353	154 820	443 141	286 199		8 642	1 215	7.1		
2008.07	17.5	4.14	116 447	154 992	446 362	290 017	41 435	8 629	1 367	6.3	9.9	金融体系几近崩溃："双房"被国有化，雷曼兄弟破产，AIG被80%国有化
2008.08	17.5	4.14	117 590	156 890	448 847	292 732		8 768	1 349	4.9		
2008.09	16.5	4.14	117 336	155 749	452 899	296 477		9 447	1 364	4.6		
2008.10	16	3.6	115 715	157 194	453 133	298 296	48 297	10 083	1 284	4.0	9.0	金融危机的影响向实体经济扩散
2008.11	16	2.52	119 333	157 827	458 645	295 750		9 791	1 150	2.4		
2008.12	14.5（中小型存款机构为13.5）	2.25	129 222	166 217	475 167	303 395		10 729	1 112	1.2		
2009.01	同上	2.25	129 653	165 214	496 135	319 922	23 562	10 757	905	1.0	6.1	
2009.02	同上	2.25	125 447	166 150	506 708	330 638		9 324	649	-1.6		
2009.03	同上	2.25	124 277	176 541	530 627	349 555		9 318	903	-1.2		
2009.04	同上	2.25	124 266	178 214	540 481	355 473		9 343	919	-1.5		
2009.05	同上	2.25	122 778	182 026	548 264	362 142		10 028	888	-1.4		

资料来源：中国国家统计局网站，中国人民银行网站和中国海关总署网站。

在金融危机的打击下,我国的失业问题日趋严重,大量农民工返乡。据《人民日报》报道,由于国际金融危机影响加剧,沿海企业遭遇困难,2009 年上半年,河南全省返乡农民工达 950 多万人,占外出就业总人数的 52%(罗盘、曲昌荣,2009)。这意味着,在以劳动密集型产业为主的我国东南沿海地区,农民工的失业率很可能高达 50%。其他劳动力的失业状况没有数据,但可以肯定的是,所有类型的劳动力的就业状况都有所恶化。

实体经济不景气的直接后果就是交易性货币需求下降。企业销售额下降,投资额必然随之下降,居民户收入水平或其增长率也会跟着下降,这就会降低其消费水平或消费增长率,交易性货币需求自然会跟着下降。在货币供给一定的情况下,交易性货币需求的下降意味着经济中存在着流动性过剩的现象。流动性过剩,但对商品和服务的需求又不足,于是多余的货币必然流向资产市场,导致资产价格的膨胀。这就出现了实体经济与虚拟经济背离的局面:实体经济面临通货紧缩,而虚拟经济面临通货膨胀。

2. 中国应该采取什么样的政策组合?

如前所述,中国的经济危机是国际经济形势的恶化导致出口大幅下降,从而直接作用于实体经济引发的。其结果是:中国的交易性货币需求下降,在货币供给不变的情况下,中国实际上出现了流动性相对过剩的现象。这些过剩的流动性不会被用于购买商品和服务,因为它本身就是由于对购买商品和服务的需求下降导致的,所以不会引起商品市场的通货膨胀;但这些过剩的流动性必然会有个去处,在中国目前的情况下,自然就只能流向资产市场了,因而会导致资产价格的膨胀,形成资产泡沫。

因此,中国面临的问题不是货币不足,而是货币过多,这跟美国恰好相反。所以,扩张性的货币政策非但不能刺激投资、扩大总需求,反而会加重流动性过剩的问题,导致资产价格进一步上涨、资产泡沫更大的局面。所以,中国应该采取财政扩张、货币紧缩的政策组合,用财政政策刺激投资和消费,增加总需求,用货币政策吸收过多的流动性,防止资产价格的过度上涨和资产泡沫的加大,预防金融危机。

3. 中国实际上采取了什么样的政策组合?

面对美国金融危机的冲击,中国采取了财政、货币双扩张的政策。于 2008 年 11 月 9 日召开的国务院常务会议认为世界经济金融危机日趋严峻,为抵御国际经济环境对我国的不利影响，必须采取积极的财政政策，以应对复杂多变的形势。该会议具体部署了一系列持续到2010年年底，投资总额约为4万亿元的刺激经济方案。从2008年10月到年底，中国人民银行分3次共计下调基准利率1.63个百分点；从2008年12月25日起，下调金融机构人民币存款准备金率0.5个百分点。2009年7月，央行再次强调"下半年的货币政策要保持连续性和稳定性，坚定不移地继续实施适度宽松政策（邱璗，2009）"。

4. 中国目前的政策组合的效果

中国财政、货币双扩张的政策组合有力地刺激了总需求，同时也导致了资产价格的迅速上涨。中国的投资稳定增长，消费的增长率到2009年第一季度仍维持在2007年的水平上，经济增长率相对都比较稳定，没有出现大幅下滑的情况，到2009年第一季度CPI上涨率变为负的，各项指标基本上处于可以承受的范围内。见图3.8。

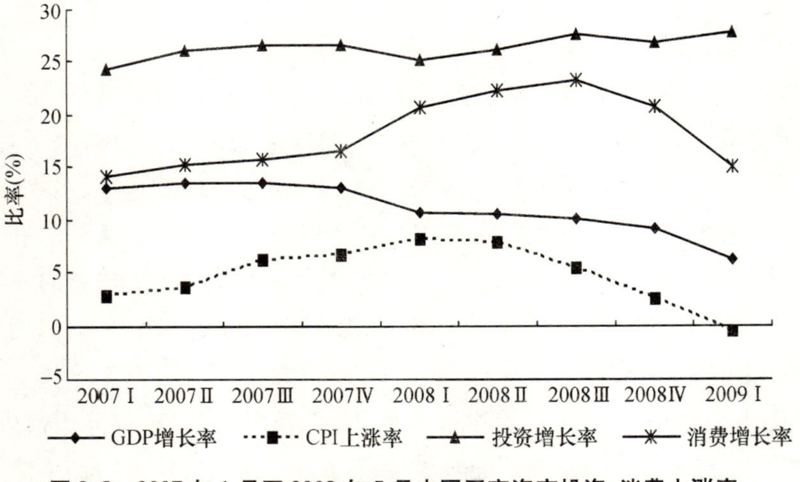

图3.8 2007年1月至2009年5月中国固定资产投资、消费上涨率、通货膨胀率GDP增长率（同比）示意图

资料来源：作者根据中国国家统计局数据整理而得。

在实体经济基本稳定的同时，中国的资产市场火爆异常。美国金融危机2008年9月总爆发，2008年11月之后中国的股市就进入了一个高涨期，上证指数从最低点的1 686点一路走高，至2009年7月突破3 300点，涨幅接近100%，有三分之一左右的股票在这段时间内翻倍。与股票市场走势相一致的还有房地产市场的走势。从2009年年初到年末,北京的房价几乎翻了一番。

总而言之,中国财政、货币双扩张的政策组合从客观上抑制了经济危机的加剧,但却也进一步加剧了资产泡沫。

5. 小结

综上所述,在稳定实体经济方面,中美两国到目前为止做得都很好,毕竟在这样严重的金融危机面前,能做到这个程度已经很不错了。但中国在稳定资产市场、防止资产价格泡沫方面做得不够完美。究其原因,就在于没有注意到我国经济形势与美国经济形势的差异,从而没有及时采取紧缩性的货币政策。表3.3是对中美两国经济形势、应该采取的政策组合、实际采取的政策组合以及政策效果的对照。

表3.3 中美两国宏观经济政策的对照

	经济形势	应该采取的政策	实际采取的政策	政策效果
美国	金融危机,货币需求过大,供给相对不足	货币扩张,财政扩张	货币扩张,财政扩张	不仅稳定了实体经济,也稳定了资产市场
中国	实体经济危机,货币需求不足,供给相对过大	货币紧缩,财政扩张	货币扩张,财政扩张	稳定了实体经济,但资产价格猛涨

第四章

贸易保护主义抬头的原因、后果及我国的应对措施①

在金融危机的打击下，贸易保护主义开始抬头，就连美国这个经济自由主义的堡垒都祭起了贸易保护主义的大旗。在美国年初推出的8 190亿美元刺激经济方案中，"购买美国货"成为世界各国关注的焦点。有报道说，该方案要求构成经济刺激计划主体的基建项目，将基本禁止使用外国进口的钢铁材料，甚至要求所有经济刺激计划项目必须使用美国制造的设备和商品。在美国之后，印度、俄罗斯、英国、欧盟等许多国家都采取了各种各样的贸易保护措施，同时在全世界也有了一种"去全球化"的思潮。诺贝尔经济学奖获得者保罗·萨缪尔森于2004年撰文指出，自由贸易政策并不必然提高贸易参与国的福利水平，发展中国家的福利增长，可能以发达国家的福利损失为代价（Samuelson, 2004）；2006年，美联储前任副主席阿兰·布林德撰文指出信息技术革命使得许多传统的非贸易品变为可贸易品，导致美国就业机会的大量流失（Blinder, 2006）；2007年，保罗·克鲁格曼指出自由贸易使富国的贫富差异越来越严重（Krugman, 2007）；美国哈佛大学教授丹尼·罗德里克从1998年起就认为全球化已经"过度"，最近更是对本轮全球化的前景表示担忧（Rodrik, 2009）。在这些著名人物的推动下，贸易保护主义开始抬头，"去全球化"思潮开始泛起。

---

① 本章内容系根据以下论文改写：刘伟、蔡志洲、苏剑，"贸易保护主义抬头的原因、后果及我国的应对措施"，《金融研究》2009年第6期。

第一节　贸易保护主义抬头和“去全球化”思潮泛起的原因

贸易保护主义抬头和“去全球化”思潮泛起的根本原因就在于全球经济增长的放缓,而金融危机的出现更是引起了人们对全球化和自由贸易的反思。最近二十年来,“全球化”、“经济自由化”曾经是非常时髦的词汇,人们认为它们给世界经济带来了活力,把他们看做是世界经济未来的不可逆转的趋势。然而在出现金融危机的时候,人们马上就发现了它们的弊端。

第一,美国金融危机为什么会波及全世界?这次危机的源头是美国的“次贷危机”,而“次贷危机”最终却通过“次级债”演化成全球金融危机,这其中金融全球化被认为是罪魁祸首。如果没有金融全球化,美国的“次贷危机”就会被局限于美国的范围内,而不会波及全球。

第二,亚洲金融危机期间国际热钱未受约束的自由流动可以说就是亚洲金融危机的主要原因之一。亚洲金融危机之所以爆发,相关亚洲经济存在一定问题固然是原因之一,但更重要的原因就是规模巨大的国际热钱的自由跨境流动。如果没有后者,许多亚洲经济,尤其是经济状况较好的经济就不会受到冲击,比如中国香港、中国台湾和新加坡。

第三,“全球化”被认为减少了发达国家的就业机会。在发达国家看来,贸易的存在和扩张挤压了本国同类企业的生存空间,减少了本国在这些行业的就业机会,尤其是这些国家“夕阳行业”的就业机会。而要素的自由流动被认为也有同样的影响。比如,对外投资的扩张导致本国资金流入发展中国家,而这些资金如果投在本国,就会增加本国的生产能力,为本国创造更多的就业机会,这实际上就是对本国就业的一种抑制,而有些对外投资甚至同时导致了产业转移,本来在本国生产的一些产品被转移到了生产成本低廉的发展中国家,同时劳动力的流动往往也会导致外来劳动力对本国劳动力的替代,等等。

第四,“全球化”客观上使发达国家面临更为强烈的来自低生产成本的发展中国家的竞争和产业的相应转移,从而使各国宏观经济政策的效果大打折扣。目前世界各国在宏观调控中主要采取需求管理政策,也就是通过财政政策或货币政策来调节总需求。但在全球化的情况下,一个国家辛辛苦苦创造出来的总需求却可能是对外国产品的总需求,从而使得本国宏观经济政策的效果减小。比如说,如果政府减税,老百姓的消费需求就可能增加,但老百姓消费的可能是本国产品也可能是外国产品,如果老百姓买的外国货更多,那实际上是在自己花钱帮助外国政府,这是任何一个政府都不愿意看到的结果。

如果世界经济运行良好,没有金融危机,现有的制度安排就不会受到质疑,贸易保护主义也就不会抬头。在出现金融危机的情况下,各国政府为了自身的利益,就不得不对现存的各种现象重新思考,于是贸易自由主义受到人们的怀疑,贸易保护主义抬头。

第二节 贸易保护主义的后果

贸易保护主义的直接后果自然是国际贸易的萎缩,随着国际贸易的萎缩,所有国家的福利都会受到影响。在所有国家中,受影响最大的自然是那些对国际市场依赖性强的国家。目前,许多人都认为,对国际市场依赖性大的国家是穷国,比如中国。实际上,对国际市场依赖性最大的国家恰恰是富国。在一般正常条件下,经济全球化和贸易自由化对发达国家和发展中国家都有利,但对发达国家来说意义更大;同样,当经济衰退、贸易萎缩时,对发达国家的冲击也更深刻,所以,在危机时,往往是发达国家率先实行贸易保护。这是由两类国家的生产方式决定的。穷国主要是劳动密集型经济,而富国主要是资本密集型经济。富国的生产一般需要大量的初始投资,即所谓"沉没成本",这就导致了一定的规模经济,因此只有市场规模足够大才能够生存下去,才能把大量的初始投资收回来;如果因市场规模过小而停产,大量的初始投资的利息和维护成本都大得惊人。而穷国的劳动密集型生产不需要大量的初始投资,而且即使停产也没有太大的利息负担和维护成本,因而对市场规模缩小的应对能力要远远大于富国。从中美两国的经济比较中,我们可以看到两种处于不同经济发展阶段的国家,在目前的经济背景下所受到的影响是不同的,因而所采取的克服危机的手段也可能不同。美国贸易保护主义的抬头,是其厂商甚至政府应对经济危机的一种本能反应,但执行这种政策的后果,将会是美国自身的经济也受到伤害;而对中国这种处于新兴工业化进程中的国家而言,积极地应对这种变化对保持自身经济平稳发展具有重要意义。

首先看生产要素的密集程度。美国是全球最富裕的国家，因此是典型的资本密集型经济。从表4.1中可以看到，1998年，美国一个非农业劳动力所平均拥有的固定资产约为16万美元，而中国只有8 000多美元，美国是中国的20倍；2007年，美国的这一指标提高到了24万美元，比1998年增长了50%，而中国则提高到了2万美元左右，增长了150%，中国的增长比美国快得多，这使两国之间的差距明显减小，但美国仍然是中国的12倍。发达国家的固定资产或固定资本投资，不仅体现为对机器设备本身的投资，还包含了大量的研发(R&D)投入，知识密集成为资本密集型产业的一个新特征。因为研究与开发需要大量的投入，而且这种投入自身的风险以及给宏观经济带来的风险都要比固定资产投资大。这类产品的初始投入很大，但可变成本很小，比如一个电脑软件，开发成本可能高达几亿美元，但一旦成熟并进入销售阶段，每生产一份产品可能就只是刻一张光盘，如果在网上销售的话甚至连光盘都不用刻，因此每生产一份产品可能只是使得总成本增加几分钱。这是典型的不变成本很大、可变成本很小的产业。资本密集型企业的发展是和规模经济相联系的，在生产方需要较长的产业链和复杂的分工协作关系，在需求方则需要广阔的市场，所以自由贸易和开放经济一直是发达国家的长期主张。现在以美国为首的发达国家金融体系出现问题并导致实体经济进入衰退，就业受到严重影响，一些企业甚至政府以为保护主义(尤其是针对中国的保护主义)能够使它们的国内市场更多地消化其过剩的生产能力。但是在实际上，美国经济对世界市场的依赖性很大，贸易保护对美国经济的影响当然也就很大。如果全球陷入贸易保护的话，美国大企业的困境就会进一步加重，现在是汽车业面临严重问题，以后就可能是其他产业如飞机制造业、航空运输业等陷入困境。而对于那些高科技企业而言，问题还会更加严重，因为这些产品的研发周期正在不断缩短，容易被模仿、复制和盗版，如果世界经济陷入贸易保护的话，美国这些产业的损失可能会更大。因此，贸易保护不但不会解决美国就业总量，反而会加重美国的金融危机。

表 4.1 1998—2007 年中国和美国生产要素密集程度比较

	固定资产总额①（亿美元）		非农业部门就业人数（万人）		资本-非农业劳动力比率（美元/人）	
	中国	美国	中国	美国	中国	美国
1998	30 264	208 500	35 460	12 730	8 535	163 790
1999	33 210	221 810	35 626	13 041	9 322	170 092
2000	36 416	236 415	36 042	13 232	10 104	178 670
2001	40 192	249 005	36 512	13 089	11 008	190 240
2002	44 669	261 974	36 870	13 018	12 115	201 235
2003	50 259	275 302	37 886	13 027	13 266	211 332
2004	57 204	289 166	39 931	13 232	14 326	218 540
2005	65 731	305 055	41 855	13 486	15 704	226 200
2006	76 130	322 328	43 839	13 700	17 366	235 276
2007	88 947	338 568	45 546	13 815	19 529	245 069

资料来源：中国的固定资产总额的计算基础为支出法国内生产总值中的固定资本形成总额，美国的数据来自美国经济分析局（BEA）国民收入与生产账户（NIPA），Table 5.1：Saving and Investment；中国非农业部门就业人数为《中国统计年鉴 2008》中第二、第三产业就业人数合计而得，而美国非农业部门就业人数数据来自美国劳工统计局（BLS），Employment，Hours，and Earnings from the Current Employment Statistics survey（National）SIC。

相比于美国而言，中国显然属于劳动密集型经济。从表 4.1 中可以看到，2007 年中国的非农业就业是美国的 3 倍多，但固定资产总额大约是美国的四分之一，这说明中国与美国之间还存在着较大的发展差距。平均来说，中国的企业规模普遍小于美国，由于资本密集程度相对较低，它的一大特点就是“船小好调头”，由于固定资产规模较小，资产专用性程度也较低，企业也就易于调整产品结构，找到新的市场。因此市场规模的缩小会降低企业的经营效益，但下降幅度不会像美国那样大，贸易保护对中国经济的危害也不会像对美国经济那样大。

其次看对外向型经济的依存度。人们常用外贸依存度（对外贸易总额/GDP）来分析一个国家外向型经济与经济总量的关系。2007 年，美国出口占其

① 在国民资产负债表的编制中，固定资产总额的估值相当复杂，不同的固定资产的折旧年限是不同的，而且价格也在不断变化，但为了简化分析，我们采用的是将 20 年的固定资产形成总额按原值加总的方法，得到一个国家的固定资产总额，即假定固定资产折旧率平均为 5%，新增固定资产的价格变化代表了其整体价值的变化。在进行国际比较时还有一个货币换算的问题，由于发展中国家往往需要从发达国家购入先进设备，这使得发展中国家固定资产的整体价格与发达国家之间的差异，往往小于富国和穷国之间消费品和服务价格上的差异，所以在本表中，中国的固定资产数据是按各年的平均汇率换算成美元的。

GDP 的比重为 8.4%，进口占 14.5%，二者合计所得到的外贸依存度为 23%。[①] 再看中国，2007 年，出口占 GDP 的比重为 35.5%，进口占 27.8%，二者合计所得到的外贸依存度为 63.3%。[②] 显然，就相对规模而言，中国的外向型经济在整个国民经济中所占的比重要远远大于美国。再来看绝对额，从表 4.2 中可以看到，2007 年，中国的货物出口总额已经超过美国和日本，仅次于德国，位居世界第二；但在进口额上，中国则位居美国和德国之后，位居世界第三。由于中国的 GDP 总量与德国相近，所以按出口、进口和进出口总额分别计算的外贸依存度也是和德国相近的，所以，不能根据中国的外贸依存度高于美国就得出我们的外贸依存度过高的结论。而美国由于以 GDP 反映的经济总量远远大于中德两国，其外贸依存度就相对较低。从表中还可以看出，美国的对外货物贸易存在着巨额逆差（进口总额接近出口的两倍），而中国、德国和日本都是贸易顺差，因此，当国际贸易出现萎缩及贸易保护主义抬头时，中国、德国和日本可能会因为生产能力不能充分被国际市场消化而出现产能过剩，美国则可能因为减少国际采购而使其国内的投资和消费受到较严重的影响。

表 4.2　2007 年世界排名前 4 位的国家货物进出口情况

排序	国家	出口总额（亿美元）	占世界份额（%）	年增长率（%）
1	德国	13 264	9.5	20
2	中国	12 178	8.7	26
3	美国	11 625	8.3	12
4	日本	7 128	5.1	10
排序	国家	进口总额（亿美元）	占世界份额（%）	年增长率（%）
1	美国	20 204	14.2	5
2	德国	10 586	7.4	17
3	中国	9 560	6.7	21
4	日本	6 211	4.4	7

资料来源：WTO，INTERNATIONAL TRADE STATISTICS 2008，Table I.8：Leading exporters and importers in world merchandise trade，2007.

再次看世界经济衰退及由此引发的贸易保护对中国经济增长的影响。中国的外贸依存度较高是一个现实，而且随着中国经济融入世界经济程度的不断

① 根据美国国民收入和生产账户（NIPA）数据计算。

② GDP 以支出法得到的结果计算，进出口为海关的货物进出口数据。

加深,近些年来我国的外贸依存度在不断提高。从表4.2中也可以看到,中国出口和进口商品的增长率在各国中是最高的,而且显著地高于经济增长的速度。但是应该看到,外贸依存度是一个强度指标,分子和分母的指标口径是不一致的。出口总额、进口总额或进出口总额反映的都是总产品,其价值中包括了生产这些产品的中间消耗,而GDP或GNP是以净产品概念反映的,不包含国民经济活动中的中间消耗。所以外贸依存度作为一个强度指标,经常用于描述或分析一个国家外向型经济动态发展的情况或者用于不同国家或地区之间的静态比较,而不是反映它在整个国民经济中的真实比重。一个国家外向型经济的发展,主要是看出口,进口是依赖于出口的,进口产品是由别的国家生产的,并不为本国经济提供增加值,所以经济发展的一个重要目标就是国际收支平衡,根据出口的规模来决定进口。市场经济国家(如表4.2中的中国、德国和日本)大多都遵循这一原则,只有美国依靠着第二次世界大战后形成的霸权地位,通过发行美元和大规模举债,保持着对外贸易的长期逆差。因此,要客观地估计外向型经济对一个国家经济总量的贡献,还需要看外向型经济所提供的增加值的规模。

如果从生产角度考察外向型经济,根据国家统计局公布的2005年投入产出表,我国各个行业的增加值在总产值中所占比重的平均水平,大约在35%左右(参见《中国统计年鉴2008》)。表4.3按照这一比例估计了我国出口产品的增加值及其在GDP中的比重,在现阶段,这一比重大约在10%到15%之间。2008年中国的GDP为30万亿元,那么,外向型经济所创造的增加值大约在3万亿元到4.5万亿元之间。现在这一部分的生产活动由于需求减弱,不但不增长反而减少了,对我国经济总量的变化是有影响的。从以上关系中可以估算:如果中国出口总额每下降10%,GDP增长率至少要下降1%。这一数量关系在2008年第一季度的数据中得到验证,第一季度的出口下降了20%左右,中国的GDP增长率少增长了至少2%。

表 4.3　2003—2007 年中国出口产品增加值占 GDP 比重

	出口总额（亿元人民币）	估算的出口产品所创造的增加值（亿元人民币）	国内生产总值（亿元人民币）	出口产品增加值占 GDP 的比重(%)
2003	36 287.9	12 700.8	135 822.8	9.4
2004	49 103.3	17 186.2	159 878.3	10.7
2005	62 648.1	21 926.8	183 217.4	12.0
2006	77 594.6	27 158.1	211 923.5	12.8
2007	93 455.6	32 709.5	249 529.9	13.1

资料来源:《中国统计年鉴 2008》。

第三节　我国的应对措施

随着全球金融危机逐渐蔓延到实体经济领域,世界各国的贸易保护主义在逐渐抬头。2009 年第一季度末,世界银行和国际货币基金组织先后调低了对世界和各国经济增长的预测,金融危机对发达国家实体经济的冲击,远比预期要严重,而且从现在的情况看,恢复到正常局面需要很长的时间。本来世界贸易已经萎缩,再加上贸易保护主义的倾向越来越严重,中国迅速增长的外向型经济必然受到一定的冲击。作为一个对外依赖度很大的国家,我国该如何应对?

第一,要扩大短期内需,抵御世界经济衰退与贸易保护主义抬头对我国经济的冲击,保持平稳较快的经济增长。从我国解决就业和一系列发展矛盾的要求看,我们需要保持一定的增长速度。在 2003—2007 年的经济景气时期,我国外向型经济扩张的速度很快,出口的增速分别达到了 34.59%、35.39%、28.42%、27.16%和 25.68%,对我国的高速经济增长做出了积极的贡献。现在世界经济发生了逆转,但中国经济增长的基本面并没有发生根本变化,我们不能把中国经济增长的前途完全寄托在国际环境的好转上,必须采取积极措施消除这种恶化的环境对我国经济的中短期影响。因此,应该采取积极措施进一步扩大短期内需,消化一部分过剩产能,促使我国经济尽快走出低谷,实现适度的经济增长,以后再随着国内外条件的变化,逐步地调整我们的政策。

第二,要继续通过提高出口退税等一系列措施,鼓励外向型企业提高国际竞争力,保住我国的市场份额,与此同时,国家要支持出口企业在国际上与贸易保护主义作坚决的斗争,为企业提供法律帮助、经济支持等,努力降低贸易保护的程度和范围。要帮助和引导企业以各种方式保护自己的国际市场和利益,针对反倾销等各种形形色色甚至披着合法外衣的贸易保护措施进行斗争。

第三,实施和加快进口替代,为我国打击贸易保护主义提供条件。在其他国家采取贸易保护的时候,我们可能被迫采取贸易报复来迫使对方放弃贸易保护主义政策或者至少降低其保护程度和范围,此时,如果我们在某些方面严重依赖进口的话,就难以采取贸易报复手段。因此,实施和加快进口替代就成为我国打击贸易保护主义的必要条件之一。

第四,加快外向型产业的结构升级,提高产品的科技含量和附加价值。2007 年我国出口占 GDP 的 35.5%,但进口占 27.8%,因此我国的净出口仅占 GDP 的 7.7%,也就是说,我国的内需占到 GDP 的 93% 以上,所以我国的内需其实不算太小,只是其中相当一部分是对外国产品的需求,如果能把这些对外需求的一部分转化为对我国产品的需求,也就相当于扩大内需,能缓和我国需求不足的问题。只是我国进口的商品大多是我国目前不具有比较优势的产品,因此,要实现这种转化,就要求我国通过科技手段加快产业转移和产业结构升级,提高产品的科技含量,提高我国的有效供给。我国产品科技含量的提高有利于开拓国际市场,刺激我国的出口。同时,在我国的外向型经济中,两头在外的加工出口产品占了相当大的比重。2007 年的出口产品中,加工贸易所占的比重达到 50% 以上,加工贸易利用的主要是我国在生产要素上的比较优势,主要是劳动密集型企业,生产过程的技术含量低,单位产品所提供的附加值也比较低,而且随着国内同行竞争的加剧、原材料和非人工成本的提高,这一部分的附加值所占的比例还在降低。这也是我国出口的增长率要高于其提供的附加值的增长率的重要原因。发展我国的外向型经济,不仅要提高出口产品的数量及其在世界贸易中所占的份额,还应该注意提高出口产品中附加值所占的比例,这就需要提高产品的科技含量和质量,发展分工和协作、延长在国内加工的产业链,使中国产品不仅占据国际上的中低端商品市场,还能够不断向高端市场扩展,改善我国外向型经济的效率。

第五,针对全球化对需求管理政策效果的削弱,可以考虑用供给管理代替需求管理。需求管理针对的是居民户或企业的需求,而企业的需求可能是对本国产品的需求,也可能是对外国产品的需求,所以“本国栽树,外国乘凉”的可能性是客观存在的。但供给管理针对的是企业，基于成本降低会提高企业在国际国内市场中的竞争力的道理，如果企业因为供给管理比如降低企业所得税等政策而受惠，企业会增加生产，这将导致就业和经济增长率上升。在全球化状态下，供给管理政策对本国经济的效果要远远大于需求管理政策。

第三部分

流动性过剩

流动性过剩是我国近年来面临的另一重要问题。那么，我国流动性过剩的根源是什么？如何治理？本部分就讨论以上这两个问题。我们首先讨论我国流动性过剩的根源，指出长期坚持出口导向型增长方式导致的外汇大量流入，以及全球金融危机期间的财政、货币双扩张政策是我国流动性过剩的根源。既然如此，如何控制外汇流入就成为解决流动性过剩问题的关键。目前可以抑制外汇流入的政策主要有外汇流入管制、人民币升值、鼓励我国企业和个人对外投资，以及人民币国际化等。其中，外汇流入管制是不能持久，且治标不治本的措施，而人民币国际化是一个长期的问题，在短期内是不能指望的。因此，目前能用而且带有一定的治本性意义①的政策就是人民币升值和鼓励我国企业和个人对外投资。本部分包括三章，第一章讨论我国流动性过剩的根源，第二章讨论人民币升值问题，第三章介绍我国对外投资的历史和对外投资中应考虑的一些问题。

---

① 流动性过剩的更根本的原因是出口导向型增长方式，因此最根本的措施是经济增长方式的转换，外汇流入是由出口导向型增长方式导致的；在流动性过剩产生的逻辑过程中，外汇流入介于出口导向型增长方式和流动性过剩之间，因此就属于相对较深层次的原因了，所以说它“具有一定的治本性意义”，这是相对于外汇流入管制之类的措施而言的。

第五章

流动性过剩的根源[①]

作者认为，我国目前的流动性过剩的根源有两个：长期执行出口导向型增长方式导致的巨额外汇流入，以及全球金融危机期间的财政、货币双扩张政策。

第一节　出口导向型经济增长方式与货币超发

一、外汇流入与我国的货币供给

我国流动性过剩的主要原因是出口导向型增长方式的长期实行。出口导向型增长的结果是巨额的贸易顺差，这些贸易顺差与我国采取的吸引外资的政策一起，导致了我国的外汇储备急剧增加；而为了稳定汇率，中央银行不得不大量买入这些外汇，这就导致人民币的大量发行。

表5.1是2006年以来我国央行资产负债表中主要项目与基础货币之比。可以看出，外汇占款在基础货币总量中占比呈上升趋势，外汇占款与基础货币之比远远超出100%，最高时达到129%，2009年12月为122%。可见，外汇占款确实是我国当前基础货币供给最主要的来源。再贷款和再贴现（由于可得数据不足，这里以"对其他存款性公司债权"和"对其他金融机构债权"代表）的比

① 本章内容系根据以下论文改写：苏剑、刘斌、林卫斌，"论中国目前的货币政策选择——基于中国宏观经济特殊性的思考"，《经济学动态》2010年第5期；苏剑，"出口导向型增长的终结与中国对策"，《中国经济》2010年第6期。

例在不断下降,表明它们逐步淡出了基础货币扩张的过程。在政府债权方面,近年来的占比有所上升,这应该与国债规模扩大有关,但是它的占比并不是很高,说明对基础货币的影响依然有限。黄俊武等(2010)的实证分析也说明了这一问题。

表 5.1 我国央行资产负债表主要项目与基础货币之比(2006—2009)

年月	主要资产项目				主要负债项目		
	外汇	对政府债权	对其他存款性公司债权	对其他金融机构债权	储备货币	发行债券	政府存款
2006 年 3 月	107%	5%	12%	30%	100%	44%	15%
2006 年 6 月	114%	5%	11%	30%	100%	45%	19%
2006 年 9 月	116%	4%	10%	30%	100%	46%	21%
2006 年 12 月	108%	4%	8%	28%	100%	38%	13%
2007 年 3 月	123%	4%	8%	28%	100%	50%	18%
2007 年 6 月	125%	3%	8%	26%	100%	45%	22%
2007 年 9 月	127%	10%	8%	18%	100%	44%	23%
2007 年 12 月	113%	16%	8%	13%	100%	34%	17%
2008 年 3 月	122%	16%	8%	12%	100%	38%	21%
2008 年 6 月	116%	14%	7%	11%	100%	36%	24%
2008 年 9 月	122%	14%	7%	10%	100%	39%	23%
2008 年 12 月	116%	13%	7%	9%	100%	35%	13%
2009 年 3 月	123%	13%	6%	10%	100%	33%	13%
2009 年 6 月	129%	13%	6%	10%	100%	33%	19%
2009 年 9 月	125%	12%	6%	9%	100%	30%	20%
2009 年 12 月	122%	11%	5%	8%	100%	29%	15%

资料来源:根据中国人民银行数据计算。

注:在上述资产负债表中,外汇即外汇占款,对其他存款性公司债权和对其他金融机构债权,则分别为央行对商业银行和其他金融机构的再贷款和再贴现,储备货币即基础货币,发行债券即央行票据。

当前,全球金融危机已经基本过去,世界经济驶入逐步复苏的轨道当中,未来我国的物品和服务的出口将得益于世界经济的恢复而回升,外汇将不断地流入国内,从而使得外汇占款增加。与此同时,由于我国人民币汇率一直被认为存在低估,人民币升值预期不断增大。因此,更多的 QFII 资金以及国际热钱也可能会通过各种途径流入国内,导致我国外汇占款的进一步增加。可以说,在对外贸易逐步回升和人民币升值预期的双重作用下,我国外汇占款将可能不断上升,并成为当前和未来基础货币投放最强有力的推动因素。

事实上,央行的统计数据表明,我国外汇占款的增长势头可能在悄然形成。表5.2给出了2008年1月以来我国外汇占款总额、每月的外汇占款增加量以及每个月的日均外汇流入量,图5.1显示了2008年1月以来我国每个月的日均外汇流入量的走势。从这些数据可以明显看出我国外汇流入的势头。2008年1月,我国的日均外汇流入量约为180亿元人民币,随后,随着美国次贷危机的爆发,美国自己需要流动性,于是我国的日均外汇流入量逐步下降,到2008年11月降到最低点14亿元人民币,随后有所回升,但大体保持在日均50亿元人民币左右。2009年9月开始,随着美国和世界经济的好转,我国的日均外汇流入迅速回升,当月日均外汇流入达到145亿元人民币,随后减少了一点,但再也没有低于80亿元人民币,到年底回升到113亿元人民币(见图5.1)。可以预期,随着世界经济形势的好转和人民币升值预期的加剧,我国的外汇流入幅度还会增加。

表5.2　我国外汇占款总额、每月外汇占款增量和日均外汇流入量

(单位:亿元人民币)

年月	外汇占款	外汇占款增量	日均外汇流入量	年月	外汇占款	外汇占款增量	日均外汇流入量
2008年1月	120 743.1	5 574.4	179.8	2009年1月	150 785	1 160.7	37.4
2008年2月	124 427.7	3 684.6	131.6	2009年2月	152 156.6	1 371.6	49.0
2008年3月	127 126.1	2 698.4	87.0	2009年3月	153 130.8	974.2	31.4
2008年4月	131 217.9	4 091.9	136.4	2009年4月	154 769.1	1 638.3	54.6
2008年5月	133 519	2 301.0	74.2	2009年5月	157 638.3	2 869.2	92.6
2008年6月	134 249.4	730.5	24.4	2009年6月	159 281.1	1 642.9	54.8
2008年7月	137 690.1	3 440.6	111.0	2009年7月	160 878	1 596.9	51.5
2008年8月	139 521.5	1 831.4	59.1	2009年8月	162 093.3	1 215.3	39.2
2008年9月	143 122.9	3 601.4	120.1	2009年9月	166 460.9	4 367.6	145.6
2008年10月	146 602.2	3 479.3	112.2	2009年10月	168 974.9	2 514.0	81.1
2008年11月	147 032.4	430.2	14.3	2009年11月	171 638.6	2 663.7	88.8
2008年12月	149 624.3	2 591.9	83.6	2009年12月	175 154.6	3 516.0	113.4

资料来源:中国人民银行。

在表5.3中,我们计算了不同外汇流入情况下,央行预计需要对冲的外汇占款数量。其中,目标广义货币供给增量,是根据《中国货币政策执行报告》(2009年第四季度)关于2010年广义货币增长率目标17%计算出来的:2009年

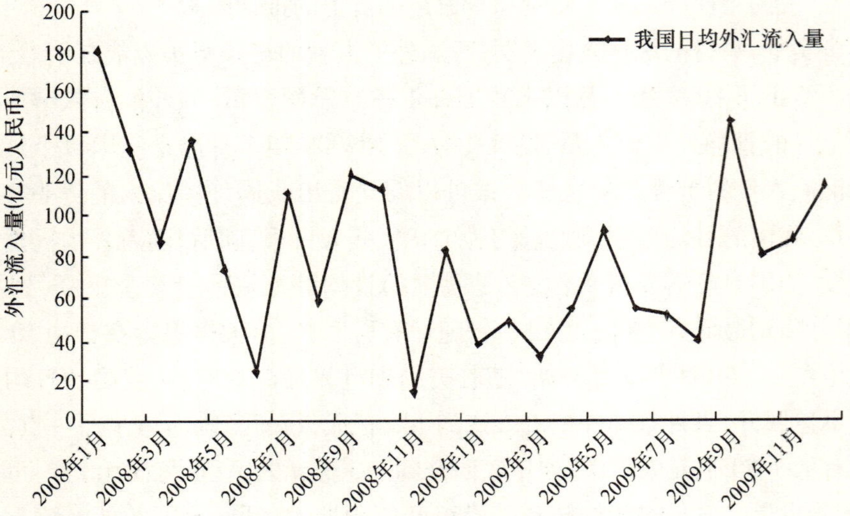

图 5.1 2008 年 1 月以来我国每月日均外汇流入量

年末广义货币存量 M2 为 606 225 亿元，2010 年目标增长率 17% 则对应目标增量 103 058 亿元。目标基础货币供给增量则根据目标广义货币供给量除以广义货币乘数计算出来。可以看出，如果 2010 年我国日均外汇流入达到 100 亿元甚至更高，那么央行票据的增量可能创历史新高，对冲压力可能会较大。①

表 5.3 不同外汇流入情况下央行所需对冲的外汇占款

（单位：亿元人民币/年）

亿元人民币	情景 1	情景 2	情景 3	情景 4	情景 5	情景 6
外汇流入（日均）	80	90	100	110	120	130
外汇占款增量	29 200	32 850	36 500	40 150	43 800	47 450
目标广义货币供给增量	103 058	103 058	103 058	103 058	103 058	103 058
广义货币乘数	4.5	4.5	4.5	4.5	4.5	4.5
目标基础货币供给增量	22 902	22 902	22 902	22 902	22 902	22 902
需对冲的外汇占款	**6 298**	**9 948**	**13 598**	**17 248**	**20 898**	**24 548**

资料来源：根据中国人民银行网站和《中国货币政策执行报告》（2009 年第四季度）的数据计算。

注：1. 外汇占款增量 = 365 * 外汇流入（日均）；目标基础货币供给增量 = 目标广义货币供给增量/广义货币乘数；需对冲的外汇占款 = 外汇占款增量 − 目标基础货币供给增量；2. 目标广义货币乘数取 2009 年的平均值。

① 2006—2009 年，我国央行票据年增量分别为 9 445 亿元、4 729 亿元、11 311 亿元和 −3 716 亿元。

二、长期大量外汇流入的恶果：金融危机

几乎所有采取出口导向型增长方式的经济出现过类似的情况。墨西哥、巴西、日本、韩国、泰国、中国香港等经济体随着开放程度的提高，经济不断增长，外汇储备不断增加且增加速度很快，有些年份经济增长率甚至达到百分之十几。然后突然来了一场金融危机，如1982年的拉美经济危机、1997年的亚洲金融危机等，金融危机之后，这些经济的增长率迅速下滑。随后这些经济的增长率又缓慢恢复，外汇储备接着迅速上升，好像回光返照，然后增长率再一次不断下滑，有的经济最终几乎达到停滞状态。

我们以泰国为例来说明这一问题。泰国经济从20世纪80年代中期开始走向繁荣。当时，在日元升值的刺激下，日本开始把制造业迁往亚洲各国，泰国就是其目的地之一。1986年，泰国经济开始复苏，其后国内生产总值以两位数的速度迅速增长。

外汇的流入导致泰国的外汇储备从1984年的19亿美元一路上涨到1996年的377亿美元，12年间增加了将近19倍。[①] 这些外汇最终都迫使泰国中央银行发行货币，导致泰国国内货币大幅度扩张。1988年，泰国的国内信用扩张了29.3%，国内生产总值增长了13.3%，此后的7年中，泰国中央银行的外汇储备每年平均增长29.5%，国内信用每年平均扩张28.7%，国内生产总值年均增长9%。

这种信用扩张导致了严重的资产价格泡沫。到了1990年，泰国的房地产价格增长幅度达到了400%—1 000%，同时股市也从1988年的400点左右涨到了1993年的将近1 700点。泰国于1994年年初采取紧缩性货币政策，使泰国股市开始了大幅度调整。

这种经济扩张是以投资的形式推动的。当时泰国的所有产业都加速提高其生产能力，结果是最后在各个产业都形成了巨大的产能过剩。产能过剩的结果就是产品价格的下降，因此，随着信用的扩张，一方面在商品市场上出现了通货紧缩，另一方面在资产市场上出现通货膨胀。最后，当价格的下降导致利润的大幅度下降时，资产泡沫就破灭了。这就是1997年的金融危机。

---

① 此处的介绍和数据均依据理查德·邓肯的《美元危机》（东北财经大学出版社2007年版）一书。

从以上历史经验看来，中国的出口导向型战略也已经走到了尽头。中国的外汇储备从1978年的1.67亿美元增加到2010年3月的3万亿美元，增长了17 964倍，年均增长率为30.6%，比泰国金融危机前外汇储备的增长率还高1.1个百分点。中国的M2也从1990年年末的15 293亿元增长到2010年年末的725 851.79亿元，年均增长率为19.3%。从2000年到2009年年底，北京的房价已经增加了将近10倍，跟泰国金融危机爆发前的增幅相当；仅2009年一年，北京的房价就几乎翻了一番。

第二节 财政政策与货币的内生扩张

全球金融危机期间我国采取的财政、货币双扩张措施是我国目前流动性过剩的另一原因。货币扩张无疑会导致流动性过剩，这个我们在这里暂不讨论；那么，财政扩张为什么也能导致流动性过剩呢？

在标准的宏观经济政策理论体系中，信贷被认为是货币政策范畴。这是由于，信贷是信用货币创造的一个环节：人们将资金存入银行，然后由银行通过信贷将资金贷给其他人，其他人又将获得的部分资金存入银行，周而复始，这便是信用货币创造的过程。在西方发达国家，财政融资主要是通过税收和各级政府发行债券，很少采用银行贷款的方式。因此，标准的宏观经济学通常不将信贷与财政政策联系起来。但在中国情况不一样。

我国的财政融资除了税收和国债以外，银行贷款也是很重要的途径。它主要是通过财政资金与信贷资金配合的模式来进行的。长期以来，由于我国的银行绝大多数是国有独资或国有控股的，银行信贷的行政色彩比较浓厚，逐渐形成了财政资金与信贷资金配合的财政模式。王元京(2009)对我国财政资金与信贷资金配合的模式进行了总结，如表5.4所示。

表 5.4 我国财政资金与信贷资金配合的模式

	财政资金与信贷资金配合的模式	时期
模式 1	国债投资项目配套银行贷款	1998—2004 年
模式 2	财政注入银行资本金与银行债权转股权	1998 年开始
模式 3	财政贴息、财政补助项目配套银行贷款	1998 年开始
模式 4	财政投资项目配套政策性贷款	1998 年开始
模式 5	财政支持信用担保与促进中小企业贷款	1998 年开始
模式 6	财政投资基金与银行贷款相结合	1996 年开始
模式 7	土地财政与信贷资金相结合	1998 年开始

以这次金融危机为例。中央政府安排了 4 万亿元的财政刺激政策,但是如此庞大的支出并不完全由中央政府直接出资,而是以财政资金配套信贷资金的模式实现的。其中,地方政府融资平台发挥了很大的作用。根据《新世纪周刊》2010 年第6 期的一篇封面文章“5 万亿之忧”,截至2009 年5 月末,全国有3 800多家政府融资平台,其中 70% 以上为县区级平台公司。这些政府融资平台负债总额,在不到一年半的时间内,由 2008 年年初的 1.7 万亿元,上涨到 5.26 万亿元,其中 85% 来源于银行贷款(方会磊等,2010)。

可见,我国的信贷扩张在许多时候是财政扩张的结果,尤其是 2009 年。当然,这种信贷扩张显然也使经济中的货币增加,但主要不是通过使基础货币增加,而是通过使货币乘数增加。当实体经济下滑导致信贷需求下降时,大量货币蛰伏在银行体系当中,从而导致银行超额准备金的增加(在法定准备金率不变的情况下)。当政府推出财政刺激计划以后,银行信贷与财政资金配套进行,财政政策的作用就表现为信贷投放,蛰伏在银行的货币减少,超额准备金率下降,从而货币乘数上升,经济中的货币供应也就增加了。表 5.5 是我国金融机构准备金率与货币乘数。可以看出,2009 年 1—8 月份,我国金融机构超额准备金率一直在下降,货币乘数在不断上升,这与我国财政刺激政策和天量的信贷投放过程是一致的。

表 5.5 我国金融机构准备金率与货币乘数(2008.12—2009.12)

年月	M1 货币乘数	M2 货币乘数	实际准备金率	法定准备金率	超额准备金率
2008.12	1.29	3.68	19.8%	15.0%	4.8%
2009.01	1.27	3.83	17.0%	14.5%	2.5%
2009.02	1.32	4.04	17.5%	14.5%	3.0%
2009.03	1.42	4.27	16.7%	14.5%	2.2%
2009.04	1.43	4.35	16.4%	14.5%	1.9%
2009.05	1.48	4.47	15.8%	14.5%	1.3%
2009.06	1.56	4.59	15.4%	14.5%	0.9%
2009.07	1.57	4.59	15.4%	14.5%	0.9%
2009.08	1.61	4.63	15.1%	14.5%	0.6%
2009.09	1.51	4.39	15.9%	14.5%	1.4%
2009.10	1.61	4.56	15.3%	14.5%	0.8%
2009.11	1.59	4.45	15.9%	14.5%	1.4%
2009.12	1.53	4.21	17.1%	14.5%	2.6%

资料来源:根据中国人民银行数据计算。

注:2008 年 9 月以后,法定准备金率区分大型金融机构和中小型金融机构,大型金融机构存款占比约 60% 左右。为方便起见,本书在计算时取两者的简单平均值。

以上分析表明,我国财政扩张导致了信贷扩张,而信贷扩张导致了货币扩张。因此,财政扩张在一定程度上也意味着货币扩张。这是中国目前出现流动性过剩的第二个原因。

第 六 章

人民币升值及我国的应对措施[①]

出口导向型增长方式是我国目前流动性过剩的根源之一，因此应该转换经济增长方式。作为出口导向型增长方式的一个特征，汇率低估在出口导向型增长方式中起到了非常重要的作用。汇率低估的结果是出口大量增加，贸易顺差逐年大幅扩大，最终导致了流动性过剩的局面。因此，要转换经济增长方式，就必须结束汇率低估，人民币升值不可避免。

最近几年来，人民币汇率问题一直是人们关注的焦点。从 2005 年我国启动人民币汇率形成机制改革以来，人民币相对美元已经升值了近 20%。2009 年以来，人民币汇率再度成为世界各国关注的对象，美国等许多国家都就人民币汇率问题对我国施压。那么，人民币究竟该不该升值？如果升值的话，升值的速度该是多少？还应该采取什么配套政策？这是本文探讨的主要问题。

第一节　人民币究竟该不该升值？

就人民币究竟该不该升值这个问题，国内外看法完全不同。在国外，几乎一边倒地认为人民币应该升值，当然也不乏对人民币不升值表示同情和理解的，但其原因不是人民币不该升值，而是认为人民币升值解决不了目前世界经济失衡的问题，本质上还是认为人民币该升值。在我国，两种观点都有支持者，

---

① 本章系根据以下论文改写：刘伟、苏剑，“人民币升值及我国的应对措施”，《经济理论与经济管理》2011 年第 4 期。

尚未达成共识。各方关注的焦点是人民币升值对中国出口可能造成的压力,以及由此而来的对中国经济的负面效果。日元升值的惨痛教训为这一观点提供了强有力的支持。

在此,我们在考虑其他因素不变(包括政府采取的其他政策不变)的情况下,从人民币升值和不升值两种情况看中国经济的运行效果,进而回答人民币是否应该升值的问题。

(一) 人民币不升值

如果人民币不升值,那么我国就会有越来越多的外汇储备,而外汇储备的增加最终会导致中央银行提供的货币基础相应增加,通过乘数效应就会导致货币供给量的成倍增加。我国近年来的经济表现就是如此。图 6.1 给出了 2008 年以来我国外汇占款的变动情况。从图 6.1 中可以明显看出我国外汇流入的势头。可以预期,随着世界经济形势的好转和人民币升值预期的加剧,我国的外汇流入幅度还会增加。

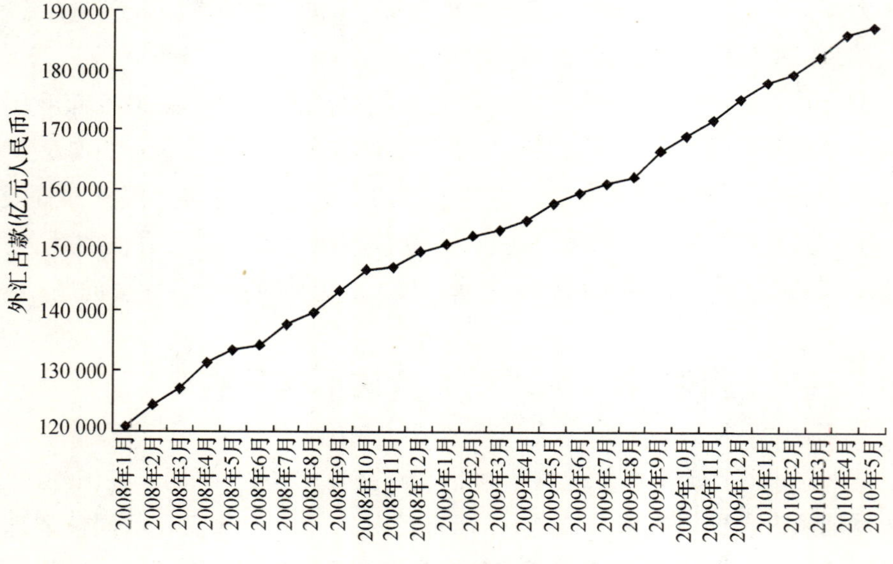

图 6.1 2008 年 1 月以来我国的外汇占款

资料来源:作者根据中国人民银行公布的数据绘制。

货币供给过大即流动性过剩的结果就是物价上涨。当然,在目前产能过剩的情况下,商品价格出现需求拉动型上涨的幅度不会很大。其结果,过剩的流动性就会流到资产市场上，导致资产价格剧烈上涨，最后导致资产价格泡沫。且不说资产价格泡沫是否会导致金融危机，其对企业生产成本的影响就很大。资产价格暴涨的结果，对经济有两个方面的影响。一方面，资产性收入大于劳动性收入，许多人辛辛苦苦劳动一年，挣的钱还赶不上房价上涨一个月给房东带来的收入，于是人们的劳动积极性下降，这就意味着企业的劳动生产率下降，产品的平均生产成本上升，这是不利的供给冲击。另一方面，资产价格暴涨导致工人现有的劳动收入无法满足人们的住房需求，于是人们必然会要求提高工资，这就意味着企业的生产成本上升，这同样是不利的供给冲击。因此，不管从哪一方面来说，人民币不升值最终会对中国经济产生不利的供给冲击，而后者则会使中国经济陷入滞胀，如图 6.2 所示。图 6.2 中，AD 和 AS_1 分别是开始时的总需求和总供给曲线，此时的均衡点是 A 点；随着国内物价的上涨，企业生产成本上升，总供给曲线上移至 AS_2，均衡点也移动到 B 点。与 A 点相比较，此时的物价上涨，产出下降，这意味着失业率上升和经济增长率下滑，也就是“滞胀”。

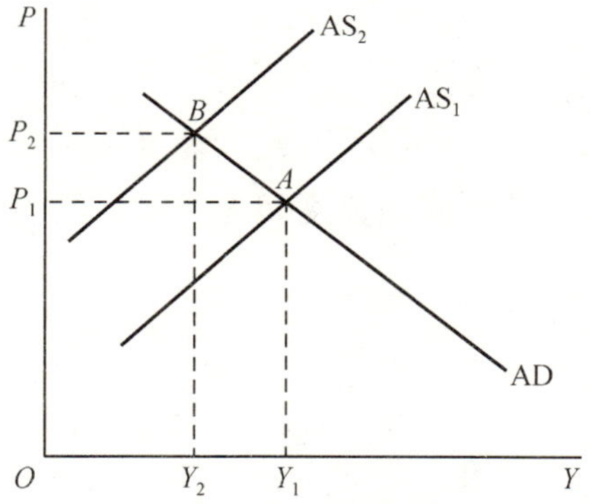

图 6.2　人民币不升值的影响：滞胀

国内物价的上涨最终会侵蚀掉人民币不升值给中国产品在国际市场上带来的价格优势。如果人民币升值 10%，但国内没有通货膨胀，假定其他因素不变且中国企业不能转嫁成本，那么中国产品在国际市场上价格就会涨 10%；而如果国内物价上涨 10%，但人民币不升值，那么中国产品在国际市场上价格也会涨 10%。因此，对于中国产品的国际价格来说，国内物价上涨与人民币升值具有同样的效果。

（二）人民币升值

人民币升值对中国经济总供求两个方面都有影响。首先，人民币升值会导致出口下降。不论从理论上还是从实践上看，这一点都是正确的。其次，人民币升值会导致进口原材料和能源成本下降。因此，人民币升值对于中国经济来说，是不利的需求冲击，同时也是有利的供给冲击。也就是说，人民币升值对中国经济同时具有需求效应和供给效应。我们可以用总供求关系图来说明这一问题。

在图 6.3 中，开始时的总供求曲线分别为 AD_1 和 AS_1，均衡点为 C 点。人民币升值降低了外需，从而使得我国的总需求曲线左移至 AD_2；而人民币升值同时也降低了企业的能源和原材料成本，导致企业的生产成本下降，中国经济的总供给曲线右移至 AS_2，均衡点就移到了 D 点。在新的均衡下，价格水平肯定低于原来的价格水平，因为不管是人民币升值带来的需求冲击还是供给冲击都有降低价格的效果；但产出水平则有可能高于原来的产出水平，也有可能低于原来的产出水平，这取决于人民币升值的需求效应和供给效应的相对大小。假定其他条件给定，如果人民币升值的供给效应大于需求效应，那么产出上升，失业下降，经济增长率上升；相反，如果人民币升值的供给效应小于需求效应，那么产出下降，失业上升，经济增长率下滑。一般而言，人民币升值的需求效应大于供给效应，所以总产出应该会下降，失业会上升；但相对于不升值的情况而言，总产出下降的幅度和失业率上升的幅度应该会小一些。

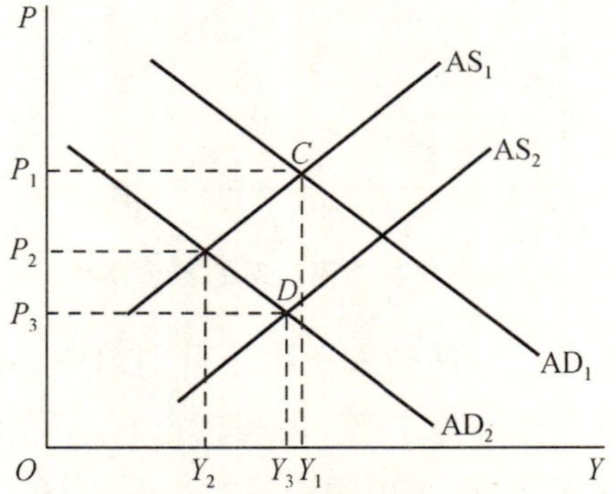

图 6.3 人民币升值的影响

（三）小结

外汇流入过大，导致外汇储备增加。外汇储备增加，意味着我国的外汇供给增加，这就形成了人民币升值的压力。此时，汇率政策有两个选择，一是不升值,一是升值。如果升值,我国的出口就会下降,在出口占比高达35%左右的情况下,可能会导致我国经济陷入衰退。但升值会降低进口能源和原材料的成本,从而对我国经济形成有利的供给冲击。如果不升值,那就意味着中央银行需要买入外汇,而买入外汇使得人民币供给增加,这就形成通货膨胀的压力。如果真的发生了通货膨胀,那么以人民币标价的中国产品的生产成本就上升,这就对中国经济形成不利的供给冲击;因此,即使不升值,中国产品在国际市场上的价格也会因为成本上升而上升,国际市场上对我国产品的需求量下降,这同样可能会导致我国经济陷入衰退。

从以上的分析可以看出,相对而言,人民币升值对中国经济比较有利。不升值的话,中国经济就会面临不利的供给冲击,迟早会出现滞胀,也就是失业上升、物价上涨、经济增长率下滑;而升值的话,中国经济就同时面临不利的需求冲击和有利的供给冲击,通货膨胀率会下跌,失业率可能会上升,经济增长率可能也会下滑,但失业率上升的幅度和经济增长率下滑的幅度都会小于不升值的情形。因此,我国应该选择人民币升值。许多人在考虑这个问题的时候,往往只看到了升值对出口的抑制,却没有看到不升值最终一样会导致出口的下降。中国目前面临的问题就是,要么用国内的通货膨胀来平抑贸易顺差,要么用人民币升值来平抑贸易顺差,相比之下,后者对我国要有利得多。

(四) 有没有可能人民币不升值又没有通货膨胀?

在上述关于人民币不升值情形的讨论中,有一个前提假设,就是假定面对外汇流入,政府不采取任何对策,任由人民币供给随着外汇的流入而被动增加。如果放松这个假定,又会如何呢? 换句话说,有没有一种可能,使得人民币不升值,同时又使得中国经济不出现通货膨胀? 如果可能,政府又该采取何种对策? 要想达到这一目的,只有两个办法,一是通过外汇管制政策限制外汇流入量,一是通过货币政策回收基础货币。下面我们分别讨论这两个办法。

外汇管制政策可以用来限制外汇流入量,但只能限制热钱的流入,而不能限制通过贸易和外国直接投资这两个渠道流入中国的外汇,否则中国的出口也就难以为继,正当的外国直接投资也被限制。只要存在外汇流入中国的渠道,那么在人民币升值预期存在的情况下,热钱也就会以各种合法或不合法的形式流入中国,从而抵消外汇管制的效果。不管怎么说,人民币不升值的目标就是继续维持出口的增长,而如果出口增长,那么外汇流入自然也就会随之增长,因此，外汇管制政策会起到一定的作用，但解决不了根本问题。

就货币政策而言，在短期内，我国降低货币供给的办法有提高法定存款准备金率、控制信贷额度、发行央行票据三种。前两者的道理是一样的，都是通过抑制银行的贷款总额来抑制货币供给量，目的都在于调节货币乘数。这种政策的缺点是会影响到商业银行的经济效益，在利率和存款总额给定的情况下，银行可以贷出的资金总额下降就意味着银行的利润下降。而我国目前的法定存款准备金率已经高达20%了，继续提高的空间已经很小。

发行央行票据会提高中央银行宏观调控的成本。央行票据是需要付利息的，随着外汇流入的增加，需要发行的央行票据的规模也不断上升，因而央行票据的利息率也会不断上升，其结果是央行需要支付的利息就随之增加。总有一天，央行票据的发行会满足不了对冲外汇流入的需要。

综上所述，在人民币不升值的情况下，同时又使得中国经济不出现通货膨胀的可能性在短期内是存在的，但长期内做不到。

(五) 人民币有没有升值的可能或空间?

综上所述，我们认为人民币升值对我国经济更有利。但是，人民币有没有升值的空间？如果人民币没有升值的空间，这样的政策建议就没有任何意义。实际上，对这一问题，学术界虽有争论但分歧并不十分深刻。因为有目共睹，一方面改革开放以来，直到2009年我国经济总量提升了15倍以上，人均GDP提高了12倍以上，到2010年我国经济在世界经济中总量已居第二位，这就提高了世界经济与中国经济的联系度，增加了世界经济对人民币的需求，从而增大人民币升值空间。另一方面，在我国国内的外汇市场上，外汇供求关系已经发生了根本性的变化。改革开放之初的1978年，我国的外汇储备仅为1.67亿美元，而现在已达3万亿美元，增加了近18 000倍。我国也从开始的外汇需求远远大于外汇供给转变为外汇供给大于外汇需求。这些事实都有力地表明，在我国国内外汇市场上，外汇真实市场价格应大幅降低。

第二节 人民币升值的不同策略

既然人民币升值已是不可避免，而且升值比不升值对中国经济更有利，那么下一步的问题就是人民币升值的速度或策略选择了。如果人民币升值的速度可以选择，那么在选择这一速度时，我们应该考虑哪些因素呢？

一、人民币升值速度的主要决定因素

作者认为，在确定人民币升值的速度时，应该考虑的主要因素有以下四个。

1. 企业承受能力

人民币升值将直接影响到出口企业的经济效益，因此在考虑人民币升值的速度时，就应该考虑到出口企业的承受能力。人民币汇率影响的是出口企业接受到的价格，因此，人民币升值多大比例，企业接受到的产品价格就降低多大比例。由于中国产品在国际市场上的竞争优势主要是价格优势，因此人民币升值会直接影响到中国产品的出口情况。对出口企业来说，面对人民币升值，当然可以采取一些措施来应对。

首先，企业可以提高价格。但如前所述，中国产品的优势就是价格优势，一旦提高价格，中国产品的优势就会减弱，出口就会下降。当然，对于中国来说，随着经济增长和人民生活水平提高，中国产品的成本将会逐步上升，因此中国产品价格优势的减弱是个长期趋势。

其次，企业可以通过改善管理、降低浪费等方法来降低成本。

再次，企业也可以通过调整要素投入组合或提高技术水平来抵消人民币升值的影响。人民币升值将会导致进口机器设备变得更便宜，因此企业可以通过调整要素投入组合，增加技术含量高的设备投入的方式来改进生产技术，降低成本。同样，人民币升值也导致技术引进的成本下降，使得企业可以采用更先进的技术。

最后，企业也可以通过调整产品结构的方式来应对。如前所述，人民币升值的结果是引进技术的成本下降，因此中国企业就可以引进新产品，进行产品的升级换代，提高产品的技术含量，用产品的技术优势逐步取代价格优势。

中国企业应对人民币升值有着比较丰富的经验。1997 年爆发的亚洲金融危机期间，人民币相对于周边国家的货币升值幅度至少达 50% 以上，但中国企业最终也走出了困境，出口持续高速增长。这说明中国企业应对人民币升值还是有能力的。

2. 内需扩大的速度

人民币升值必然会导致中国出口下降，这一点毋庸置疑。因此，为了在人民币升值的情况下保证经济增长和就业，扩大内需就是必要的措施。内需扩大的速度越快，人民币升值的速度就可以越快。

3. 热钱流入与资产价格泡沫

人民币升值的预期会导致热钱的大量流入。热钱流入会导致人民币供给过大，资产价格泡沫加剧。人民币升值越慢，热钱流入就越多，资产价格泡沫最终就越严重。当然，热钱流入的多少还取决于其他因素，比如外汇管制政策等。

4. 政府调控人民币汇率的能力

人民币升值的速度还取决于政府调控人民币汇率的能力。干预外汇市场、稳定汇率是每个国家的政策目标之一，在汇率存在长期升值或贬值趋势的情况下，对汇率变动速度的调控就成为一个国家短期汇率管理的目标。一般而言，只要外汇储备充足，政府调控汇率的能力就较强；当然，政府对汇率的调控能力还决定于其他手段，比如包括外汇管制政策在内的行政手段。

二、人民币升值速度的选择

人民币升值快慢对中国经济的影响不一样。人民币升值速度越快，热钱投机的机会就越少，资产价格泡沫就越轻，金融危机出现的概率就越低；当然，人民币升值速度越快，出口企业就越难应对，中国就越难以扩大内需来弥补出口的下降。人民币升值的速度越低，出口企业和扩大内需就越从容，但资产价格泡沫就可能越严重，金融危机出现的概率就越大。

人民币升值的极端办法之一是一步到位，也就是一次性宣布人民币升值到位。比如，假定人民币应该升值 20%，那么政府就可以在某个合适的时刻宣布人民币即刻起升值 20%，甚至更高一点（已考虑到应该有的超调）。我国以前几次调整汇率，采取的都是这种办法，比如 1994 年人民币汇率并轨，人民币官方汇率一下子从 1 美元兑 5.7 元调整到 1 美元兑 8.7 元。这种政策非常成功。其原因是在这次调整中，人民币是在贬值，增加的是出口，抑制的是进口，而那时候中国对外部能源和原材料的依赖度较小，因此人民币贬值对中国企业的冲击很小。但现在的问题是人民币升值，抑制的是出口，增加的是进口，而出口占中国 GDP 的比重很高，因此，一步到位式的汇率调整对中国经济的冲击可能非常大。

因此，对于我国而言，最佳选择是人民币缓慢升值。而升值的速度主要取决于我国扩大内需的幅度。如果内需扩大不起来,那么人民币升值的速度就该低一点;如果内需扩大得很快,足以弥补人民币升值到位后造成的出口下降,那么一步到位式的升值策略就是最佳的。那么,如何扩大内需呢?我们将在第十二章讨论这一问题。

第七章

对外投资[1]

既然外汇流入是中国流动性过剩的主要原因,那么消化过多的外汇就成为解决这一问题的主要措施。人民币升值有助于抑制外汇的继续大量流入,但无助于解决已经积累起来的巨额外汇储备,因此就有必要设法消化掉已有的外汇储备。鼓励对外投资就是一个行之有效的方法。本章讨论与我国对外投资有关的一些问题。

随着经济全球化的进一步发展,在过去两百余年独占鳌头的对外贸易已经不是世界经济联系的唯一组成部分,国际资本流动的发展势头也十分迅猛。《经济学家》杂志在1999年的统计分析指出,在1980—1995年间,国际对外直接投资增长率大约为8%,快于世界贸易的增长率。联合国贸易发展会议发布的《世界投资报告》分析指出在1995—2006年间,世界贸易平均增长率大约为7.8%,各国对外投资平均增长率按流出额计算大约为12.5%,按流入额计算大约为11.5%。中国经济自1978年改革开放以来,三十余年一直实现着飞速发展。在改革开放初期,由于我国资本存量不足,引进国外投资就成为经济发展的快捷路径,而随着时间的推移,中国经济发展也面临着战略性的转变。1978年,中国资金缺乏,外汇更是奇缺,中国的国家外汇储备仅1.67亿美元。而我国经济的发展需要大量资金,尤其是外汇,因此,引进外资就成为当时中国的一项重要工作。现在,我国出现了比较严重的流动性过剩现象,截至2011年7月

---

① 本章系根据以下论文改写:苏剑、叶淏尹,"中国对外投资的历史与展望",《中国经济》2010年第9期。

的统计数据，外汇储备高达3.16万亿美元。“引进来”和“走出去”需要更好地结合起来，内外兼修才能为经济平衡健康发展保驾护航。随着国际经济环境的变换，在新的一场以资本流动为标志的世界经济锦标赛中，对外投资举足轻重。

第一节　中国对外投资的历程

中国的对外投资起步于20世纪70年代末80年代初，相比于发达国家长达数百年的对外投资历史而言，中国的对外投资史是很短暂的。但以中国经济本身为参照物进行纵向比较，对外投资的发展可谓十分迅速。按照发展速度和规模而言，中国的对外投资史大致可以分为以下四个阶段：

第一阶段：20世纪70年代末至80年代初。这个时期是对外投资发展的起步阶段。自改革开放以来，随着经济的发展和改革的深化，计划经济的限制逐渐瓦解，中国的对外投资开始起步，并形成了符合中国经济实际和现代经济规律的对外投资雏形。但由于本阶段中国的资本和外汇还非常稀缺，资本在本阶段中国的经济发展中还起着举足轻重的作用，此时对外投资多是政府为了拓展经济贸易活动而建立的国有企业海外分支机构和代表处。其中的主体投资企业为中国银行、中国国际信托投资公司以及中国冶金建设总公司等大型国有金融企业和对外工程公司。这些企业投资海外分支机构多是由于改革开放后业务量增长的客观需求而建立的，但是由于此时整体经济发展与世界经济并不十分紧密，这些业务量的总量是非常小的，换言之，对外投资的规模也非常小，这个时期的对外投资与之后特别是近十年的对外投资从规模上看不可同日而语。

第二阶段：20世纪80年代中后期。随着经济改革的深入，外贸体制也进行了相应的改革，在这个阶段，海外投资虽然组织形式仍以国有企业海外分支机构和代表处为主，除了上个阶段活跃的中央企业以外，各省市下属的外贸公司也进行了业务的分散化改革和全球化经营。各大国有性质的外贸公司如中国化工进出口总公司、中国五金矿产进出口总公司等成为本阶段对外投资的活跃企业。而本阶段由于国内市场经济秩序没有完全建立，企业自身经济效率、经营方式等方面存在着诸多不足，对外投资的表现并不突出。

第三阶段：1991年至2003年。中国在20世纪90年代起进行了价格改革和企业改革，这两个改革的启动宣告着我国由计划经济向市场经济的转轨步入关键阶段。此时对外投资的主体企业已经不再是对外工程公司和外贸公司,而是逐步转移到大型工商企业上,其组织形式也多为海外采购渠道和销售网络。本阶段对外投资的数量和质量虽较上阶段有了一定程度的发展,但在投资企业的数量和投资总量上仍然不能占到经济的主流,因此可以理解为中国对外投资的过渡时期。其主要原因是当时的对外投资政策具有很大的局限性,1991 年国家计委向国务院递交了《关于加强海外投资项目管理意见》,指出"中国尚不具备大规模到海外投资的条件",企业的海外投资应该"侧重于利用国外的技术、资源和优势以补充国内的不足"。此意见在 2004 年新的指导意见出台前,成为对中国境外投资影响最大的政策法规。本阶段中国对外投资的代表企业有首都钢铁公司、东风汽车集团、上海广电股份等。

第四阶段:2004 年至今。本阶段为对外投资发展的黄金阶段。随着 2004 年《国务院关于投资体制改革的决定》的颁布及此后一系列法规和措施的出台,新的国际投资体系宣告诞生。这些法律法规为我国的国际投资构筑了一个正规的平台,促进了我国国际投资结构的完善,并且加速了其发展。而自改革开放开始的中国经济的高速发展,使我国的资本存量不断增加,这就意味着资本已经不是我国经济发展过程中的稀缺要素,再加上 1994 年之后逐年增加的贸易顺差,都为对外投资提供了良好的条件。特别是 2007 年以后,以中国投资责任有限公司的成立为标志,中国的对外投资可以说上了一个新台阶。2008 年,中国对外直接投资净额 559.1 亿美元,较上年增长 111%。其中非金融类 418.6 亿美元,同比增长 68.5%,占 74.9%,金融类 140.5 亿美元,同比增长 741%,占 25.1%。中国 8 500 多家境内投资者在全球 174 个国家(地区)设立境外直接投资企业 12 000 家,对外直接投资累计净额 1 839.7 亿美元,境外企业资产总额超过 1 万亿美元。2008 年年底,中国的 12 000 多家对外直接投资企业共分布在全球 174 个国家和地区,投资覆盖率为 71.9%。截至 2009 年年底,中国累计对外直接投资已超过 2 200 亿美元。见图 7.1。

随着各层次多渠道的对外投资模式的建立,中国不再仅是外商直接投资的主要接收国,中国企业国际化及对外直接投资的步伐将随着经济增长不断加快,中国在世界各地积极投资及并购产业的主要目的包括寻找新的消费市场、掌握能源及原材料、获取先进技术及向全球延伸行销渠道等。在本阶段,并购、投资入股等现代企业发展形式也应用到了对外投资当中并成为主要方式,而对

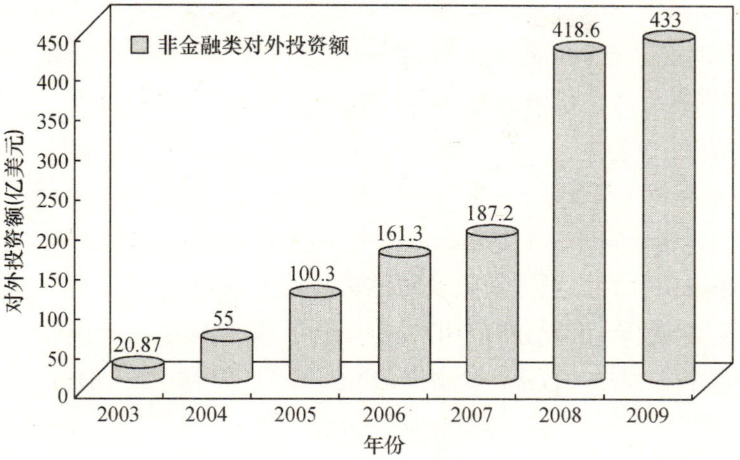

图 7.1　中国累计对外直接投资

资料来源:商务部网站。

外投资的主体也由清一色的“国字脸”转变成为了“百家姓”,各种中小企业对外投资的增长更是耀眼,如四川腾中重工机械收购通用汽车的悍马品牌、吉利收购沃尔沃、浙江温州几家民营企业欲联手收购法国皮尔卡丹商标权等,都成为国际国内社会关注的焦点。

第二节　近期中国对外投资缘何飞速发展?

三十年前,在中国改革开放初期,如何吸引国外投资,改善中国资本存量稀少的局面一直是政策制定者的重心所在。近年间特别是 2004 年以来,中国的对外直接投资正吸引着世界各国的目光。中国的对外直接投资无论从总量上还是从范围上都已具有一定规模,并且开始逐渐影响国际直接投资的现有格局,甚至影响到国际关系。究竟是什么原因使得这种“逆转”局面出现?

1. 经济全球化的进一步发展

20 世纪 90 年代以来,以信息技术革命为中心的高新技术迅猛发展,不仅冲破了国界,而且缩小了各个国家地区之间的距离,世界经济越来越向一个整体发展。国际分工的不断细化,使得在全世界范围内生产、研发、销售的完全分离成为可能。跨国公司在这个过程中扮演了一个重要的角色,生产的国际化乃至资本的国际化让公司可以在全球范围内寻找最合适的生产和销售地点,这样的情况下，国际范围内的投资必然逐渐增多。改革开放进程的不断推进使我国积极参与到国际分工中，而随着世界经济的进一步发展和经济全球化的进一步深入，我国在世界经济中扮演的角色越发重要，我国对外投资的快速发展也就理所当然。

2. 中国经济飞速发展，资本积累的速度很快

我国一直都是一个人口大国，劳动力资源在我国可以说是非常丰富，相比之下在改革开放初期以及之前很长的一段时间内，资本不足一直是制约我国经济发展的主要瓶颈。因此在改革的最初十余年，如何吸引和利用外资就成为经济发展的重中之重，一直到了前几年，这样的政策导向才被“引进来”与“走出去”相结合取代。近三十年，中国经济一直保持着一个非常高的增长速度，再加上一直很高的储蓄率，资本已经不像之前那样稀缺，资本积累的完成就对资本的利用效率有了较高的要求。在这样的情况下，产业升级转移，将产业布局和资金在国际上进行更合理的配置，对外投资的发展速度自然会增快。

3. 近十五年累积的贸易顺差

中国很低的劳动力成本使得劳动密集型加工业在近二十年飞速发展，特别是近十五年来，中国已经成为“世界工厂”，在世界各地都可以看见产自中国的工业制成品。一直到两年前全球性经济危机爆发之前，出口一直是拉动 GDP 增长最有力的马车。三十年前，国内市场经济秩序的不稳定导致企业效率低下，而外汇又极度稀缺，本来就不多的外汇用于对外投资是几乎不可能的。而近几年，我国的外汇储备逐年迅速增加，这就给对外投资提供了资金来源。

4. 企业改革对企业利润动机的强化

在计划经济时期，各计划经济国家的企业主要是公有制企业，企业的生产积极性不高，在国内的投资都是根据计划分配，更不会参与对外投资。而转轨开始后，从宏观层面上看，企业改革的方式主要有两种，一是对现有公有制企业的改革，一是新的所有制形式的出现、发展和壮大。此时不管是国有企业还是非国有企业，决策都更靠近市场，特别是后者，根据自身的成本和收益来确定发展战略。随着市场经济秩序的完全建立，企业的利润导向性逐渐加强，企业在自主追求发展战略时就会根据自身的优势和劣势进行权衡取舍，选择重点发展，在这样的条件下，对外投资的增长也就不足为奇。2004 年以来，随着一系列支持对外投资的法规出台，国际投资的机遇增多，企业根据市场形成的全球战

略让对外投资成为成本—收益衡量下的必然选择。

5. 保障我国的资源安全

我国资源相对匮乏，在能源安全、原材料安全领域面临巨大的挑战，随着经济的进一步发展，能源需求和原材料需求会相应增加。目前，在能源消耗方面我国已经跟美国差不多。资源的相对匮乏在经济的飞速发展中显得异常突出，因此自然资源领域的对外直接投资就成为中国对外直接投资的重要组成部分。从2008年中国对外投资的产业比重的数据来看，商业服务业占29.7%，金融业占19.9%，批发零售业占16.2%，采矿业占12.4%，制造业占5.3%，交通运输和仓储业7.9%，建筑业、信息传输业的比重比较低。采矿业是我国对外投资的第四大投资项目。目前，中石油、中石化、中海油等公司均在海外布局油气项目，涉及上游勘探开发、中游炼化和下游成品油经营领域，同时还涉及深海油气的勘探开发和油气服务合同等。三家公司近年来都加强对外投资，对外投资的速度明显加快。中石化在2009年的addaxs项目总交易额就高达72亿美元。这些大的资源相关项目的投资总量一般都非常大，近几年我国的能源储备显示出的一些问题更是让能源相关企业感到海外投资的重要性，对外投资总量因而逐年上升。

6. 我国的产能过剩

在计划经济时期，我国一直处于供给不足的短缺经济状态，虽然有着很高的储蓄率，但是生产能力还是不足。而在改革开放之后，由于我国的传统习俗和计划经济的后续性影响等，高的储蓄率依然存在，相应地，投资依然是拉动我国经济增长的重要方式。很多产业经过这三十年的不断投资发展逐渐到了饱和的状态，产能过剩问题已经出现。此时转移国内产能，积极发展对外投资，避免在国内重复投资所带来的效率低下，就成为产业升级的必经之路。

7. 规避贸易壁垒，减少贸易纠纷

近年来，许多国家为了发展本国的相关产业，设置了一些贸易壁垒，尤其是针对我国有许多反倾销和反补贴的条例。通过对第三国的投资在一定程度上可以避免这些针对我国的贸易壁垒，比如说，对同样拥有廉价劳动力资源的第三国进行投资，这样生产出来的产品就可以规避针对我国的部分贸易保护条例。而对外投资，在东道国设立分支机构或原材料采购机构，能够促进东道国的就业和经济发展，这些机构也能够帮助我国企业在对外交流中，获得政策性的支持,规避贸易壁垒。同时,海外分支机构是立足于当地的文化而建立的,为加强我国企业对东道国文化、习俗、法律等的了解,减少贸易纠纷,也有着至关重要的作用。企业的对外投资能够加强两国资金、技术、管理、人才等要素的相互流动,促进双方具有比较优势的产业发展,这样双赢的结果自然使得对外投资得到良好的发展。

第三节 中国现阶段对外投资的机遇与挑战

中国现阶段的对外投资可谓是蓬勃发展,但是随着世界经济形势的进一步发展,中国对外投资也和中国经济的其他组成部分一样,面临着许多机遇与挑战。本次全球金融危机、愈演愈烈的人民币升值之争、来自世界投资资本的竞争压力再加上变幻莫测的政治风险,都为中国的对外投资提供了一个又一个发展的机会,同时也设置了一个又一个的障碍。

1. 金融危机

起源于2007年年末的全球金融危机对世界虚拟经济造成了很大的动荡,同时全球许多国家都陷入了实体经济的困难之中,美国、欧盟等发达国家和地区都要靠出台一揽子刺激经济的计划才能渡过难关。对我国而言,由于我国的金融体系并未完全国际化,受本次金融危机的影响较欧美等国要轻,经济也率先恢复。在这样的情况下,金融危机对我国对外投资的发展就是一个难得的机遇。

首先,金融危机给我国企业对国外优质资产的并购带来难得的机遇。国际金融危机和全球经济衰退导致发达国家一些原本成熟的跨国公司陷入困境,盈利下降甚至亏损破产再加上融资困难使得许多著名跨国公司不得不改变战略,收缩投资尤其是海外投资,甚至出售部分资产报表陷入困境的资产——这些资产中,包括大量知名品牌和已拥有成熟技术和销售网络的企业——这不仅客观上为我国企业扩大对外投资提供了前所未有的广阔空间,而且为我国企业通过收购并购方式获取先进技术和以品牌和商誉为代表的无形资产等优质资产带来难得的历史性机遇。

其次,国际金融危机所带来的全球性大宗商品尤其是能源的价格震荡,为我国在这方面投资的收益性提供了进一步的保障。金融危机后,国际市场需求减弱,能源资源价格大幅回落,大型跨国公司被迫收缩投资,此时我国涉及海外能源资源合作开发的投资就会比之前更富有战略意义。在这个时机下,有组织、有计划地扩大海外能源资源互利合作开发,在石油勘探开发、天然气管道建设、铁矿石和铝土矿开发等领域通过股权收购、共同开发、合作建设等方式进行海外投资,不仅在长期有着良好的经济效益,消化了我国现在相对过剩的资本,还为建立长期稳定的海外能源资源供应基地和供应渠道奠定了坚实基础,有效地增强了我国能源资源供应安全。

再次,我国金融业的对外投资一直在总量上和效益上落后于制造业,这次金融危机是我国金融业对外投资的一个重要契机。本次全球性金融危机在主要发达国家的传导机制与我国不尽相同,其他国家都是由于与世界金融市场联系紧密,因而第一时间受到了次贷危机的冲击,危机从虚拟经济向实体经济扩散,而我国正相反,由于对我国来说,世界金融市场存在着一定的准入障碍,本次全球性金融危机对我国的虚拟经济并没有直接的影响,我国的金融机构所遭受的损失相对有限。与此同时,本次金融危机重创发达国家金融体系,大批金融机构资产损失巨大,经营陷入困境,业务量明显萎缩,这都为我国的金融机构发展对外投资,开展跨国经营带来新的机遇。我国的银行、保险公司等金融机构正处于快速发展期,资本总量等指标在国际上具有相当的规模和竞争力,而金融危机可以说为亟待拓展的国际业务提供了一个良好的契机,增设经营网点、业务合作乃至资产整合等对外投资方式对我国金融企业加快实现国际化进程都将起着重要的作用。当然,机遇总是伴随着挑战,金融危机过后世界投资环境更加不稳定,我国对外投资的风险大幅升高,稍有不慎,就可能造成投资的失败乃至企业战略的完全落空。在这样的情况下,更需要在对外投资过程中实行科学管理、理性决策,对我国企业的综合素质要求也就更高了。

2. 人民币升值

自 2005 年 7 月 1 日起,我国实行以市场供求为基础、参考一揽子货币进行调解、有管理的浮动汇率制度之后,人民币相对于美元就一直处于持续升值的状态。从当时的 1 美元兑换 8.27 元人民币,到现在兑换 6.48 元(2011 年 6 月 5 号汇价),人民币升值达 22%,这样一个升值幅度相当于等值的资产用于海外投资时,比之前的收益率提高了接近 22%。在这样的情况下,我国对外投资的预期收益就相对提高。与此同时,人民币升值也意味着之前的外汇储备也就是企业的外币资产相应缩水，由于外汇管理等机制的存在，我国的对外投资基本上与这部分存量有着密切的关系，继续持有这部分资产的收益能否抵消人民币升值所带来的损失，会是影响企业投资者的一个关键变量。另外，由于国际普遍认为我国的币值被低估，对外投资所带来的利润收益很可能不会高于企业进行国内投资所带来的利润与人民币升值所带来的附加收益之和。因此，在人民币升值不可避免的这个大环境下，如何扬长避短，把握机遇迎接挑战，将成为各个投资人不能回避的重要课题。

3. 世界投资资本的竞争压力

中国的对外投资与世界经济是紧密联系在一起的，所以其必将受到世界经济大环境的影响，也就是说中国的对外投资活动会受到国际投资环境的制约。20 世纪 80 年代以来，国际资本的跨国流动日趋活跃，对世界经济的发展产生了重要作用。进入 90 年代以后，国际资本流动更是以一种异常迅猛的态势得到长足发展，资本在国际上流动的规模越来越大，再加上各国逐步放松对外汇市场和资本市场的管制，同时在金融市场全球一体化、证券化、自由化和金融创新的多重作用下，国际金融和国际金融市场发生了巨大变化，国际资本流动的规模和速度惊人，表现出明显的扩大趋势。对中国来说，由于近年来经济的飞速发展以及对外贸易积累的顺差，对外可投资的资本总量名列世界前茅，但是，这个领域的研究以及操作水平远远落后于成熟金融市场国家。也就是说，我们空有多年积累下的外汇资本优势而没有运作的技巧。长此以往，这些资本优势可能不会像我们希望的那样转换成经济可持续发展的动力源泉之一，反而会吸引大量的国际游资进入中国市场进行投机活动，对我国的金融和经济秩序造成一定影响。

4. 全球贸易保护主义重新抬头

之前三十年，我国由于存在“人口红利”，劳动密集型产业能够以较低的成本生产，因此很多出口贸易品的价格较东道国的产品要低很多，出口也成为我国经济发展迅速的重要因素。近几年，国际金融危机和全球经济衰退导致贸易投资保护主义重新抬头，特别是针对我国的各种形式的贸易投资保护主义措施层出不穷，加大了对我国出口产品的反倾销、反补贴和特殊保障等方面的保护主义措施力度。这样的情况对于对外投资而言，也有着双重的影响。贸易保护的起因是东道国经济发展不顺利和产业保护政策等，那么我国进行对外投资的时候很可能也会因为“中国威胁论”而受到阻挠。东道国可能会出于同样的原因，对我国企业的对外投资和收购兼并活动设置更多的障碍和采取更多的限制性措施，这些狭隘的投资保护政策对我国企业的对外投资形成了很大的阻碍。例如，美国对我国中海油公司并购优尼科公司、海尔收购美泰克公司的阻挠，对联想收购 IBM 个人电脑业务设置种种限制等，这样的情况不仅出现在发达国家，印度也以国家安全为由阻止了我国多项对印度基础产业的投资。当然，贸易保护的目的是为了增加本国的就业和产出，从这个角度而言，吸引国外投资可以促进本国相关产业的发展，增加相关产业的就业，对东道国是有很大促进作用的。因此，从这个方面而言，对外投资是突破贸易保护壁垒，在贸易保护这个不利条件下实现我国经济发展的良好方式。

第四节　中国对外投资面临的风险及防范

对外投资企业的投资决策和经营活动相对于国内投资而言，是在一种更为不确定的环境中进行的。国际市场云诡波谲，我国的对外投资相比于发达国家而言还很不成熟，因此存在着许多的风险。由于国际经营环境的复杂性，企业对外投资所遭遇到的风险是多方面的，根据表现形式可以将对外直接投资风险类型划分为政治风险、汇率风险、经营管理风险和文化法律风险。

1. 政治风险

政治风险是各种政治力量使一个国家的经营环境发生超常变化的可能性，它作为非市场性的不确定性，直接影响企业的战略目标及其实施。对外投资中的政治风险需要从两个角度考察，一方面是指由于东道国国家政治能力的虚弱而导致政治体系或政府的不稳定所造成的并购风险；另一方面一般是东道国出于国家经济安全的考虑，借助于自身的经济实力或法律约束来限制正当的商业并购活动，而给中国企业跨国并购活动带来风险。在对外投资过程中，东道国政治与社会因素的变动均有可能使跨国并购遭受预料不到的损失。如政府的更迭，党派和社会集团的纷争，政府有关土地、税收、货币汇兑及出境等政策的变化，民族文化习俗、道德风尚与价值观念的差异，法律方面对于外资进出入的某些歧视性规定，以及社会出现内乱、战争等现象，均会构成对外投资的政治风险。当前，我国企业跨国经营的东道国很多是发展中国家，其中，有些国家的国内政局不稳，社会矛盾较尖锐，加之文化、宗教、民族、部落等冲突，以及经济利益纷争，蕴涵一定的政治风险。例如2007年，我国境外企业和人员在外遭遇了十余起安全事件，造成了人员和财产的重大损失。因此，需要采取措施来化解对外投资中的政治性风险，企业在对外投资的运作中除应高度重视与各国政府部门以及同业间的沟通、对话，还应在处理好国与国之间政治关系的基础上，加强资金、技术、管理、人才等要素的相互流动，促进双方具有比较优势的产业发展，并推动完善国际贸易和金融体制，反对贸易保护主义和投资保护主义，构筑和谐共赢的对外经贸关系。

2. 汇率风险

汇率风险是指在不同币别货币的相互兑换或折算中，因汇率在一定时间内发生未预料到的变动，致使有关的金融主体的实际收益与预期收益或实际成本与预期成本发生背离。长期以来，我国的外汇储备都以美元为媒介，如今，我国已经拥有接近2.5万亿美元的外汇储备，因此美元价格的波动就会影响到进行对外投资特别是对美元使用国的对外投资的成本问题。汇率风险除了体现在对外汇储备存量价值的影响之外，对投资的回报率甚至投资的成败也有着很大的影响。如果对外投资东道国的货币相对于人民币大幅度贬值，就相当于投资企业的资产大幅度缩水，这样的情况出现在资源型企业的投资中负面效应还不是很明显，如果出现在轻工业等产业中，对企业将是致命的打击。要防范汇率波动带来的风险，就要求投资公司对外汇金融市场信息掌握良好，通过买卖外汇相关期货期权、进行汇率保险等方式减小乃至规避汇率风险。

3. 经营管理风险

企业对外投资的经营管理风险是指由于经营环境、企业经营战略、经营决策等的变化导致投资经济损益的变化。企业的对外投资都是从整个企业发展的角度出发，比如有些企业在产品质量上有着较大的优势，只是由于企业的历史等原因并没有很大的国际知名度，无法打开市场；再比如有些企业有完整的制造加工体系，但是无法获得该产业的核心技术；等等。此时的对外投资是解决企业长远发展问题的较好方式，但是我国的公司现在缺乏很成熟的国际化经营管理人才体系，在考虑投资决策时可能出现对公司本身情况判断不准确，对被投资企业的资产负债情况了解不足，以及谈判能力缺乏等带来的失误，等等，都是经营管理风险的表现形式。要规避这样的风险，一方面是企业必须继续建立现代企业制度，进行科学决策管理，另一方面则是要培养和引进立足于中国国情的国际化经营管理人才。

4. 文化风险

文化风险主要源于国别文化差异及企业文化差异。与东道国的语言、风俗习惯、价值观与态度、宗教信仰等方面的差异给企业对外投资带来影响的不确定性是非常大的。不同文化背景的员工在价值观等方面容易形成较大差异。来自不同社会文化中的两个企业间的并购极易引起经营中的困难。文化作为一种无形的因素，有深远的影响，所以并购后整合的成功与否很大程度上取决于文化融合的程度。每个企业都有一定的文化传统，这些文化传统体现在分配制度、激励制度、对内部与外部变化的反应机制、资源配置、管理理念、技术特性等因素上。而企业文化一旦形成，就有一定的稳定性和惯性，即我们熟悉的文化刚性，对外来的文化冲击会很自然地做出抵触的反应。被并购企业的文化刚性越大，并购的风险越大。据统计，在全球范围内，资产重组的成功率只有43%左右，在那些失败的重组案例中，80%以上直接或间接起因于新企业文化整合的失败。中国企业对外投资应以尊重东道国的文化习俗为出发点，在考虑公司的整体利益的原则下努力化解这些文化差异带来的风险。

5. 法律风险

法律是国家维护秩序的重要工具，在每个国家，由于历史、文化和政治等种种原因，法律也不尽相同。对外投资的企业，在熟知本国相关法律之外，还应该了解目标企业国的相关法律制度，尤其对一些失业率高、劳工问题突出的国家和地区，更要认真考察其劳工、工会和福利状况，对投资可能带来的雇工风险给予足够考虑，避免带来新的劳资纠纷，以降低法律风险。

第四部分

要素禀赋结构的变化与我国经济发展方式的转换

经过 30 多年的高速增长，中国经济已经发生了根本性的变化，集中体现在要素禀赋结构的根本变化上。现在中国的年 GDP 比 1980 年已经增长了 16 倍，经济规模居世界第二。在这种形势下，中国的要素结构呈现出如下特点：(1) 劳动力逐渐从无限供给转变为有限供给；(2) 资源供给更为短缺；(3) 居民储蓄大幅度增加，资本丰裕度大为提高。因此，中国逐步从劳动力密集型的要素禀赋结构转化为资本密集型的要素禀赋结构。伴随着这一进程，中国的要素价格也在发生着变化，从而将引起中国经济增长方式的变化。在这些要素及其相对结构的变化中，劳动力居于核心地位。

因此，本部分主要讨论两个问题。

一是劳动力资源的变化。这包括两个方面：劳动力资源相对于总体经济规模的丰裕度的变化，以及劳动力内部不同劳动力之间的结构变化，主要是大学生和农民工的相对供给的变化。首先，多年以来，我们都面临劳动力相对丰裕的局面，其主要特征便是农村劳动力的无限供给。因此，要判断中国的就业形势，就必须对中国农村富余劳动力的总规模予以足够重视。因此，本部分第一章就讨论我国农村还有多少富余劳动力的问题。其次，随着我国经济的增长，以及教育的改革和发展，我国劳动力的素质也发生了巨大变化，年轻人中受过高等教育的比例逐年提高，这就带来了劳动力内部结构的变化，出现了“民工荒”和“大学生就业难”并存的局面。本部分第二章讨论这一问题。

二是我国经济增长方式的转换。这是我们最近20多年来一直希望解决但又没有解决的问题。本部分的第三章讨论这一问题，主要分析我国的目标增长方式应该是什么，以及如何转换经济增长方式。

第八章

我国农村还有多少富余劳动力?[①]

第一节　引　　言

关于我国农村目前的就业形势,现在很不明了。多年以来,我国一直被认为是一个劳动密集型国家,城乡二元结构导致我国有大量的农村富余劳动力,充分的劳动力资源储备是我们的优势,但同时也对我国构成了巨大的就业压力。至于我国到底有多少农村富余劳动力需要转移,这个问题目前几乎没人说得清楚。一方面,在许多人的心目中,我国农村还有大量的富余劳动力。比如蔡昉(2007)指出,目前普遍的说法是农村大约有1/3的劳动力剩余,绝对数大约有1亿到1.5亿;而另一方面,种种迹象表明,我国农村似乎又已经没有了富余劳动力。比如"民工荒"曾经在南方出现过,而且也有大量的报道指出过农村劳动力大量流失、农业劳动力严重不足的现象。具体的例子包括:水利部水土保持司副司长张学俭早在2005年就指出,"在重庆重点工程调研时,我发现,即便不取消两工,在农村依然存在壮劳力流失,在地里务农的都是'3861'部队(即妇女和儿童),甚至70多岁的老人"(张学俭,2005);徐州市政府的官方文件中也指出,"多数青壮年劳力外出务工,留村务农多为'3861'人员"(徐州市农业资源开发局,2006)。上述两方面说法差距如此之大,形成鲜明对比。

对我国目前农村就业形势的判断有着极强的现实意义。实际上,面临分歧

① 本章系根据以下论文改写:苏剑,"我国农村还有多少富余劳动力?",《广东商学院学报》2009年第5期。

如此之大的观点，我们也必须就此做出一个正确、明晰的判断。首先，这涉及我国目前劳动力密集型的产业结构是否可持续的问题以及是否需要调整的问题。我国目前的产业结构（尤其是东南沿海的产业结构）是以低端劳动力密集型产业为主的，如果农村富余劳动力已经转移完毕，那么就意味着这种产业结构已经不可持续，我国的产业结构就到了必须调整的时候；而如果我国农村还有大量的富余劳动力，那么目前的产业结构就还可以持续，也需要再持续一段时间，直到农村富余劳动力被转移完毕为止。其次，这也涉及我国的农业生产方式的转换和农村的体制改革问题。如果农村富余劳动力已经转移完毕，那么就意味着目前的家庭联产承包责任制的潜力已被挖掘殆尽，甚至可能已经妨碍了农业生产力的发展，因而我国的农地制度、生产组织方式等都得做出相应调整；而如果我国农村还有大量的富余劳动力，那么目前的农业生产方式和农村的各种制度安排就还有一定的生命力，还可以持续下去。

那么，如何判断我国目前农村的就业形势呢？一个最直接、最准确、最权威的办法自然是国家统计部门的统计。这个工作国家统计局的确每年都在做，也的确经常发布相关数据，但有若干因素使得我们无法据此判断我国的就业形势。首先，农村到底有多少劳动力？城镇劳动者一退休，就不归入劳动力之中，因此算不算劳动力的一员比较清楚。农民不一样，农民没有退休这一说，因此无法跟城镇劳动力一样根据年龄确定谁属于劳动力、谁不属于劳动力。实际上，农民只要还能劳动，不管年龄多大，一般都是要参加生产的。所以，农村劳动力不好界定，也就不好确定农村劳动力的总数。其次，农业本身需要多少劳动力也不好确定。所谓富余劳动力，自然是指超出农业生产需要的农村劳动力。我国的农业生产本身需要多少劳动力？这个问题取决于农业科技水平、农业机械化水平、自然条件等许多因素，而且是经常改变的，因此也不好确定。劳动力的流动使得统计误差较大，尤其是进城务工的农民工的数量很难予以统计。再次，在超出农业生产需求的劳动力中，有多少已经转移出去了？这个问题也很难弄清楚。农村的富余劳动力就等于农村劳动力总数减去农业部门的劳动力需求，再减去已经转移出去的劳动力数量，而这三项没有一项容易统计清楚。反映在统计数据上，自然误差就比较大。因此，用这一办法很难对我国的就业形势作出直接、准确的判断。

直接的办法不行，可以考虑间接的办法。本书采取的间接办法有两个：一个是依据基本的经济学原理,并根据劳动力市场上供求数量以外的指标来判断,一个是根据经济增长对劳动力需求的拉动作用来大致作以估计。第一种方法主要考虑农民工真实工资水平的变动,因此我们称之为“工资法”;第二种方法的主要依据是经济增长的影响,因此我们称之为“增长法”。这两种方法都是基于一定的经济学原理,而且得出了一致的结论,那就是,我国农村的富余劳动力已基本转移完毕。

当然,间接的办法无法对劳动力过剩或短缺的程度作出定量判断,只能作出定性的判断。实际上,对我国目前的就业形势,只要能够做到定性的判断,就已经很不容易了,至少可以对我国就业政策和其他宏观经济政策的走向给予一定的指导。

第二节　工　资　法

根据一般的经济学原理可知,一种商品的供给、需求的任何变化最终都会反映到价格上,因此,价格是反映供求态势的良好指标,虽然价格变化不会告诉我们需求或供给变化的具体数量,但却会给我们一个关于供求变化的定性判断。我们现在需要的恰恰是关于我国农民工市场供求态势的定性判断,因此,农民工工资水平的变化能够反映我国农村富余劳动力的多少。如果我国农村有大量的富余劳动力,那么农民工之间的竞争就会使工资维持在一定水平上,因而工资不会有大的变化,或者工资上涨率很低,最多维持在与物价水平相当的水平上;而如果富余劳动力较少或者没有,那么随着经济的增长,农民工的工资就会上涨。因此,随着经济的增长,农民工工资水平的变化大致可以分为三个阶段。在第一阶段,经济中存在大量的富余劳动力,这时随着经济的增长,劳动力需求越来越多,富余劳动力越来越少,但工资水平不上涨。在第二阶段,农村富余劳动力已被吸收得差不多了,此时农民工已经不再是无限供给,因此随着经济的增长和劳动力需求的增加,农民工的工资就上涨。这个时候,可以说农村富余劳动力已经吸收完毕,因为在现有的工资水平下所有想工作的农村富余劳动力都可以找到工作,如果他(她)没有工作,那就是因为他(她)嫌现有工资水平太低,否则的话他(她)稍微降低一点工资要求(注意,这与第一阶段存在大量富余劳动力时的工资相比已经上涨了),就可以找到工作。但在这一阶段，农民工的工资水平还低于同等资质的城镇劳动力的工资水平，因此随着农民工工资水平的上涨，还会有农村劳动力愿意转移，但这些劳动力已经不是严格意义上的富余劳动力。在第三阶段，农民工的工资水平达到同等资质的城镇劳动力的工资水平，此时城乡差别完全消除，富余劳动力被彻底消化完毕。

图 8.1 是对上述分析的图形说明。图中，L_S 和 L_D 分别表示劳动力需求和劳动力供给。该图反映的是一个发展中国家劳动力市场几十年的演变过程。我们假定在这几十年中该国劳动力的供给曲线未变。这个假定显然比较武断，实际上，在几十年的时间里，许多因素都影响一个国家的劳动力供给，比如说人口的更替和增长、全球化导致的劳动力流动、劳动力参与率的变换等。本章忽略这些因素的影响，仅仅是为了简化问题，但我们认为这种忽略不影响本章的基本结论。在该图中，开始时的劳动力需求曲线为 L_{D^1}，随着经济规模的扩大，劳动力需求逐步增加。

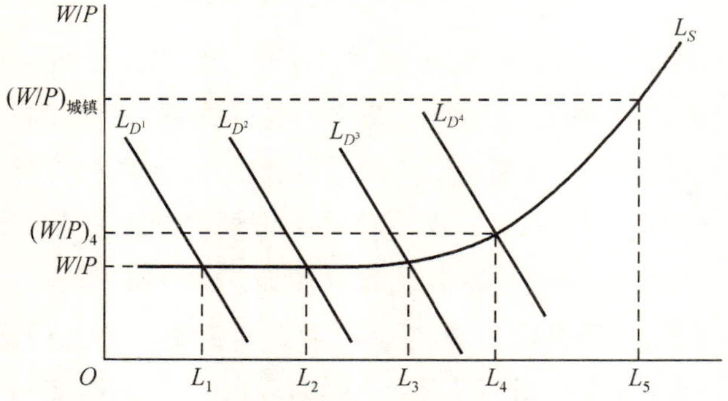

图 8.1 经济发展过程中劳动力市场的演进

图 8.1 中描述的劳动力供给曲线有如下特点：在开始时，农村富余劳动力很多，此时在富余劳动力之间存在激烈竞争，工资的稍微变化都会导致劳动力供给数量的无穷大增加，因此，此时劳动力供给弹性是无穷大，反映在图形上，即为水平的劳动力供给曲线。此时，就业量完全由劳动力需求决定，随着经济的增长，就业量也就随之增加。当劳动力需求达到 L_{D^3} 时，就业量达到 L_3。此时，在原有的工资水平 W/P 下想要就业的农村劳动力都已经找到工作，如果劳动力需求进一步增加，企业就得提高工资才能把农民从农业中吸收过来，因此农民工的真实工资会上涨。劳动力市场就达到上述分析中所说的第二个阶段。此时，可以说已经不存在富余劳动力了，因为劳动力需求曲线已与劳动力供给

曲线相交，在二者共同决定的工资水平下，已经不存在想工作但找不到工作的富余劳动力了。但此时农民工的工资水平依然显著低于同等素质的城镇劳动力的工资水平。随着工资水平的提高，将会有更多的农村劳动力愿意转移出来，直到两类劳动力的工资水平完全相同，此时的就业量为 L_5。因此，我们可以把农村富余劳动力分为两类。第一类富余劳动力是就业量小于 L_3 时的富余劳动力，指的是真实工资不变的情况下的富余劳动力；此时农村劳动力市场处于非出清状态，具体表现为随着经济增长，就业增加，但工资不变。第二类是就业量介于 L_3 和 L_5 之间时实际就业量与 L_5 之间的差额，指的是达到城镇同等就业人员工资时的劳动力供给量与实际供给量之差；此时农村劳动力市场处于出清状态，理论上说已无富余劳动力，具体表现为随着经济增长，就业增加，工资上升。显然，严格地说，第二类富余劳动力已经不是"富余"劳动力。

这种根据工资变化判断劳动力转移情况的方法是有其坚实的经济学基础的。首先，根据一般经济学原理，一种商品的价格及其走势决定于也反映了这种商品的供求态势。一种无限供给的商品不管多么重要，都不会有市场价值，比如空气，世间万物离了空气都无法存在，但没有谁会为使用空气付出成本，因为供给无限，当然也不会付越来越高的价格。农民工市场也一样。当富余劳动力很多的时候，企业不必付出高工资就可以雇到足够的农民工，农民工的工资当然就不会涨。如果农民工的真实工资持续上涨，而且涨幅大大高于城镇工人工资的时候，我们就可以确认，农村已经没有富余劳动力了。

其次，发展经济学也告诉我们，大多数发展中国家都要经历一个二元经济发展的过程，其突出特征是农村劳动力的剩余为工业化提供充足但廉价的劳动力供给，在经济发展的初期工资增长较慢，雇佣关系不利于劳动者，城乡收入差距持续地得以保持。这个过程将一直持续到劳动力从无限供给变为有限供给，最后富余劳动力被完全消化，经济进入现代增长阶段。由于二元经济发展的理论框架是由经济学家刘易斯（Lewis，1954）提出的，因此，这个劳动力从无限供给到短缺的转变，也被称为"刘易斯拐点"。

根据我国目前出现的情况可以认为，中国经济已经进入"刘易斯转折区间"。2004 年开始出现的以"民工荒"为表现形式的劳动力短缺现象，已经从沿海地区蔓延到中部地区甚至劳动力输出省份。蔡昉（2007）指出：作为劳动力短缺的一个必然后果，20 世纪 90 年代末以来，城市正规劳动力市场每年都经历着两位数的工资上涨,这不仅发生在垄断行业,也发生在那些主要吸收普通劳动者就业的制造业等行业(见表8.1)。作为相对滞后的反应,农民工的工资水平也相应提高。例如,在1997年至2005年间,城镇职工实际工资增长了161.7%,而在城市就业的农村流动劳动力的工资提高速度甚至更快。根据对五个大城市的调查,2001年至2005年间,外来劳动力小时工资的提高速度,比城市本地劳动者小时工资的提高速度高64%(蔡昉,2007)。

表8.1 若干行业平均工资的年实际增长率

(单位:%)

年份	采掘业	制造业	建筑业	交储邮	批零餐饮	社会服务
1995	5.34	3.33	1.2	4.54	2.82	1.9
1996	3.49	0.32	-0.72	4.11	0.85	4.14
1997	2.24	1.99	3.29	5.99	0.82	8.08
1998	6.63	19.78	12.71	14.74	21.79	10.99
1999	5.21	11.78	8.46	13.53	10.85	12.62
2000	10.01	11.37	8.56	11.19	11.15	10.73
2001	14.15	10.93	7.83	14.21	13.15	14.01
2002	16.09	13.69	9.48	14.39	15.88	14.88
2003	23.08	12.57	10.66	-1.34	n. a.	n. a.
2004	19.39	8.72	7.71	11.4	n. a.	n. a.
2005	20.32	10.52	10.52	14.34	n. a.	n. a.

资料来源:蔡昉(2007)(原作者资料来源:国家统计局《中国劳动统计年鉴》历年;国家统计局、劳动和社会保障部《中国统计年鉴》历年)。

根据表格中的数据进行计算,采掘业、制造业、建筑业以及交储邮业2005年的平均工资分别是1999年平均工资的2.34、1.71、1.56和1.62倍,可以说增长速度十分迅猛,而这一时间段内我国的通货膨胀率并不高,因此农民工真实工资也有大幅度的提高。根据工资上涨情况,我们可以认为,农民工市场已经处于第二阶段,农村富余劳动力已基本转移完毕。

第三节 增 长 法

第二个间接的办法就是根据我国经济增长的状况对目前的总体就业形势作以大致判断。我们知道,随着经济规模的扩大,劳动力需求也会上升。因此,只要能估计出经济增长对劳动力需求的拉动作用,就可以估计出我国劳动力需求的增长情况,再根据对某一年份的劳动力需求的估计,就可以算出所有年份的劳动力需求。这种方法的经济学依据是经济增长核算方法。按照这种方法,经济的增长是由技术进步、资本增长、劳动力增长以及其他要素的增长实现的,每种要素对经济增长的贡献取决于产出对该要素的弹性,具体公式如下:

$$\frac{\Delta Y}{Y}=\frac{\Delta A}{A}+\alpha_K\frac{\Delta K}{K}+\alpha_L\frac{\Delta L}{L}+(1-\alpha_K-\alpha_L)\frac{\Delta R}{R} \tag{1}$$

其中,$\frac{\Delta Y}{Y}$表示总产出的增长率,$\frac{\Delta A}{A}$表示全要素生产率的增长率,$\frac{\Delta K}{K}$表示资本的增长率,$\frac{\Delta L}{L}$表示劳动投入的增长率,$\frac{\Delta R}{R}$表示土地投入(包括地皮、能源、水和其他自然资源,下同)的增长率,α_K 表示资本收入占总收入的份额,α_L 表示劳动收入占总收入的份额。显然,公式(1)是根据包括三种投入品的、规模报酬不变的生产函数推导出来的。

根据上述公式,如果我们知道劳动力增长对经济增长的贡献率 $\alpha_L\frac{\Delta L}{L}\Big/\frac{\Delta Y}{Y}$、经济增长率,以及产出的劳动弹性 α_L,就可以估计出劳动力需求的增长率$\frac{\Delta L}{L}$。

经济增长率的数据已有,劳动力增长对经济增长的贡献率数据不易得到。Chow and Lin (2002)、王小鲁(2000)、Wang and Yao (2003)、Gapinski (2001)估计过劳动力增长对中国经济增长的贡献率,如表 8.2 所示。但他们的估计结果有一些问题。首先,他们估计的结果相差甚远,劳动力增长对经济增长的贡献率最低为 5.7%,最高为 44.05%,因此难以取舍。其次,即使这些数据是准确的,也不能用。原因是,这些结果就是他们根据经济增长核算方法估计出来的,如果用这些数据采取同样的方法反过来再估算劳动力投入的增长率,就是同义反复。那么,既然这几篇文章用到了经济增长核算方法,那么就一定有劳动力增长的数据,为什么不直接用他们的数据呢?原因是我认为他们的劳动力数据误差可能比较大,因为我国到目前为止还没有准确的关于劳动力投入量的数据。

表 8.2 我国的经济增长方式

时期	经济增长率（%）	TFP增长率（%）	劳动份额	资本份额	人力资本份额	TFP贡献率（%）	劳动贡献率（%）	资本贡献率（%）	人力资本贡献率（%）	资料来源
1978—1998	9.3	2.60	0.53	6.17	—	27.96	5.70	66.34	—	Chow and Lin (2002)
1979—1999	8.3	1.46	0.81	5.10	0.93	17.59	9.76	61.45	11.2	王小鲁 (2000)
1978—1999	9.46	2.40	1.50	4.51	1.04	25.4	15.9	47.7	11.0	Wang and Yao (2003)
1971—1998	7.9	1.87	3.48	2.55	—	23.67	44.05	32.28	—	Gapinski (2001)

由于没有关于我国劳动力投入量增长的可靠数据，我们不得不采取一些变通办法。在这里，我们简单地假定中国劳动力增长对经济增长的贡献率为20%，其余80%由技术进步、体制创新、资本积累等因素实现。显然，对于我国这样一个劳动力密集型的国家来说，这一假定很保守，在我国的经济增长中劳动力的贡献很可能要大得多。① 下面，我们就根据这一假定推算一下中国劳动力需求的变动情况。

最近30年来，我国经济的年均增长率接近10%。假定中国劳动力增长对经济增长的贡献率为20%，那就意味着其中2个百分点是由劳动力使用量的增长实现的。再假定产出的劳动力弹性是0.5②，意思是说，劳动力使用量每增加1个百分点，可以使GDP增长0.5个百分点。那么，反过来说，要想通过劳动力使用量的增加实现2个百分点的经济增长，劳动力使用量就得增长4个百分点。而如果劳动力使用量每年增长4%，意味着17.5年就业量就会翻一番，30年增长率就是224%，也就是说，30年后，劳动力使用量就是30年前的3.24倍。

① 1980—1996年美国劳动力增长对经济增长的平均贡献率为40.6%（曼昆，2000，根据第118页表5-3计算）。理论上说，中国是劳动力密集型国家，劳动力比较便宜，企业在扩大生产规模的时候，应该更倾向于使用劳动力，所以中国劳动力增长对经济增长的贡献率应该大于美国。但林毅夫、苏剑（2007）认为，中国的宏观经济环境也就是要素价格体系导致企业更愿意采用资本，所以我们无法把美国劳动力增长对经济增长的贡献率作为中国劳动力增长对经济增长的贡献率的底线。

② Jefferson 和 Su（2006）应用我国大中型工业企业的数据估计我国这些企业产出的劳动力弹性为0.42，本文采取保守估计并为了便于计算，采用0.5。

1978年我国人口总数是9.6亿，经济活动人口为4.07亿，总就业量为4.02亿。如果这个就业量中没有富余劳动力的话，那么现在我国的劳动力需求就该是13亿，跟我国目前的人口总数差不多。当然，1978年时，不管是农业还是工商业企业以及政府部门都有大量的富余人员。假定1978年40%的劳动力是富余人员，60%是生产需要的（这个比例是猜测的），也就是说，假定1978年我国经济的自然劳动力需求量是2.4亿（对于一个要养活9.6亿人口的经济而言，这么多就业大概离最低要求不会太远），那么如果劳动力需求量每年增长4%，到2007年我国的劳动力需求量就该是7.8亿，接近我国2007年的经济活动人口，因而农村富余劳动力很可能已经被吸收完毕。当然，这些都是假想的，实际情况如何，我们不得而知。不管怎样，在最近30年中，我国经济总量增加到期初的15倍以上，随着经济总量的大幅度增加，劳动力需求增加两倍多一点，应当不算过分。

第四节　总　　结

以上两种间接的方法都有助于我们理解我国目前的就业形势。其中，第一种方法有经济学理论背景支撑，因此最科学，也最可信。第二种方法中采取了若干个假定，所以估计的结果比较粗糙，可靠性也较低，只能作为第一种方法的结果的旁证。实际上，关于我国农村富余劳动力已经转移完毕的旁证很多，前面列举的水利部水土保持司副司长张学俭（2005）的调查结论和徐州市农业资源开发局（2006）的官方文件就是明显的例子，其实这种情况在全国各地的报道中都存在，而蔡昉（2007）通过实地调查也得出了同样的结论。就作者而言，由于作者的老家就在农村，所以对本村的情况比较熟悉，实际情况是我村的富余劳动力的确转移完了。因此，种种迹象表明，农村青壮年劳动力已经转移完毕，留在农村务农的是那些在外务工竞争力不强或不适合外出务工的人。不管怎样，最近几年农民工工资大幅度上涨、“民工荒”、我国最近几十年经济持续高速增长都是不可否认的事实。实际上，在经济长达30年的高速增长之后，如果说农村富余劳动力还没有被转移完，倒真的是咄咄怪事。

虽然经过了30年的高速增长，我国的经济形势已经发生了翻天覆地的变换，但我国许多人对中国经济形势的判断依然停留在30年之前。30年之前我国农村存在大量的富余劳动力，这一点谁都承认。实际上，那时不仅农村有大量的富余劳动力，城镇也一样，那时大量的城镇青年没有工作，国有企业的职工中也存在大量的冗员，每人每天的工作负荷相当轻。现在呢？虽说城镇就业形势很严峻，但已就业的人不管是国有企事业单位还是非国有企业哪个不是满负荷工作？这些都说明，我国的就业形势在30年的高速增长之后已经发生了根本变化，绝非30年以前劳动力大量过剩的情况了。随着经济的发展，我们对经济形势的判断也必须与时俱进，时刻把握好我国的经济形势，以便采用正确的应对措施。

对我国农村富余劳动力数量的判断很难。本章采取间接的办法来推断我国农村富余劳动力的数量，实际上是在数据不足的情况下无可奈何的办法。对我国劳动力市场的形势最准确、最直接的判断需要在劳动统计方面进行大规模的投入和改革，这绝不是某个个人或机构能够独立承担的事情。我们期待着种种详细、准确、全面的数据的出现。

第九章

“民工荒”与大学生就业难[①]

纵观我国近年来的就业形势，我们会发现一个看似矛盾的现象：从事低端劳动密集型产业的劳动力开始出现短缺，而以大学毕业生为代表的中端劳动力却存在严重过剩。一方面，自2003年以来，大学毕业生就业市场开始发生根本转变，原来被认为是“天之骄子”的大学生们，其就业形势开始变得日趋紧张。据相关数据显示，2008年全国高校毕业生为532万人，当年全国平均大学生就业率仍有70%。到2009年，全国大学毕业生人数达到610万人，加上还有100多万历年没有就业的大学生，以及金融危机带来的影响，应届大学生就业面临最为严峻的考验。另一方面，从2004年年末以来，“民工荒”现象陆续出现在广东、福建、浙江等东南沿海地区的出口企业，引起了社会各界的广泛重视。随着时间的推移，“民工荒”现象有扩展到全国其他地区和其他行业的迹象，我国从事低端劳动密集型产业的农民工的短缺已经成为一种不争的事实。

国内学者对我国大学生就业难和“民工荒”这两个问题有过许多研究。(1) 大学生就业难方面，丁元竹(2003)认为，教育结构与产业结构矛盾、择业方式与现行用人制度不完善，是大学生就业难的根本原因；王远博(2005)认为，教育结构与产业结构矛盾、地区经济发展不平衡等是造成大学生就业难的主要原因；余桔云(2006)则是结合了上述两者的观点，认为经济发展的区域性造成大学生配置的扭曲、相关人事制度阻碍大学生的流动、教育改革跟不上市场化就

---

① 本章系根据以下论文改写：苏剑、盛磊，“刘易斯拐点、大学生就业难和‘民工荒’问题研究”，《广东商学院学报》2010年第3期。

业需求，是造成我国大学生就业难的根源；吴克明、孙百才(2005)认为大学生就业期望偏高也是一个原因，并指出大学生就业期望高，是在未来不确定性、信息不对称、学费大幅度上升条件下的理性选择。(2)“民工荒”方面，李月(2007)认为，由于户籍制度、社会保障等制度性因素和企业的低工资，使得农民工供给减少，从而出现了“民工荒”；胡伟清、张宗益(2007)认为，收入增长缓慢、城市生活成本上升、预期较高，直接或间接地减少了农民工的供给，造成了“民工荒”；曾湘泉、刘彩凤(2006)认为，工资增长缓慢和城乡收入差距缩小，是造成城市出现农民工短缺的主要原因。

然而，以上研究都只是针对单个劳动力市场，很少有人注意到大学生就业难和“民工荒”这两个现象之间的内在联系。在下面的分析中，本章将从我国经济所处的发展阶段出发，分析这个阶段劳动力市场的特征及其原因，从而对大学生就业难和“民工荒”现象做出统一的解释，并在此基础上提出相应的政策建议。本章的主要结论是：大学生就业难和“民工荒”其实是同一个原因在不同劳动力市场上的反映、是一块硬币的两面，而这个原因就是产业结构。因此，要解决大学生就业难和“民工荒”问题，其根本出路在于我国产业结构的调整和升级。

第一节 我国为什么会出现“大学生就业难”和“民工荒”并存的局面？

从1978年到2008年，我国GDP平均年增速接近10%，远远高于世界上其他许多国家。如此高的经济增长速度，通常会带来劳动力需求的大幅度增长。而且，我国经济增长方式通常被认为是粗放型的，经济增长主要依靠投入大量的劳动力和资本。因此，我国经济每增长1个百分点所带来的劳动力需求的增长，应该至少不会比其他国家低很多。所以，总的来看，我国劳动力市场目前的需求应该是比较旺盛。事实上，我国部分劳动力市场需求确实比较旺盛，即农民工劳动力市场。[①] 然而，我们又确实看到了大学毕业生就业一年比一年难。

① 全球金融危机爆发后，我国出现大规模的周期性失业，各个劳动力市场均出现需求下降的局面。本章主要考虑比较长期的问题，因此不分析这一短期现象。而且，可以预见的是，全球金融危机一旦过去，我国立即就会重新出现“民工荒”现象。

这表明，在我国当前经济发展阶段，劳动力市场存在着非常大的结构性矛盾。那么，这种结构性矛盾又是如何产生的呢?

这还得从我国二元经济的发展说起。我国二元经济趋向刘易斯拐点的过程，也正是我国城市化和工业化的过程。由于开始时劳动力供给过剩，农村劳动力工资相对较低，我国(尤其是我国南方)逐步形成了以劳动密集型为主的产业结构。这主要表现在两个方面：一方面，随着我国城市化的不断发展，人们对住房和城市基础设施的需求不断增加，基建行业得到了空前的发展，并对非熟练的、体力劳动者有很大的需求；另一方面，工业制造业的不断发展，也增加了对非熟练劳动者的需求。特别是加入 WTO 以后，我国以劳动力资源禀赋的比较优势为基础的出口产业，在国际市场上具有非常大的竞争力，使得我国这种产业结构更加趋于稳固。可见，在城市化、工业化、对外开放的二元经济发展过程中，我国以劳动密集型产业为主的产业结构是在不断强化和巩固的。并且，这种产业结构在很长一段时期内将继续存在下去，且很难在短时间内通过自身的发展进行调整。

这种产业结构特征，带来的主要后果就是劳动力需求结构的分化。由于目前的劳动密集型产业并不需要劳动者有特别高的文化素质，基本上只需要劳动者有较好的体能，因此农村劳动力的需求相对旺盛，而大学毕业生的需求相对较低。这种产业结构长期发展的积累效应就是，农村劳动力不断从农村转移到城市，而大学毕业生的就业压力越来越大。最终，在我国经济发展阶段达到刘易斯拐点的时候，我们看到了“民工荒”和大学生就业难并存的现象。可见，以劳动密集型产业为主的产业结构，是造成我国大学生就业难和“民工荒”问题同时存在的根本原因。换句话说，我国大学生就业难和“民工荒”的同时存在，是有着内在的紧密联系的，它们是同一个原因(以劳动密集型产业为主的产业结构)在不同劳动力市场上的反映，是一块硬币的两面。

这种产业结构特征，会使劳动力需求的分化在当前和未来一段时间持续存在。因为，经过这么多年发展和巩固起来的产业结构，很难在较短时间内得到自动的调整。而且，从刘易斯拐点到城乡经济一体化的过程中，农村劳动力的工资仍将低于城市劳动力，以吸收农村劳动力为主的劳动密集型产业也将在较长时间内继续存在下去。因此，在一定时间内，这种产业结构将进一步加剧农民工的短缺和大学毕业生的过剩。当然，农民工工资的上升，也会在一定程度上削弱劳动密集型产业的竞争力，但是这个因素会在多大程度上对我国产业结构调整起作用还很难说。但是，我们至少可以认为，在其他条件不变的情况下，大学生就业难和“民工荒”的现象将会在一定时间内持续存在，虽然不一定会加剧。

第二节　其他因素对劳动力市场结构性矛盾的影响

以劳动密集型产业为主的产业结构，是造成我国大学生就业难和“民工荒”现象最根本的和趋势性的因素。当然，除这个关键的因素以外，还有一些因素在起作用。

第一，高等教育扩招。自1999年高校第一次扩招，大学生人数开始大幅度增加。1999年，全国高校扩招了48%，其中，全国普通高校招生规模从1998年的108.4万人扩大到159.7万人。2000年全国普通高等教育招生220.6万人，2001年为268.3万人，2002年为320.5万人。从1999年至2009年，全国普通高等教育计划招生数的年平均增长率为14.7%，2009年为629万人。中国高等教育的毛入学率不断上升，至2008年秋季入学，中国普通高校的毛入学率已达23%，比1993年高出18个百分点。这样的扩招幅度实现了高等教育“平民化”，却大幅度削减了低端劳动力（以农民工为主体）的供给，增加了中端劳动力（即大学生）的供给，从而加速了大学生就业难和“民工荒”。

第二，专科教育落后。受我国传统观念以及民办“专科”和公办“本科”体制的影响，无论是企业还是学生自身，都对“专科生”有一定偏见。其结果，专科学校不注重教授专业技能，而成了“专升本”的跳板。于是，企业更不愿意招聘专科生，从而造成恶性循环，最终使整个社会“专科生”数量偏少而“本科生”数量偏多。而从劳动力需求来看，当前大量的劳动密集型产业除了对农民工有需求以外，还对大量拥有熟练技术的专科生有需求。如果我国劳动力市场上有大量具有专业技能的专科生，那么民工短缺可以由专科生来填补，而大学生过剩可以由专科生来分流。也就是说，在体力劳动者农民工和纯知识型大学生之间，我们很需要具有一定专业技能和一定知识的专科生，这种多元化的人力资本结构，有利于解决当前劳动力市场的结构性矛盾。

第三，户籍制度限制。我国户籍制度使得劳动力在地区之间流动成本很高。一方面，农民工去城市打工，各种福利、医疗、保险都得不到保障，这无疑降低了农民工进城打工的积极性。因此，在经济发展接近刘易斯拐点的时候，农民工短缺问题便会由于户籍制度变得更加突出。另一方面，大学毕业生由于户口问题，通常不愿意离开大城市。因为大城市各种福利、医疗、保险都跟户口有关。如果离开了大城市去小城市就业，则以后回到大城市基本不可能。这无疑加大了大学生初次就业选择的难度，出现大学生在大城市扎堆就业的现象，加剧了大学生就业难的结构性矛盾。

第三节 产业结构调整是解决劳动力市场结构性矛盾的根本

从以上两节可以看到，产业结构和其他一些因素，如高等教育扩招、户籍制度限制等，都会对我国劳动力市场的结构性矛盾产生影响。然而，需要强调的是，产业结构是造成大学生就业难和“民工荒”的根本原因。如果没有产业结构所起的作用，即使是高等教育扩招，也只会使劳动力市场在短期内出现大学生就业难，但不会出现大学生日趋过剩和农民工日趋短缺的现象。如果没有产业结构所起的作用，即使是户籍制度阻碍了劳动力的自由流动，也不会出现大学生日趋过剩和农民工日趋短缺的现象。相反，如果产业结构以劳动密集型产业为主，即使高等教育没有按照现在的速度扩张，大学毕业生就业也不会很容易，农民工短缺也迟早会出现；如果产业结构以劳动密集型产业为主，即使户籍制度是松动的，总量上的大学生就业难和“民工荒”也会最终出现。因此，产业结构是根本原因。解决大学生就业难和“民工荒”的根本出路则在于产业结构调整。

然而，我国现阶段的产业结构特征，本质上是我国劳动力资源禀赋、经济发展和市场作用的结果。从这个意义上来看，我国劳动力市场上对大学生需求相对较低和对农民工需求相对较高，是一种必然的结果。而且，随着我国大学生人数的增多和农民工出现短缺，我国劳动力资源禀赋也会发生变化，产业结构到时总会自然调整。因此，从自由主义的观点来看，我们不应该对这种市场化的结果进行干预。然而，从另外的角度来看，一方面，当前我国大学生无法就业和农民工短缺，无疑是对社会资源的巨大浪费；另一方面，产业结构调整相对于资源禀赋的变化可能会比较滞后和缓慢，而且从国家赶超战略来看，产业结构调整和升级也都是需要政府干预的。因此，以政府适度干预的方式来实现产业结构的调整和升级，能够在相对较短的时间内解决我国劳动力市场的结构性矛盾。

可见，要从根本上解决大学生就业难和“民工荒”的问题，必须要从政策上鼓励调整产业结构，促进产业结构升级。我国的产业结构必须迅速调整，从低端劳动力密集型的产业结构调整到中端劳动力密集型的产业结构，实现产业结构升级，同时也摆脱中端劳动力过剩、低端劳动力短缺的局面。“民工荒”与大学生就业难可以说是一块硬币的两面，都是劳动力供给与劳动力需求不相匹配的象征。我国现阶段产业结构亟待调整升级，应该更好地利用我国教育的成果——高文化素质的大学生劳动力，而不是仍然依靠劳动力无限供给条件下来自农村的廉价劳动力创造企业的利润。对比欧美等发达国家，我国的产业现状面临着包括质量、能耗在内的许多效率方面的问题。资源消耗大、技术含量低、附加值低的现象已经困扰了我国几十年，现在，我们有了高文化素质的劳动力，具备了进行产业结构升级的必要条件，从而有可能摆脱资源消耗大、技术含量低、附加值低的困局。因此部分产业应该尽快重组升级，提高效率，更好地运用人力资本的积累所带来的收益，改变资源配置上的无效率状态，为我国的经济增长贡献新的力量。

当然，缓解大学生就业难和“民工荒”的问题，还需要一些辅助性的措施。第一，高等教育扩招与产业结构调整协调发展。如果高等教育扩招的速度远远大于产业结构调整的速度，只会导致大学生就业压力变得越来越大，而农村劳动力的供给越来越少。因此，高等教育扩招应该与产业结构协调推进。第二，促进专科教育的发展。对于这个问题，可以通过开放教育市场，民间可以办“本科”，国家大量办“专科”，从而淡化“专科”的民办色彩，使专科教育步入正轨，吸引更多的青年学生真正通过专科教育学到相应的专业技能。第三，改革户籍制度，促进劳动力在地区间的流动。对于大学生来说，如果户籍制度取消或者松动，他们在初次选择工作时才不会一味追求在大城市和经济发达地区发展，因为他们以后回到大城市和经济发达地区工作的难度会小很多，从而初次就业更多地会考虑农村和西部地区。这样，大城市和经济发达地区的大学生就业压力便会小很多。对于农民工来说，户籍制度的松动，将使农民工能够更多地享有城市的各种福利、医疗、保险等保障,增加农民工到城市工作的意愿,使“民工荒”问题得到一定缓解。总的来说,户籍制度改革,将有利于增强人力资源在区域间的合理配置,提高整个社会的效率。

第四节 结 论

本章将大学生就业难和“民工荒”问题放在我国经济所处发展阶段这个大环境下来研究,指出了大学生就业难和“民工荒”之间的内在联系,并对其进行了统一的解释。具体来说,首先从我国经济所处的发展阶段出发,对我国产业结构特征及其形成的原因进行了分析。然后,分析了产业结构和其他一些因素对我国劳动力市场供求结构的影响,并指出了大学生就业难和“民工荒”现象之间的内在联系。最后,提出了相应的政策建议。主要结论是:(1) 我国经济发展阶段已经达到或通过了刘易斯拐点;(2) 我国当前经济发展阶段的产业结构仍然以劳动密集型产业为主;(3) 劳动密集型产业为主的产业结构,使得劳动力市场的需求结构发生分化:大学毕业生的需求相对较低,农村劳动力需求相对较高;(4) 大学生就业难和“民工荒”是我国产业结构特征在不同劳动力市场的反映,是同一块硬币的两面;(5) 解决我国劳动力市场结构性矛盾的根本出路是产业结构调整;(6) 其他因素,如高等教育扩招、专科教育落后、户籍制度限制等,也对我国劳动力市场的结构性矛盾产生影响。因此,我们可以采取相应的改进措施,来缓解我国劳动力市场的结构性矛盾。

第 十 章

中国经济增长方式的转换[①]

转换经济增长方式是我国今后一段时期内的主要任务之一。毫无疑问,转换经济增长方式对我国经济的可持续发展有着极其重要的意义。而国际上也有许多学者研究过这一问题。早在 1971 年,西蒙 · 库兹涅茨就在其著作《各国经济的增长》中比较研究了发达国家经济增长的数量特征,得出了许多重要的经验结论。后来,H. 钱纳里(1986)运用投入—产出分析方法、一般均衡理论和经济计量模型,通过多种形式的比较,考察了二战后工业化和准工业化国家的发展历程。在我国当代学者中,高峰(2006)在其著作中比较了中国工业化与西方资本主义国家工业化过程的共同点和区别。而郭金龙(2000)、田春生等(2002)则分别在各自的书中介绍了西欧发达国家、苏东国家、东亚国家和拉美国家经济发展的历程,然后对这些国家的经济增长方式从各方面进行了比较。类似地,葛霖生(2000)从经济发展战略、产业政策、科学技术、教育以及企业规模五个方面比较了中外十国的经济增长方式,周建(2002)从四个方面对美日的经济增长方式进行了比较研究,并对我国经济增长方式进行了实证分析。另外,尹贤淑(2003)研究了韩国的经济增长方式转变,戚文海(2002)研究了俄罗斯十年转轨时期的经济增长方式,罗莹(2002)研究了德国经济增长方式的转变,这些研究都对研究我国和其他国家经济增长方式的比较有借鉴意义。

改革开放以来,我国经济一直呈现出快速稳定的增长态势。然而,在高速

---

① 本章系根据以下论文改写:林毅夫、苏剑,"论我国经济增长方式的转换",《管理世界》2007 年第 11 期。

增长的背后，我们也清楚地看到了我国经济发展中呈现出的一系列问题，如资源浪费、环境污染、效率低下等。为此，中共中央在《关于制定国民经济和社会发展"九五"计划和2010年远景目标的建议》中明确提出了"转变经济增长方式"的口号，经济增长方式及其转变问题受到了学术界的普遍关注。事实上，关于经济增长方式问题的讨论并不仅限于当今中国，此前国内外许多学者对此都有过一些研究。本章我们就讨论中国经济增长方式的转换问题。

第一节　经济增长方式的概念及分类

"经济增长方式"这个词在西方经济学文献中出现较少，只是前苏联和中国的学者提得比较多。尽管如此，在伴随各种经济增长理论出现的同时，人们却在潜移默化中使用了这一概念。不同的经济增长理论，从古典的重商主义、重农主义、亚当·斯密、李嘉图等，到哈罗德-多马模型、索洛增长模型等新古典增长理论，再到后来的人力资本理论、内生增长理论、结构主义理论、制度学派的增长理论以及马克思的经济增长理论等，实质上指出了经济增长的不同"方式"、"途径"或者说"来源"，加深了人们对"经济增长方式"这个概念的认识。

正是基于对经济增长的认识，国内外许多学者在实践中开始运用"经济增长方式"这一概念，并且对"经济增长方式"的概念和分类提出了自己的理解。"经济增长方式"作为一个正式的概念被提出，最早是在20世纪60年代。当时，为了说明前苏联的工农业生产总值增长很快，但其技术水平和人民生活水平却落后于西方发达国家的原因，前苏联的经济学家根据马克思在《资本论》第2卷中关于扩大再生产的两种形式的论述，提出了"经济增长方式"这个概念。他们把增长方式分为两种：一种是把靠增加自然资源、资本和劳动等要素投入实现的增长，叫做外延增长（粗放增长）；一种是把靠提高效率实现的增长叫做内涵增长（集约增长）（吴敬琏，2005，第11页）。此后，国内外许多学者开始使用或近似使用这一概念。

在西方学者中，美国经济学家E. A. 休伊特（1988）将"经济增长方式"表述为"patterns of growth"（第69—71页）。R. W. 坎佩尔（1974，第158—160页）则将这一概念称作"models of development strategy"。匈牙利经济学家J. 科尔内（1992，第69—78页）使用"method of growth"表示"经济增长方式"，并用西方经济学的概念把生产要素与产出之间的关系分为两类:要素投入增加对增产的效应和要素生产率提高对增产的效应,他认为这种区分与苏联学者的区分含义相同,"要素增加等于外延方式,要素生产率提高则与内涵方式相当"。H. 钱纳里等(1986,第22页)在其著作中使用了"经济增长方式"这一概念,并且也对其进行了分类,"关于经济增长方式存在着两种不同的观点。新古典的传统观点认为,国民生产总值(GNP)增长是资本积累、劳动力增加和技术变化长期作用的结果……第二种更为广泛的观点认为,经济增长是生产结构转变的一个方面……"。

在我国,许多学者对"经济增长方式"这一概念下了定义,并做了相关解释。田春生等(2002,第6页)认为"经济增长方式指的就是生产要素的组合及其利用的方式,或者经济增长过程中生产要素投入与要素生产率提高的构成方式。生产要素的组合、使用的方式,决定着生产力系统的效率与发展状况"。刘国光等(2001,第2页)认为"所谓的经济增长方式主要是指以何种要素利用方式实现经济增长",并且严格区分了内涵扩大再生产和外延扩大再生产与集约型经济增长和粗放型经济增长这两组概念,"内涵与外延是以劳动生产率变化为衡量标准的,而集约与粗放是以全要素生产率变化为衡量标准的。只有劳动生产率的提高与全要素生产率的提高具有一致性的时候,内涵与集约、外延与粗放才是一致的"。其他学者对于经济增长方式的定义都大同小异,只是论述的角度和层面有所不同,如周振亚(1996)指出增长方式是指一国实现经济增长所依赖的增长源泉的构成。另外,在经济增长方式的分类上,郭金龙(2000,第36—38页)似乎分析得更加全面:从扩大再生产角度,分为粗放型和集约型;从经济增长过程的特点角度,分为数量型和质量型;从结构变动角度,分为产值型和结构性;从经济增长的源泉角度,分为投入驱动型和效率驱动型。

以上学者们对于经济增长方式的理解虽然有些差异,但是他们大体上都认为经济增长方式分为两种,即要素投入的增加和要素生产率的提高。而对于经济增长方式的具体问题,他们又有许多不同的观点,例如对于如何提高全要素生产率这一问题分歧较大。但是,可以肯定的是,凡是对于经济增长方式的讨论都是从这两个大的方面来进行的。

第二节　经济增长方式的衡量标准

一、我国学术界的现有观点

从前面的讨论我们知道，经济增长方式可以粗略地分为两种：要素投入的增加和要素生产率的提高。但是，从精确的角度来看，经济增长方式又是多种多样的。因此，经济增长方式及其转变的衡量指标可以分为“粗略的”和“精确的”两种。

“粗略的”指标，也就是要衡量经济增长方式到底是“粗放型”还是“集约型”。张景晨(1998)在这方面概括得比较全面，他认为这方面的衡量主要有两种方法：一种是比较要素投入对经济增长的贡献率与全要素生产率对经济增长贡献率的大小。如果全要素生产率对经济增长贡献率大于50%，则经济增长方式为集约型；反之，则为粗放型。另一种是比较投入增长率、产出增长率和生产率增长率的关系，如果投入增长率大于产出增长率，即生产率增长率小于零时，则为粗放型，而且生产率增长率越低，则粗放程度越高；反之，则为集约型。对此，其他学者大多采用张景晨所说的第一种衡量方法。高峰(2006，第15—16页)也认为全要素生产率对经济增长的贡献率低于50%基本上可以认为是粗放型的经济增长方式。此外，为了定量分析经济增长的粗放或集约程度，高志英等(2000)提出了粗放度的概念，“所谓粗放度是指要素投入增长率的贡献率与经济增长率的比值”，并根据粗放度大小，区分了低度粗放型、中度粗放型、高度粗放型和超高度粗放型四种粗放形式。同样，田鸷(1999)也同样运用了定量分析方法，他把经济增长率分解为有形生产要素投入的增长率加上有形要素使用效率的增长率两个部分。并且，当经济增长主要由有形生产要素投入增长率决定时，经济增长方式为粗放型，反之则为集约型。

“精确的”指标则包括一系列的指标来衡量经济增长方式的具体形式。郭金龙(2000，第35—36页)认为，衡量经济增长方式的指标可以分为三个方面：一是反映经济增长效率的指标，如全要素生产率对经济增长的贡献率、劳动生产率、能耗指标等；二是反映经济结构及其变动的指标，如产业结构、劳动力结构、地区经济结构、所有制结构等；三是反映经济增长运行质量的指标，如通货膨胀率、环境污染指标等。而曾祥效(2007)对此也给出自己的标准,他从经济增长的效率和效益、结构和质量以及开放程度方面给出了衡量经济增长方式的10个指标。此外,刘现军等(1999)对经济增长方式的衡量给出更加复杂的指标体系。

二、我们的观点

一个经济的增长,只可能有两个来源,即生产率的提高和要素的积累。所谓"经济增长方式",指的就是一个经济在实现经济增长时生产率提高和要素积累的贡献的相对大小。吴敬琏依照前苏联的政治经济学的思路指出,"所谓经济增长方式,就是指推动经济增长的各种生产要素投入及其组合的方式,其实质是依赖什么要素,借助什么手段,通过什么途径,怎样实现经济增长"(吴敬琏等,2005)。对于这个定义,我国学术界基本上没有分歧。按照这种思路,经济增长方式一般被分为两类,一类是靠增加自然资源、资本和劳动等的投入所实现的增长;一类是靠提高生产效率实现的增长(吴敬琏,2005,第12页)。问题在于,即使在前现代社会,经济的增长通常也是由生产率的提高和要素的积累两方面的因素同时作用才得以实现的。① 既然如此,这两种增长方式的划分标准是什么?对于这个问题,实际上没有一个清晰的标准,但只要我们对一个经济的增长中生产率提高的相对贡献能够进行定量测定,我们至少可以对一个经济不同时期的增长方式或同一时期不同经济的增长方式的集约化程度进行比较。

那么,如何定量地测量经济增长中生产率提高和要素投入的贡献呢?我们认为,西方宏观经济学的经济增长核算技巧为我们提供了一个有用的分析工具。按照西方宏观经济学的经济增长核算方法,一个经济的增长可以按照如下公式进行分解来找到经济增长的源泉:

$$\frac{\Delta Y}{Y}=\frac{\Delta A}{A}+\alpha_K\frac{\Delta K}{K}+\alpha_L\frac{\Delta L}{L}+(1-\alpha_K-\alpha_L)\frac{\Delta R}{R} \qquad (10.1)$$

其中,$\frac{\Delta Y}{Y}$表示总产出的增长率,$\frac{\Delta A}{A}$表示全要素生产率的增长率,$\frac{\Delta K}{K}$表示资本的

① 限于篇幅和作者的精力,本章就不一一列举,只考虑一些有代表性的观点。

增长率，$\frac{\Delta L}{L}$表示劳动投入的增长率，$\frac{\Delta R}{R}$表示土地投入（包括地皮、能源、水和其他自然资源，下同）的增长率，α_K 表示资本收入占总收入的份额，α_L 表示劳动收入占总收入的份额。显然，公式（10.1）是根据包括三种投入品的生产函数推导出来的。那就是说，一个经济在某一时期的增长有四个来源，一是生产率水平的提高，二是资本的积累，三是劳动投入的增加，四是土地投入的增加。其中生产率水平的提高对经济增长的贡献是一比一的，即生产率水平每提高 1%，经济也增长 1%；而资本积累、劳动投入和土地的增加对经济增长的贡献要小于三种要素各自的增长率，三种要素对经济增长的贡献取决于三者各自的收入占总收入的比例。

因此，根据公式（10.1），我们可用全要素生产率和各要素投入变动对经济增长的贡献率（即全要素生产率以及各要素的增长对经济增长的贡献与经济增长率之比，$\frac{\Delta A}{A}\Big/\frac{\Delta Y}{Y}$以及 $\alpha_K\frac{\Delta K}{K}\Big/\frac{\Delta Y}{Y}$等）来衡量一个经济在某一特定时期的经济增长方式。因此，按照这四种因素的变动对经济增长的贡献率的相对大小，我们可把经济增长方式分为全要素生产率增进型（下简称“TFP 增进型”）的经济增长、资本密集型经济增长、劳动密集型经济增长和土地（或自然资源）密集型经济增长四类，后三类可以统称为“要素积累型增长方式”。显然，这种分类方式与我国学术界目前对经济增长方式的划分方法有所不同。如前所述，我国学术界目前把经济增长方式划分为两类，即以全要素生产率的提高为主的所谓“集约型”增长方式和以增加要素投入为主的所谓“粗放型”增长方式。我们认为，这种分类方式是不合适的，因为它不能区分所谓“粗放型”增长方式中各种要素投入的变动对经济增长的相对贡献，也就是分类太粗糙。因为一个经济的要素投入的增加不可能是完全同比例的。另外，这两个术语本身给人一个先入之见，那就是“集约型”增长方式优于“粗放型”增长方式，或者说以全要素生产率的提高为主的增长方式优于以增加要素投入为主的增长方式。如下文所述，我们不同意这种观点。在我们看来，只要能够实现成本最小化，以增加要素投入为主的增长方式完全可以是一个经济的理想增长方式。对于在自主研发方面不具有比较优势的发展中国家而言，以自主研发为特征的生产率提高的方式成本非常之高，因此，对于发展中国家而言，以增加要素投入为主的增长方式完全可能是成本最小的增长方式。所以,我们不采用对经济增长方式的这种分类方法。在本文中,我们把"集约型"增长方式称为"TFP 增进型"增长方式,而把"粗放型"增长方式称之为"要素积累型"增长方式,以避免这种先入之见。根据经济增长中各要素贡献的相对大小,我们把"要素积累型"增长方式又分为劳动密集型增长方式、资本密集型增长方式和土地密集型增长方式三大类。

需要说明的是,我们对经济增长方式的这种新的分类方法很可能低估了技术进步的贡献。人们一般认为,全要素生产率代表技术水平①,因此,在公式(10.1)中,全要素生产率的增长对经济增长的贡献率$\frac{\Delta A}{A}\Big/\frac{\Delta Y}{Y}$就被认为是代表了技术进步的贡献。不过,虽然生产率的增长主要来源于技术进步,但技术进步又有两个来源,一是自主研发,一是技术引进。技术引进往往与引进先进设备等联系在一起,因此,如果技术进步是以技术引进的方式进行的,在公式(10.1)中就反映为资本的增长,而不是全要素生产率的增长。而自主研发主要体现为生产率的增长。因此,在公式(10.1)中,全要素生产率的增长反映的仅仅是由自主研发导致的技术进步,不代表技术引进导致的技术进步。所以,如果用全要素生产率对经济增长的贡献率来衡量技术进步的贡献,就会低估技术进步对经济增长的贡献。没有全要素生产率的增长并不代表没有技术进步,如果技术进步靠自主研发,根据上述方法得到的结果中就会有全要素生产率的增长,如果技术进步靠技术引进就不会有,到底何者较好,应该决定于成本。

第三节 国内外关于我国经济增长方式转换的观点

前面已经介绍了有关经济增长方式的概念、分类以及衡量标准等方面的文献。下面介绍有关我国经济增长方式转换方面的文献。对此,本章将分为三个方面来进行:第一,我国经济增长方式的现状及其转换的目标;第二,我国经济增长方式转换的限制条件;第三,我国经济增长方式转换的思路和政策。

---

① 实际上,对于转轨国家而言,制度变迁也是生产率增长的主要来源之一,但由于我国学术界在讨论经济增长方式时主要关注技术进步,而且在下文考虑的其他国家中制度变迁并不重要,所以本章只考虑技术进步对生产率增长的影响。

一、我国经济增长方式的现状及其转换的目标

要讨论我国经济增长方式转变问题,首先需要讨论中国经济增长方式的现状问题。刘国光等(2001,第6页)认为我国经济增长方式存在三方面问题,一是全要素生产率虽然较高,但要素生产率基础过低;二是结构性矛盾突出,浪费惊人;三是经济增长的环境成本极大。郭金龙(2000,第99—108页)也认为中国经济增长方式存在技术进步对经济增长贡献率低、经济效益低、资源配置效率低、经济运行质量低等问题。其他学者对于中国经济增长方式的现状均持有相同或相似的观点。归纳起来,就是我国的经济增长方式是粗放型(外延式)的。

在充分了解中国当前经济增长方式的现状后,我们不难得出这些学者心目中的我国经济增长方式转换的目标。简单说来,就是实现经济增长方式从粗放型(外延式)到集约型(内涵式)的转化。我们仍然可以参看刘国光等(2001,第8页)的观点,"从定性的角度看,转变经济增长方式的目标可以描述为:经济持续稳定快速增长,对非再生性资源的依赖程度日益降低,生态环境由被破坏逐步转为不断改善,劳动生产率日益上升,产业结构不断优化升级……用定量的标准来衡量,经济增长方式转变应体现为全要素生产率不断稳步提高"。

二、我国经济增长方式转换的限制条件

转变经济增长方式并不是一个简单的过程,而是会有很多制约因素,并且要付出相应的成本。郭金龙(2000,第118—125页)从比较概括的角度归纳了制约我国经济增长方式转变的因素:经济发展阶段制约、经济体制制约以及基本国情等因素制约。刘国光等(2001,第11—12页)则认为就业与集约型经济的矛盾、创新能力不足、资金短缺、二元结构等是主要制约因素。于治国(2007)则强调制约因素是内外两方面的,其中外部因素主要是对外资技术外溢的依赖以及国际贸易自由化带来的比较优势问题。此外,杨克斯等(2007)指出了制约因素还有资源禀赋以及人口素质和观念等。

三、我国经济增长方式转换的思路和政策

关于经济增长方式转换的思路及政策的文献非常多,并且这些文献对于思考我国经济增长方式的转换问题都很有借鉴意义。在这些文献当中,吴敬琏

(2005,第141—185页)、郭金龙(2000,第239—272页)和刘国光等(2001,第65—99页)对这个问题从不同角度进行了较为全面的论述。下面,本章将综合他们的观点,然后以这些观点为线索来介绍其他学者对中国经济增长方式转变的思路和政策的看法。

1. 经济体制

在经济体制改革方面,刘国光等(2001)认为,经济体制改革要解决资源优化配置以及建立有效的激励机制和约束机制这两个问题。吴敬琏(2005)则认为传统的经济增长方式之所以不断重复,根源在于现行经济体制。他从技术进步、服务业和信息化等方面讨论了经济体制的“破”和“立”的问题,并主张完善我国所有制结构等问题。在这最后一点上,贾彧(2006)也强调要完善企业产权、生产要素产权制度,明晰环境资源产权。另外,郭金龙(2000)提出要建立开放、竞争的市场体系,改革价格体制。王一鸣(2007)认为转变经济增长方式的核心是培育市场功能、改革资源价格形成机制、深化投资体制改革等。

2. 产业结构

刘国光等(2001)提出,产业结构变化的根本原因在于技术进步,产业结构本身的变化就意味着经济从粗放型向集约型转变。要改变产业结构,就要从制度和工业化发展根本战略上入手。郭金龙(2000)则认为要实现我国产业结构的调整与升级,既要发挥市场机制的作用,又要靠政府制定相应的政策,如支持高新技术的开发和产业化、使用产业调整援助政策等。在产业政策方面,许多学者还强调了服务业对于转变经济增长方式的促进作用。吴敬琏(2005)认为,大力发展服务业特别是生产性服务业,能够为市场交易提供基础设施、降低交易成本,从而促进经济增长方式的转变。陈保启等(2006)认为生产性服务能够引导技术进步进入生产过程、促进社会分工、影响技术创新的方向,所以发展生产性服务业是转变经济增长方式的有效途径。

3. 技术进步

郭金龙(2000)认为,要促进技术进步,必须加大科技投入,建立以企业为主体的技术进步机制,并大力发展教育,提高劳动者素质。吴敬琏则从体制方面论述了科学研究、技术创新和教育等方面应该进行的体制改革,认为科研体制要消除行政化、官本位、等级制度等积习,建立现代市场经济体制,为技术创新提供激励。

4. 政府和财政

吴敬琏(2005)认为转变经济增长方式最终取决于政府自身改革,他主张限制政府权力,建设有限政府,从而有利于经济效率的提高。同时,政府职能的转变需要国家财政顺应这一转变,规范财政支出范围,加大公共服务支出等。刘国光等(2001)说明了财政的分配和管理活动会关系到人们的物质利益,能够左右人们的经济行为,产生总量效应和结构效应。黄晓鹏(2006)指出资源短缺、资源低价格和低效利用是由政府价格管制造成的,粗放型增长方式是由政府制度安排造成的,因此改变增长方式根本上要求政府制度变迁。此外,龚刚等(2007)提出财政政策目标应该从需求管理转向供给推动,这样更有利于经济增长方式的转变。

5. 其他方面

影响经济增长方式转变的因素以及政策选择还有很多。朱启铭(2006)提到了金融改革的问题,刘兴革(2006)、徐辉等(2003)提到了信息化的问题。张卓元(2007)、张洁等(2007)提到了发展循环经济、节能减排的问题,杨云(2006)等提到了人力资源开发问题。关于经济增长方式转变的文献还包括利用外资、国际贸易、区域经济布局等方面的政策建议,这里就不一一列举。

第四节　我国的目标增长方式应该是什么?

要分析经济增长方式的转变,首先得明确一个经济的目标增长方式是什么,也就是说,如果要转的话,要往哪儿转,要转成什么样的增长方式?

就这一问题,我国学术界基本上没有分歧。大家普遍认为,我国的经济增长方式是粗放型(外延式)的(有代表性的论述如刘国光等(2001),郭金龙(2000),吴敬琏(2005)),基本观点是中国的经济增长方式存在着技术进步对经济增长贡献率低、经济效益低、资源配置效率低、经济运行质量低等问题。

依据这样的判断,我国学术界和政界的主流观点就是,我国经济增长方式转换的目标就是实现经济增长方式从粗放型(外延式)到集约型(内涵式)的转化。比如,刘国光等(2001)指出,“从定性的角度看,转变经济增长方式的目标可以描述为:经济持续稳定快速增长,对非再生性资源的依赖程度日益降低,生态环境由被破坏逐步转为不断改善,劳动生产率日益上升,产业结构不断优化升级……用定量的标准来衡量，经济增长方式转变应体现为全要素生产率不断稳步提高（第8页）”。党和政府的官方文件中也表示了同样的观点。比如，早在1987年，党的十三大报告就提出了“注重效益、提高质量、协调发展、稳定增长的战略。这个战略的基本要求是……从粗放经营为主逐步转上集约经营为主的轨道”。

作者认为，上述观点是不对的。为了回答这个问题，我们首先得弄清楚的是，一国的经济增长方式是由什么因素决定的。经济增长是由企业实现的，而企业是在一定的宏观经济环境中生产的，这个宏观经济环境的最根本特征就是要素价格体系。企业的决策规则是在生产给定产出的前提下，根据要素的相对价格来选择要素投入组合以实现成本最小化。因此，企业面对的相对要素价格体系就决定了企业选择的要素投入组合，因而也就最终决定了整个宏观经济的增长方式。因此，有什么样的要素价格体系，就有什么样的经济增长方式。

然而，使得企业成本最小化的增长方式未必同时使得整个经济的生产成本实现最小化。企业是在一定的要素价格体系下来进行最优化的，对于企业来说，这个要素价格体系是外生的，任何一个单个的企业都无力影响它。然而，对于整个宏观经济来说，要素价格体系却是可以调节的，政府可以根据自己的需要调节要素的相对价格，比如说可以通过货币政策调节利率，可以通过财政政策、行政手段或法律手段调节工资水平、利率水平、自然资源和能源的价格等。随着要素价格体系的变化，企业选择的经济增长方式也会变化，相应的企业的最低生产成本也不同。因此，就存在一个最优的要素价格体系，在此价格体系下，整个经济的生产成本达到了最小化。而此时的经济增长方式我们就称之为“最优经济增长方式”，即使得整个经济的生产成本达到最小化的经济增长方式。

那么，这个最优的要素价格体系又是由什么因素决定的呢？一国的最优要素相对价格决定于该国的要素禀赋结构。一个国家某种要素越丰裕，它的相对价格就越低；而越稀缺的要素其相对价格就越高。这个原则在开放经济下适用，在封闭经济下同样适用。

生产要素一般可分三种：劳动、资本和土地，这三种要素如何进行组合以从事生产则靠技术。一个企业要获取这三种要素和技术，都要付出一定的成本。一国的最优经济增长方式就取决于这三种要素以及技术进步的相对价格。因此，一国的最优经济增长方式既可能是要素积累型（即所谓的“粗放型”）的，也可能是TFP增进型（即所谓的“集约型”）的；一国究竟应该采用要素积累型还是TFP增进型增长方式，关键看要素积累和技术进步的相对价格。

技术的本质是组合劳动、资本以及土地以进行生产的一种知识，知识本身很难进行计量，因此，在进行经济增长核算时通常只衡量劳动、资本、土地的投入量，而把式(10.1)中不能用这三种要素的增加来解释的产量增加的剩余量，也就是所谓的全要素生产率，作为技术进步或生产率水平提高的量。

对发达国家而言，技术进步的取得只能来自于自主研发，而发展中国家既可以靠自主研发，也可以靠引进技术来获得技术进步。通常，自主研发需要很高的经费投入而且风险很大，而以引进的方式来取得技术进步的成本和风险都较低。不过，引进的技术一般包含在所购买的技术设备里，在进行经济增长核算时会表现为资本的增加，而不是索洛剩余量的增加，也就是不表现为生产率增进型的经济增长。相反，如果以自主研发来取得技术进步，研发的成本不被包括在经济增长核算中，所以，自主研发所获得的技术进步就会表现为经济核算中的索洛剩余值，也就是全要素生产率的增长（林毅夫、任若恩，2006）。

对于发展中国家而言，以自主研发来取得技术进步的成本很高，因此，一般采用的是以增加要素投入或引进技术的方式为主的经济增长方式，在经济增长核算中就表现为要素积累型增长方式。对于发达国家来说，资金和资本较为丰富，承担风险的能力较强，而且，自己不研发就不能取得技术进步，因此，通常会通过自主研发来取得技术进步，所以，表现为全要素生产率增进型的增长方式的可能性更大。这种观点的一个推论是，如果我们考察一个经济在某一段时期的经济增长，那么在此一段时期内该经济TFP的增长对经济增长的贡献率与经济的期初人均GDP之间就应该呈正相关关系。这也是本章观点的一个可以应用经济计量方法予以检验的假设。因为数据的可获得性不是很好，我们在此也仅能做一个简单的检验。

表10.1为不同国家和地区经济增长方式的比较。图10.1为TFP的增长对经济增长的贡献率与经济的期初人均GDP之间的相关关系。期初GDP数据来自安格斯·麦迪森(2003)，已经按购买力平价法进行了汇率调整，并以1990年为基期进行了价格调整。

表 10.1 不同国家和地区经济增长方式的比较

样本	国家/地区	时期	经济增长率(%)	TFP增长率(%)	TFP贡献率(%)	期初人均GDP[a]	增长数据来源	期初人均GDP数据来源:安格斯·麦迪森(2003)
1	美国	1949—1998	7.22	0.97	13.4	9 561	Kohli (2003)	第 277 页
2	法国	1980—1990	2.4	1.4	58.3	15 103	Timmer, Ypma and Ark (2003)	第 274 页
3	德国	1980—1990	2.2	1.5	68.2	14 113	Timmer, Ypma and Ark (2003)	第 274 页
4	日本	1960—1979	8.3	5.0	60.2	3 988	乔根森(2001)	第 302 页
5	英国	1980—1990	2.7	1.2	44.4	12 928	Timmer, Ypma and Ark (2003)	第 275 页
6	中国香港	1966—1991	7.3	2.3	31.5	4 865	Young (1995)	第 303 页
7	新加坡	1966—1990	8.7	0.2	2.3	2 892	Young (1995)	第 303 页
8	韩国	1966—1990	10.3	1.7	16.5	1 415	Young (1995)	第 302 页
9	中国台湾	1966—1990	9.4	2.9	30.9	2 212	Young (1995)	第 302 页

注:[a] 期初人均 GDP 以按照购买力平价转换系数估计的 1990 年国际元计算。

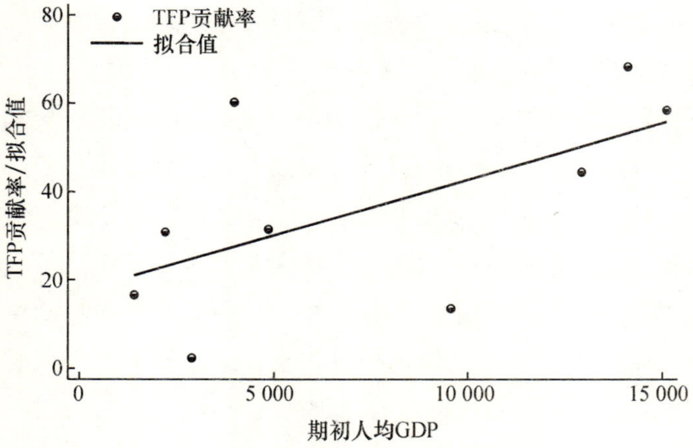

图 10.1 经济增长方式与期初人均 GDP 的关系

图 10.1 中,纵轴为 TFP 的增长对经济增长的贡献率,横轴为相应经济的期初人均 GDP。从图中可以明显看出二者之间的一个正向相关关系。用表 10.1 中 TFP 的增进对经济增长的贡献率对期初人均 GDP 回归,可以得到以下结果:

$$\text{一国在某一时期经济增长中 TFP 的贡献率} = \underset{(1.50)}{17.32} + \underset{(1.99)}{0.0025333} \times \text{该国的期初人均 GDP}$$

$n=9, F(1,7)=3.98$,调整 $R^2=0.2712$。

期初人均 GDP 的系数(系数下的括号内为 t 值)是正的且显著地大于零。因此与我们的估计是一致的。该结果表明,期初人均收入每增加 1 000 美元,经济增长中 TFP 的贡献率平均来说就会提高大约 2.5 个百分点。

Young (1995)分析了中国台湾、中国香港、新加坡和韩国(所谓的亚洲“四小龙”)从 20 世纪 60 年代到 90 年代初经济增长的源泉,他发现这四个经济体的经济增长中 TFP 增长的贡献非常小,即所谓“亚洲无奇迹”。也就是说,这四个经济体所表现出来的经济增长方式实际上都是要素积累型的。这不难理解。这四个经济体在开始时都处于不发达阶段,靠自主研发取得技术进步的成本相对高,因此其最优增长方式就是以增加投入和以引进技术为主的要素积累型经济增长方式。

因此,要素积累型增长方式未必就是无效率的或低效率的增长方式。问题的关键在于经济增长是否实现了成本最小化。如果实现了成本最小化,那么即便在增长核算中表现为要素积累型增长也是最优的,也是符合经济的长远利益的;如果没有实现成本最小化,经济增长表现出来的 TFP 贡献率即使很高,这种增长的可持续程度也可能很低,因此对于长期增长来说越有害。我国目前正处于发展中阶段,与亚洲“四小龙”的早期发展一样,要素成本以及靠引进技术比靠自主研发取得技术进步的成本都较低,因此,我国现阶段的最优增长方式也应是相对要素积累型的,而非是 TFP 增进型的。

就我国的情况而言,与资本和土地(自然资源)相比,我国的劳动力比较丰裕,因此劳动力的相对价格应该较低,因此,我国在实现经济增长时,应当尽可能多地使用劳动,而非资本和自然资源。因此,总体而言,我国现阶段的最优经济增长方式或目标增长方式就应该是劳动力相对密集的要素积累型增长方式。

第五节 我国最近三十年经济增长方式的特征是什么?

到目前为止,关于我国最近几十年中经济增长因素分析的研究已经有许多。其中有许多只报告了 TFP 对经济增长的贡献,没有报告资本和劳动的贡献。因为本章研究的是我国经济增长方式的转换问题,所以为了看清楚我国的经济增长方式,我们只考虑那些既报告 TFP 对经济增长的贡献,也报告资本和劳动的贡献的文献。下表总结了这些文献的结果。

表 10.2 表明,TFP 对中国经济增长的贡献率从来都没有高过 28%,而资本的贡献率基本上大于 50%。Gapinski (2001)估计出的劳动贡献率大于资本贡献率,对这一结果我们表示怀疑。因为 Chow and Lin (2002)根据 1978—1998 年的数据估计的资本贡献率为 66%,而 1971—1978 年我国正处于完全的计划经济状态,当时我国采用的是赶超战略,资本对该期间经济增长的贡献率应高于 1978—1998 年的情形;即使 1971—1978 年这 8 年间劳动贡献率大于资本贡献率,要大到把 1978—1998 年这 20 年的情形给逆转过来,也是不可思议的事情。我们怀疑 Gapinski (2001)用的数据可能不准确。总体来说,我们可以得出如下结论:我国近二十多年来的经济增长主要是由资本的增长推动的,其次是 TFP 的增长,劳动的贡献最小。

表 10.2 我国的经济增长方式

时期	经济增长率(%)	TFP 增长率(%)	劳动份额	资本份额	人力资本份额	TFP 贡献率(%)	劳动贡献率(%)	资本贡献率(%)	人力资本贡献率(%)	资料来源
1978—1998	9.3	2.60	0.53	6.17	—	27.96	5.70	66.34	—	Chow and Lin (2002)
1979—1999	8.3	1.46	0.81	5.10	0.93	17.59	9.76	61.45	11.2	王小鲁(2000)
1978—1999	9.46	2.40	1.50	4.51	1.04	25.4	15.9	47.7	11.0	Wang and Yao (2003)
1971—1998	7.9	1.87	3.48	2.55	—	23.67	44.05	32.28	—	Gapinski (2001)

在上述文献中,都没有谈到土地对经济增长的贡献。在经济学中,土地还包

括能源、水、原材料、矿产等。本章不打算估计土地对我国经济增长的贡献。在这里，我们根据我国生产过程中自然资源的消耗来就土地对经济增长的贡献作一个定性的判断。首先看能源消耗。表10.3为我国与其他国家单位GDP能耗的国际比较。

表10.3　我国与其他国家单位GDP能耗的国际比较

国家	GDP（亿美元）		一次能源消费量（百万吨标油）		单位GDP能耗（吨标油/万美元）		单位GDP能耗比率（中国/外国）	
	2002年	2003年	2002年	2003年	2002年	2003年	2002年	2003年
中国	12 100	13 200	1 035.7	1 178.3	8.56	8.93	1.00	1.00
印度	5 170	5 590	338.0	345.3	6.54	6.18	1.31	1.45
韩国	7 120	7 330	205.0	212.0	2.88	2.89	2.97	3.09
日本	57 300	58 800	506.6	504.8	0.88	0.86	9.68	10.40
俄罗斯	4 720	5 060	646.6	670.8	13.70	13.26	0.62	0.67
德国	27 100	27 100	330.0	332.2	1.22	1.23	7.03	7.28
法国	18 300	18 300	256.5	260.6	1.40	1.42	6.11	6.27
英国	13 600	13 900	222.1	223.2	1.63	1.61	5.24	5.56
意大利	12 300	12 400	176.8	181.9	1.44	1.47	5.95	6.09
加拿大	7 410	7 540	289.0	291.4	3.90	3.86	2.19	2.31
美国	92 000	94 600	2 296.7	2 297.8	2.50	2.43	3.43	3.68
世界	**354 000**	**363 000**	**9 464.5**	**9 741.1**	**2.67**	**2.68**	**3.20**	**3.33**

资料来源：中国科学院可持续发展战略研究组（2006）表2.8。
注：GDP数值基于1995年美元不变价。

从表10.3可以看出，我国生产过程中的能耗是非常惊人的。我国单位GDP的能耗是日本的10倍，德国的7倍，甚至比印度还高出31%—45%。

我国其他自然资源的消耗量也极其巨大。2004年，在十届全国人大二次会议记者招待会上，国家发改委主要负责人指出，“虽然去年（2003）我国取得了9.1%的高增长速度，但付出的代价也相当大。中国的GDP占世界4%，却消耗了相当于全球总产量30%的主要能源和原材料，其中石油为7.4%，原煤为31%，钢材为27%，氧化铝为25%，水泥为40%。带来煤、电、油、运的全面紧张和资源约束的加剧”（转引自张书芬，2006）。

表10.4给出了2003年我国与世界其他主要国家和地区每万美元GDP所消耗的资源量。从表10.4中可以看到，中国对石油、水、钢材、水泥、有色金属等资源的消耗居于世界前列，不仅远远高于其他发达国家和地区，而且还远大

于世界平均水平。生产 1 万美元的 GDP，中国需消耗的石油、水、钢材和水泥是世界平均水平的 3 倍、4 倍、6.8 倍和 11.6 倍。

表 10.4 每万美元 GDP 所消耗资源的国际比较(2003)

	石油(千克石油当量)	水(立方米)	钢材(千克)	水泥(吨)	有色金属(千克)
中国内地	8 500	3 710	1 639.9	5 716.3	81.9
美国	2 100	430	91.8	98.2	9.8
法国	1 480	180	85.6	117.8	10.4
德国	1 380	190	140.2	124.4	16.6
日本	1 170	210	170.7	187.2	9.8
英国	1 260	70	67.5	115.3	6.1
中国香港	1 330	na	253.7	na	3.0
新加坡	4 240	20	317.2	394.3	10.7
韩国	3 500	390	756.6	963.2	46.1
世界平均	2 720	920	242	492.5	na

资料来源：中国科学院可持续发展战略研究组，《2006 中国可持续发展战略报告》，科学出版社，2006 年版，第 284—307 页(na 表示无法获得数据)。

综上所述，我国最近几十年来经济增长方式呈现如下特点：(1) 以要素投入为主，即要素积累型增长；(2) 而要素投入又以资本和土地的投入为主。而如上所述，我国资源禀赋的结构决定了我国较合适的经济增长方式为以劳动投入为主的要素积累型增长。因此，我国目前的增长方式与我国资源禀赋的结构不相吻合。

第六节 我国为什么会有这样的经济增长方式?

我国为什么会有这样的经济增长方式？这是由我国的要素价格体系和技术进步的成本决定的。首先，我国处于发展中阶段，以自主研发来取得技术进步成本非常高，因此，我国的经济增长必然呈现为要素积累型的。其次，如前所述，经济增长是由企业实现的，而企业是在一定的宏观经济环境即要素价格体系下做出生产决策的。而我国目前的要素价格体系恰恰就导致了这样的经济增长方式。那么，我国最近几十年来要素价格体系的特征是什么？

首先，我国自然资源（包括能源）的价格偏低。长期以来，我国的能源和原材料价格仍然没有市场化，这种价格不能反映我国自然资源的稀缺性。

其次，我们考虑资本的使用成本。资本的使用成本又分为两个部分，一为资本的购买价格，一为资本投入使用后的运行成本。

我国资本品的购买价格偏低。主要原因在于我国自然资源的价格偏低。资本品是用自然资源生产出来的。任何一种资本品的生产都要用到各种原材料如钢铁、有色金属、橡胶、能源等。因此，自然资源的价格偏低必然会导致资本品的生产成本偏低。而在其他因素给定的情况下，生产成本就决定了资本品的购买价格。因此自然资源的价格偏低就会导致资本品的购买价格偏低。

我国资本品的运行成本也偏低。按照标准的经济学教科书中的公式，资本品的运行成本包括三个方面：利息、折旧和资本品价格的变动，而利息是其中最关键的部分。我国最近这几十年来采用的一直是低利率政策。作为一个资本稀缺的国家，我国的名义利率几乎跟资本相对丰裕的美国持平。

然而，决定要素投入组合进而决定经济增长方式的是要素的相对价格，而不是绝对价格。在转轨期间的企业制度下，在信贷市场上存在着典型的道德风险和逆向选择。企业不在乎利率的高低，贷款时可能就没想还。而目前的银行制度却同时使得银行没有谨慎贷款的激励。银行可能明知道贷款会成为烂账，也没有积极性拒绝发放贷款。因此，企业实际支付的利率可能更低，甚至可能为负。我们知道，“负盈不负亏”曾经是我国企业的通病，不仅国有企业如此，有些非国有企业也是如此。我国以前针对某些企业实行过的“债转股”实际上就是对这种情况的一种反应，而这种反应方式恰恰加强了企业赖账的动机，加重了道德风险和逆向选择问题，使得企业对要素的相对价格的预期向着多采用资本的方向转变。

与劳动相比，资本品的使用成本实际上还有一种，那就是能源的消耗。在生产过程中劳动一般不需要消耗能源，而资本品却需要能源来驱动。也就是说，在生产过程中能源与资本是互补品。因此，能源价格的变动会对资本品的需求产生影响。能源价格越低，对资本品的需求就越高，因而经济增长中资本的贡献就越大。

因此，从增长核算中，我国之所以会表现出以资本和自然资源为主的要素积累型增长方式，主要原因是：(1) 靠自主研发获取技术进步的成本太大，(2) 利息率和自然资源的价格偏低，(3) 信贷市场上存在着道德风险和逆向选择。自主研发的技术进步的成本太大，所以增长方式必然表现为要素积累型的，这一点没有问题；以资本和自然资源为主则是由于利率和自然资源的价格偏低以及信贷市场上存在着道德风险和逆向选择，这才是我国经济的问题所在。

综上所述，我国目前的经济增长方式的形成机制如下。第一，自主研发的技术进步的成本太大，所以企业宁愿选择以引进技术和要素投入为主的增长方式。第二，自然资源和能源的价格偏低导致资本品的购买价格和现有资本品的运行成本偏低，因而刺激了对新资本品的需求。第三，我国长期实行低利率政策，而目前的企业制度导致企业实际支付的利率更低，使得企业对新资本品的需求进一步增加。第四，对新资本品需求的增加导致了生产这些新资本品的过程中对自然资源和能源的需求。第五，由于在生产过程中能源是资本的互补品，多年累积起来的巨大的资本存量的使用必然导致对自然资源和能源的巨大需求。于是，就形成了以资本和自然资源的大量投入为特征的增长方式。

第七节　如何实现经济增长方式的转换？

在弄清了经济增长方式的形成机制后，如何转换经济增长方式就是一个不难回答的问题了。

要实现经济增长方式的转换，首先要认清我国的目标增长方式是什么。在我国，人们谈起转换经济增长方式时，目标增长方式是 TFP 增进型的（即所谓“集约型”的），也就是以自主研发的技术进步为主的经济增长方式。这种观点实际上没有顾及以自主研发取得技术进步的昂贵成本和我国要素禀赋的结构。我国向 TFP 增进型增长方式转换的方针从提出到现在已经有二十多年了。这二十多年来，我国政府付出了巨大的努力，也做了大量的工作。然而，政府无论如何努力，都无法在短期内改变我国处于发展中阶段这一事实，都无法在短期内改变我国的要素禀赋结构。因此，经过二十多年的努力，我国实际表现出来的增长方式还没有被转换过来，这绝不是没有道理的，它充分说明我们选定的目标增长方式不完全适合我国的国情。只要我国处于发展中阶段,我国的经济增长方式就会更倾向于以引进技术和增加投入而表现为相对的要素积累型。因此,要实现经济增长方式的转换,较为可行而有效率的是把增长方式从资本密集和自然资源密集的增长方式向以劳动投入为主的增长方式转换。

其次,要给企业提供一个合适的宏观经济环境,即合理的要素价格体系。所谓"合理的要素价格体系",指的是能够正确反映我国的要素禀赋结构的要素价格体系。如果要素价格体系不能正确反映资源的稀缺性,即使企业实现了最优化,整个经济也还没有实现最优化。整个经济的成本最小化只有当要素价格体系能够正确反映我国的要素禀赋结构时才能够实现。这就要求我国加快市场化改革,使原材料价格、能源价格以及利率的决定都实现市场化,使其反映相应要素的稀缺性。在我国目前利率不能大幅度提高的前提下,可以通过提高原材料价格和能源价格以及征收资源、能源使用税来提高资本的使用成本,从而实现向最优经济增长方式的转换。

再次,在要素价格体系合理的情况下,要使企业实际支付的要素价格尽量接近这一要素价格体系。这就是说,要消除或至少尽量减弱信用市场上的道德风险和逆向选择行为。(1) 建立企业行为的长效机制,使得企业在借款时不仅考虑短期利益,还要考虑长期利益。具体措施有两个,一是加快企业改革,消除企业的短期行为;二是建立健全企业和个人信用制度,使企业的短期行为具有长期效应。(2) 加快银行改革,使银行在放款时切实考虑贷款质量,并在放款后对企业进行切实的监督,努力回收贷款。(3) 加大执法力度。在企业赖账的情况下,由法律手段确保合同的执行,从而消除对合理要素价格体系的偏离。

总之,一个经济的增长方式是由其要素价格体系决定的。技术作为一种组合各种投入要素以进行生产的知识,其获得是有成本的,而且,自主研发的技术进步的成本通常是非常高的。因此,一个经济到底是要靠自主研发还是引进技术以取得技术进步应该取决于其成本的高低,而不应该一味地为了在经济增长核算中表现为"集约型"的增长方式而过度强调以自主研发的方式来取得技术进步。就我国目前所处的发展阶段而言,劳动是我国的比较优势所在,但是要素价格的扭曲却使得我国的经济增长方式成为资本和自然资源密集型增长。这种增长方式既降低了我国经济增长的质量,也减少了我国劳动就业的机会,使得大量农村劳动力无法进入到附加价值较高的制造业部门,造成城乡差距的扩大和收入分配的不平均,因此,要实现经济增长方式的转换,关键有两个,一是避免片面强调“TFP 增进型”即“集约型”的增长方式,一是消除要素价格体系的扭曲。

第五部分
我国的对策

前面三个部分讨论了产能过剩、流动性过剩以及要素禀赋结构的变化三个问题，其中在讨论一些具体问题时也谈到了我国应该采取的对策。但那些是比较零散的，也是针对具体问题的。本部分把以上三个方面结合起来，就我国目前宏观调控中的一些比较大的问题进行讨论。

本部分的逻辑思路如下。我国目前同时面临三个方面的问题，即产能过剩、流动性过剩以及要素禀赋结构的变化。这三者的同时并存使得我国目前的经济形势具有了前所未有的复杂性。第一，流动性过剩导致了我国物价的全面上涨，包括资产价格和商品价格，最后波及工资。第二，产能过剩又抑制了商品价格的上涨，使得商品价格的上涨滞后于资产价格的上涨，涨幅也远远小于资产价格的涨幅。第三，要素禀赋结构的变化，尤其是劳动力逐步走向短缺，导致工资上涨，其他资源相对于宏观经济的短缺也导致资源价格上涨，最终又通过成本增加推动了商品价格的上涨，这就使得目前我国的通货膨胀同时来自需求和成本两个方面。第四，流动性过剩和产能过剩并存的局面显得有些诡异。产能过剩意味着有效需求不足，而流动性过剩则又意味着老百姓购买力过于旺盛，为什么二者会并存?

这样的复杂性对宏观调控提出了空前的挑战。第一，要应对产能过剩，就得扩大总需求，因此就得采取扩张性的需求管理政策，问题是，即使不采取扩张性的需求管理政策，流动性已经过剩了。再扩张的话，经济将会出现更为严重的资产价格泡沫和通货膨胀。第二，要应对流动性过剩，就得紧缩货币，而这又跟扩大总需求的目标不一致。第三，如前所述，目前的通货膨胀同时来自需求和供给两个方面，成本推动的通货膨胀就是所谓“滞胀”。如何应对“滞胀”？目前宏观调控中的主要工具——需求管理政策在应对“滞胀”方面效果奇差，解决一个问题就得使另一个问题进一步恶化：要抑制“滞”，就得扩大总需求，而这又会进一步推动“胀”；而要抑制“胀”，就得紧缩总需求，而这又会进一步推动“滞”。

面对如此复杂的宏观经济形势，我们应该怎么办？作者认为，之所以宏观调控在目前的宏观经济形势下显得无能为力，主要原因就在于目前的宏观调控理论体系过于简单，其主要特征是只有需求管理，没有供给管理，如果引入供给管理的话，问题就马上变得简单了。“滞胀”的根源是生产成本上升，这是不利的供给冲击，因此如果能够通过政府政策把生产成本降下来，“滞胀”问题自然就会得到解决。因此，可以用供给管理来应对要素禀赋结构的变化以及其他因素带来的成本上升。

那么如何应对产能过剩和流动性过剩？就需要需求管理政策内部有一个良好的组合，具体组合是用货币紧缩对付流动性过剩，而用包括财政政策在内的其他手段来应对产能过剩，这就同时解决了产能过剩和流动性过剩的问题。关于如何紧缩货币，本书前面有过比较详细的讨论，提出了加强外汇流入管制、加速人民币升值、鼓励对外投资、提高法定存款准备金率等，这里就不再详细讨论了。

按照上述思路，本部分的第一章就讨论宏观调控理论体系，主要目的是把供给管理引入宏观调控。第二章讨论扩大内需的问题，也就是应对产能过剩的问题。第三章我们专门讨论前一章中提出的扩大内需的一个具有中国特色的手段——放松计划生育政策——的可行性和现实性的问题。第四章把上述讨论结合起来，分析我国目前面临的通货膨胀的特点、成因和对策。

第十一章

供给管理与“滞胀”①

本人认为,目前标准的宏观调控体系存在严重缺陷,最关键的就是忽视了供给管理在短期调控中的应用。在许多人的心目中,供给管理只能用于长期调控,不能用于短期调控。在他们看来,一个经济的短期总供给决定于该经济的技术水平和可用资源的总规模,而这些在短期内是无法改变的,因此供给管理不能被用于短期宏观调控。这是错误的,因为虽然一个经济的技术水平和可用资源的总规模在短期内无法改变,但技术和可用资源的利用率和利用效率却是可以随时发生变化的,而这些取决于经济活动的参与者的积极性。一个最显而易见的例子是调节企业的税收。直观地说,供给管理政策就是能够使得短期总供给曲线的位置和斜率发生变化的政策;而短期总供给曲线的位置取决于企业的生产成本,税收也可看作是企业的生产成本的一部分,因此调节税收就能够调节短期总供给曲线的位置,是可以被用于短期调控的。既然调节税收被认为可以在短期内调节总需求,为什么不能在短期内调节总供给?本章首先把供给管理政策引入短期宏观调控,介绍供给管理的政策工具,并对需求管理政策和供给管理政策的效果予以比较。

实际上,目前宏观经济学中的主流分析方法是总供求分析法。而在宏观经济学已经发展到总供求模型的情况下,宏观经济政策体系依然依据古老的

① 本章系根据以下论文改写:苏剑,“供给管理政策及其在调节短期经济波动中的应用”,《经济学动态》2008 年第 6 期,18—22;刘伟、苏剑,“供给管理与我国的市场化改革进程”,《北京大学学报》2007 年第 5 期,97—104;刘伟、苏剑,“供给管理与我国现阶段的宏观调控”,《经济研究》2007 年第 2 期, 4—15。

IS-LM模型从而只关注需求管理政策，这说明宏观经济政策理论体系严重滞后于宏观经济理论本身的发展，也反映了人们对供给管理政策在调节短期波动方面的认识严重不足，本书试图在总供求模型的基础上建立宏观经济政策体系。而在新中国成立60年尤其是改革开放30年来的经济实践中，供给管理起到了非常大的作用，也为研究供给管理提供了大量良好的素材。目前西方流行的宏观经济学教材对短期供给管理重视不够，但迟早会重新发现供给管理的优点的。

第一节　供给管理为何可被用于短期宏观调控？

供给管理政策工具指的是那些能够使得总供给曲线的位置发生移动或使其斜率发生变化的，并且能够由政府控制的因素，与此相应，需求管理政策工具指的是那些能够使得总需求曲线的位置发生移动或使其斜率发生变化的，并且能够由政府控制的因素。需求管理政策会导致总产出和价格水平的同向变动，而供给管理政策则会导致总产出和价格水平的反向变动。因此，如果我们同时关心经济增长和通货膨胀的话，认清一个政策是供给管理政策还是需求管理政策就至关重要。

在许多人的心目中，总供给决定于一个经济可用的资源总量和技术水平，而一个经济的可用资源总量和技术水平是个存量，在短期内难以发生大的变化。因此，供给管理被许多人认为只能用于长期调控，如促进经济增长等目标，在短期内则不适用。这种观点是不对的。

一个经济的可用资源总量和技术水平在短期内难以发生大的变化，因此无法作为短期调控的变量，这一点没有问题。然而，一个经济的可用资源和技术水平的利用率和利用效率在短期内却是可以发生大的变化的，也是可以通过政府政策进行调控的；而一个经济的可用资源和技术水平的利用率和利用效率则取决于经济活动的参与者所面临的激励。一个经济的资本、劳动力、自然资源、技术等因素在短期内可能无法发生变化，但生产者的激励却是可以随时变化的。正如供给学派的代表人物拉佛所说："一旦人们面临的激励发生变化，其行为就会随之改变。正的激励吸引人们做一些事情，而负的激励阻止人们做一些事情。处于这种情境中的政府的作用就在于改变人们面临的激励，从而影响社会行为。"（Laffer，1983，第 xv 页）因此，调节生产者面临的激励是短期供给管理政策的核心。

作为一个正在从计划经济向市场经济转轨的发展中国家，我国对激励在宏观经济运行中的作用可谓体会至深。实际上，从新中国成立以来我国的任何一次大的经济波动的背后都可以看到激励变动的影子。1959—1962 年间的困难时期之所以出现，就在于人民公社制破坏了农民生产的积极性；而此后发生于“文化大革命”期间的对“唯生产力论”的批判，则使得许多人对于发展经济望而却步；国有企业中的平均分配现象也使得工人的劳动积极性下降。20 世纪 80 年代初的农村改革实际上就是激励机制的改革，这一改革大大提高了农民的生产积极性，从而为解决温饱问题奠定了基础，而屡次提高粮价实际上也是在提高农民种粮的积极性。可以说，我国的农村改革是最成功的供给管理实践。此后的国企改革、金融体制改革、财税体制改革等，实际上都是在设法提高经济活动参与者的积极性。

因此，不论从理论还是实践来看，对经济活动的参与者的激励都是可以迅速发生变化的，因而会导致总供给的迅速变化。最近几十年来，信息经济学和机制设计理论深入细致地研究了激励对经济活动的影响以及如何对激励进行调节的问题。这些就构成了供给管理的理论基础和实践基础。

第二节　供给管理政策工具

那么，政府如何调节经济活动的参与者的激励呢？所谓“激励”，对于企业来说取决于其盈利能力，对于工人来说取决于劳动报酬。因此，供给管理的着眼点就在于调节企业的盈利能力或工人的劳动报酬。企业的盈利能力决定于企业的收入、支出和对要素的利用效率，而工人的劳动报酬则取决于分配制度。因此，相应地，供给管理政策工具就可以分为如下几大类。

一、调节生产成本的政策

给定产出水平，要素价格就决定了企业的总生产成本。因此，调节要素价格就可以调节企业的盈利能力。这又包括以下几种政策工具。

1. 工资政策

工资政策是凯恩斯最反对的一种供给管理政策。在凯恩斯看来，由于工会的存在以及人的本性，工资是刚性的，至少是不可降低的。因此，工资很难被用做政策工具。实际上，调节工资可以有多种方式。而随着经济的发展，对工人支付报酬的方式也从单纯的工资发放发展到包括奖金、各种福利、各种社会保障支出等在内的多种方式，因此凯恩斯当时担心的问题就有了新的解决办法。

（1）工资冻结

工资冻结就是政府通过强制命令的方式要求企业不得调整工资。这种政策在经济现实中经常被用到。不过常常被用反。例如，美国在20世纪70年代石油危机的冲击下出现了滞胀现象。此时，如果经济自动调整的话，工资水平本应下降，从而使得总供给回到原来的状态。但由于工资刚性的存在，这种自动调节过程非常缓慢。因此，如果想通过调节工资来使经济恢复充分就业的话，美国政府本应促进工资的调整，但美国政府选择的却是工资冻结，实际上加剧了工资刚性与经济波动，使得衰退持续时间延长。

工资冻结政策适用于由于工会力量或其他非经济因素使得工资增长过快的情形。在其他因素不变的情况下，工资增长过快在短期内将导致滞胀，长期内随着企业利润下降，投资减少，竞争力减弱，最终会减缓经济增长速度。此时，如果由政府出面进行工资冻结，失业率和通货膨胀率就均可得到控制。

（2）工资补贴

在经济由于总需求不足而陷入衰退的情况下，从理论上说降低工资是可以使经济恢复充分就业的。然而降低工资一方面可能导致社会不稳定，另一方面也可能会由于居民收入水平下降而导致总需求进一步下降，从而使得经济衰退加剧。此时，工资补贴政策可以同时解决这两个方面的问题。具体而言，企业保持给工人的工资水平不变，由政府按工人人数或工资总额的一定比例对企业支付一定的工资补贴。这样，工人的收入水平未变，因此不影响其消费；而企业实际支付的工资成本却下降了。这种政策实际上也是财政政策的一种。

（3）取消或降低雇主缴纳的部分社会保障费用或其他费用

在现代经济中，在工资报酬之外，企业往往需要给工人以其他形式支付一定的报酬，比如住房公积金、社会保障费用等。如果以法律形式取消或降低这些支出，就可以降低企业的实际负担，从而使得总供给曲线右移。而对于工人来说，这些收入的使用方式或方向往往受到一定的限制，因此这些收入的降低对其现期消费的影响不大。1997年亚洲金融危机期间，新加坡就曾采取过这样的政策。在新加坡，企业除了必须支付工人工资之外，再向工人的公积金账户支付工资的10%。亚洲金融危机期间，新加坡政府宣布暂时取消这一要求，从而使得企业的工资成本降低了同一比例。

2. 原材料和能源价格政策

与工资水平一样，调节原材料、能源价格也可以调节企业的生产成本。与工资政策类似，具体措施包括原材料和能源价格冻结、对原材料和能源的使用征税或给予补贴等。我国最近几十年来实际上一直采用补贴政策，具体形式是资源税很低，而且人为压低原材料和能源的价格。但价格政策不应长期使用，否则会影响资源配置效率。

3. 利率政策

利率是资本的价格。因此，利率的任何变动都会影响企业的生产成本。利率的调整，可以是通过货币政策间接调整，也可以像我国这样用行政手段直接规定。不管怎样，利率政策都对企业的生产成本构成影响。利率的降低使得投资增加，从而总需求增加，因此这是需求管理政策。同时，利率也是资本的使用成本的主要部分，因此利率的降低也使得生产的要素成本降低，从而增加总供给，因此这是供给管理政策。因为利率的降低影响的是现有资本的使用成本，而现有资本是个多年历史累积起来的存量，因此对成本的降低作用是巨大的。①

这就涉及了货币政策供给效应。在中国，货币政策与利率政策是两种政策，二者之间不具有因果关系；但在利率市场化的经济中，货币与利率之间是有因果关系的，因此货币政策与利率政策是一回事。在传统的宏观经济学理论中，货币政策被视为需求管理政策，实际上，货币政策同时也是供给管理政策，因为它不仅影响总需求，同时也影响总供给。货币政策的主要目的是调节利率，而利率对经济有两方面的影响，它既可以影响总需求，也可以影响总供给，比如降低利率，一方面可以影响投资，促使投资需求扩大，从而增大总需求，货币政策在这里起着需求管理政策的作用；另一方面，利率同时也影响资本的使用成本，利率的降低使生产的要素成本降低，从而影响总供给。也就是说，利率

---

① 北京大学中国经济研究中心宏观组（1998，以下简称“宏观组”）根据1997年前后中国的实际情况估计了利率下降对生产成本的影响。据他们分析，从1996年到1997年，贷款利率下降了5.17个百分点，如果以1995年年底金融机构各项贷款余额5万多亿元为基础，这将减少企业利息负担2400亿元左右（宏观组，1998，第4页）。

的变动同时具有总需求效应和总供给效应。利率的这两种效应都促使均衡产出增加,但对价格水平的影响是不同的,总供给效应使得价格水平下降,而总需求效应使得价格水平上升。价格水平最终是下降还是上升,取决于这两种效应的相对大小。从货币政策的实际作用效果来看,总需求效应一般大于总供给效应,因为总体来说放松银根的货币政策一般会带动价格水平上升。对于既要关注经济增长又要防止严重通货膨胀的我国宏观经济调控而言,关注货币政策的总供给效应便有着特别的重要性。

那么,货币政策总供给效应[①]的大小由哪些因素决定呢?货币政策对总供给的影响可以分为三个环节,即货币的变动先是影响利率,然后利率的变化影响生产成本,而后生产成本的变动影响总供给。相应地,货币政策的总供给效应的大小便取决于这三个环节。首先,货币政策对利率的影响有多大?在其他因素不变的情况下,货币政策对利率的影响越大,货币政策的总供给效应就越大,而货币政策对利率的影响又取决于货币需求对利率的敏感程度,货币需求对利率越敏感,货币政策对利率的影响就越小,因而,货币政策的总供给效应就越小。其次,利率变动对生产成本的影响程度有多大?这取决于经济中的总资本存量,总资本存量越大,利率的变动对生产成本的影响就越大。随着我国经济的不断发展,超高储蓄导致快速的资本深化,因而我国经济的资本密集度不断加大,这样就会使货币政策的总供给效应越来越大。再次,生产成本的变动对总供给的影响有多大?这取决于总供给的价格弹性,总供给的价格弹性越大,给定的生产成本的变动对总供给的影响就越大[②],因而,货币政策的总供给效应就越大。那么,在什么情况下,总供给的价格弹性较大呢?一般而言,一个经济的闲置生产能力越大,总供给的价格弹性越大,因此,当经济处于衰退阶段时,货币政策的总供给效应就较大。[③]

---

① 货币政策影响总供给的渠道不仅仅是利率一种,还有其他渠道,比如由于货币政策给经济带来的不确定性等(参见 Tatom, 1983,第 12 页)。

② 反映在图形上,即为总供给曲线右移的幅度越大。

③ 对于货币政策对总成本的影响,我国已经有人注意到了(只不过这些研究是从需求的角度看待这一效应的)。北京大学中国经济研究中心宏观组(1998,以下简称“宏观组”)根据 1997 年前后中国的实际情况做出了估计。据他们分析,从 1996 年到 1997 年,贷款利率下降了 5.17 个百分点,如果以 1995 年底金融机构各项贷款余额 5 万多亿元为基础,这将减少企业利息负担 2 400 亿左右。他们认为,“降息的作用在一定意义上相当于减税,而且数量肯定要大于减税(主要是减费)”(宏观组,1998,第 4 页)。

二、调节企业收益的政策

通过对生产者的收益进行调节,也可以调节生产者的总供给。调解生产者收益的方法一般有三种,一是税收,比如征收或调整营业税、增值税、企业所得税、出口退税等;二是补贴,如针对粮食生产的补贴等;三是价格,比如提高粮食价格就有助于提高农民种粮的积极性,从而增加粮食供给。

与货币政策相同,财政政策通常也被视为是需求管理政策。然而事实上,财政政策同时也具有供给效应。一定的财政政策属于供给管理政策还是属于需求管理政策,主要是视其针对生产者,还是针对消费者,针对消费者的财政政策一般属于需求管理政策,针对生产者的财政政策大都属于供给管理政策。作为供给管理政策的财政政策工具影响的是厂商的成本,包括税收成本、工资成本、利息成本、原材料成本等。

税收政策对厂商实际成本有重要的影响,显然,调节企业所缴纳的各种税收,如增值税、企业所得税、营业税、进出口税等,都可以影响企业的实际生产成本,从而增加总供给。同时,对个人所得税的调节也能够影响总供给,因为,一方面,个人所得税的调节可以影响人们的储蓄,而储蓄又会影响利率,从而影响平均成本变动;另一方面,个人所得税对工人积极性产生影响,从而影响生产效率,相应影响平均成本,此外,对企业的生产补贴也等于政府对企业的支持,降低了企业生产成本,其机理与减税是相同的。问题在于,税收政策同样影响总需求,比如减税既可以影响总供给,又可以影响总需求,那么,减税到底是对需求的刺激程度大还是对供给的影响程度大?进而,减税到底是需求管理政策还是供给管理政策?这一问题从供给学派出现直到目前都还是没有完全解决的有争议问题。尽管在对总需求与总供给影响程度大小判断上存在差异,但承认税收政策影响总供给是普遍的认识。

三、生产配给政策

生产配给政策属于行政手段,指的是采用行政命令或协商的方式就各个企业某种产品的生产规模予以限定,或以同种方式就某种生产资料的使用在各个企业间进行分配。这种手段在计划经济下的使用极其广泛。在市场经济条件下也经常采用,比如,美国往往采取这种方式对粮食生产进行管理,政府对各粮食生产企业规定一个最高产量或播种面积。在市场经济条件下,这种政策往往与补贴政策同时采用。

四、制度变迁政策

制度变迁对企业和工人的生产积极性影响巨大,我国改革开放以来的实践充分证明了这一点。随着制度的变化,企业家和工人的努力程度也会发生变化,从而,即使总的劳动投入数量未变,产量也会发生变化,即总供给的变化。因此,随时注意制度改革,充分调动企业家和工人的生产积极性,挖掘企业生产潜力,就有助于增加总供给。当然,这种供给管理政策的局限性比较大,一是一般只能单向调节,也就是只能用来增加总供给,不能用来减少总供给;二是政策的可控性较差,制度变迁往往风险较大,无法预知制度变迁是否能够成功或达到预期的效果;三是一旦制度趋于成熟,进一步改善的可能性就很小,那时很可能就不能再使用这种政策了。

表 11.1 列举了 1998 年到 2003 年亚洲金融危机期间我国实施的以财政政策的形式出现的部分供给管理政策。其具体政策工具包括减税、补贴、减少行政事业收费,以及税收优惠。

表 11.1 1998 年至 2003 年中国实施的部分供给管理政策

日期	政策类型	政策内容	效果或作用
1998 年 2 月 20 日	减税	将纺织品出口退税率从 9% 提高到 11%	支持和扩大中国纺织品的出口,促进出口增长
1998 年 7 月 1 日	减税	将通信设备等 7 大类机电产品和自行车等 5 类轻工产品增值税退税率从 9% 提高到 11%	支持和扩大机电、轻工品的生产,促进经济增长
1998 年 10 月 24 日	取消收费	取消 20 项行政事业收费项目	体制改革举措,减轻企业负担
1999 年 7 月 1 日	减税	提高出口退税率,其中服装业出口退税率提高到 17%,全年退税 622 亿元	扶持出口产业、促进出口增长
1999 年 8 月 1 日	减税	对涉及房地产的营业税、契税、土地增值税给予一定减免	扶持房地产业的增长
1999 年 11 月 6 日	取消收费	取消 73 项基金收费	体制改革举措,减轻企业负担

（续表）

日期	政策类型	政策内容	效果或作用
2000 年 6 月 24 日	税收优惠	对软件、集成电路等产业实施优惠税收政策	鼓励高新技术产业发展和产业结构升级
2003 年 2 月 20 日	减税	对航空、旅游等行业实行阶段性减税	消除“非典”对这些行业的影响

资料来源：作者根据北京大学中国经济研究中心宏观组（2005）表 11.1（第 174—175 页）摘编整理。

第三节 以总供求模型为基础的宏观经济政策分析框架

一、以总供求模型为基础的宏观经济政策分析框架

在目前的主流宏观经济学教材以及宏观调控实践中，宏观经济政策分析框架采用的还是 IS-LM 模型，强调的是需求管理，政策工具是财政政策和货币政策。我们知道，IS-LM 模型是上个世纪五六十年代发展起来的一种理论，那时的宏观经济学主要研究需求一边，对供给一边缺乏了解，也不甚重视。因此，基于 IS-LM 模型的政策体系就被称为“需求管理政策”。在上个世纪 80 年代之后，总供求模型（即 AD-AS 模型）已经取代 IS-LM 模型成为宏观经济学的主要理论和分析框架，但宏观经济政策体系依然强调和倚重“需求管理政策”，对“供给管理政策”不理不睬。在宏观经济学已经发展到总供求模型的今天，宏观经济政策的理论依据却仍然是古老的 IS-LM 模型，宏观经济政策体系显然严重滞后于宏观经济理论体系的发展。

在总供求模型中，面对一个给定的宏观经济问题，既可以采取供给管理政策，也可以采取需求管理政策，还可以采取二者的某种结合，如图 11.1 所示。

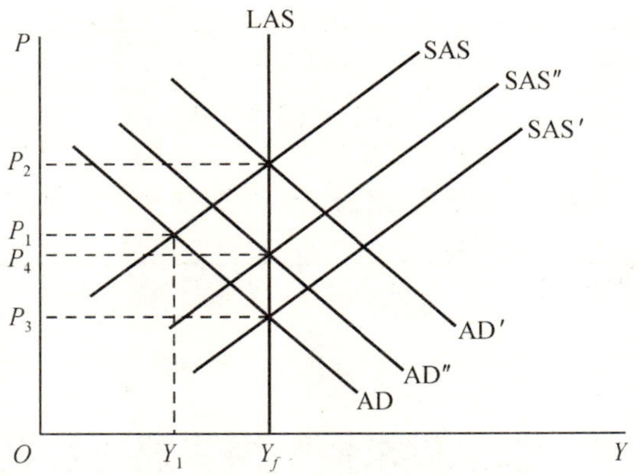

图 11.1 供给管理政策与需求管理政策的组合

上图采用的是标准的总供求分析框架。图中，横轴为总产出/总收入 Y，纵轴为价格水平 P，AD 表示总需求曲线，SAS 表示短期总供给曲线，LAS 表示长期总供给曲线。Y_f 表示充分就业的产出水平。总需求曲线 AD 与长期总供给曲线 LAS 的交点即为经济的长期均衡。假定经济开始时的产出水平和价格水平分别为 Y_1 和 P_1，此时经济虽然处于短期均衡，但未达到充分就业。要想实现充分就业，政府可以采取需求管理政策，使得总需求曲线移至 AD′，此时经济在价格水平 P_2 下实现充分就业；政府也可以采取供给管理政策，使得短期总供给曲线移至 SAS′，此时经济在价格水平 P_3 下实现充分就业；政府还可以采取供给管理政策与需求管理政策的任意组合，比如使得总需求曲线和短期总供给曲线分别移至 AD″和 SAS″，此时经济在价格水平 P_4 下实现充分就业。不同的政策组合虽然都实现了充分就业，但所经历的通货膨胀路径是不一样的，扩张性供给管理使价格水平降低，而扩张性需求管理使价格水平上升。

二、以总供求模型和 IS-LM 模型为基础的宏观经济政策体系的比较

本人认为，在宏观经济学已经发展到总供求模型的今天，继续用 IS-LM 模型作为宏观经济政策分析的基本框架已经过时，应把总供求模型作为这一基本框架。以货币政策和财政政策为主要内容的传统分析框架应该让位于以“需求管理”和“供给管理”为主要内容的分析框架。这两个框架对于宏观经济政策分析的不同在于：

（1）在目前的政策分析框架下，货币政策和财政政策均被看做是需求管理

政策。这实际上是不对的。货币政策和财政政策二者都既可以影响总需求，也可以影响总供给，因此可能是需求管理政策，也可能是供给管理政策，一项具体的政策也可能同时具有供给效应和需求效应。

（2）以需求管理和供给管理为核心的政策体系显然比以货币政策和财政政策为核心的政策体系高一个层次，因此内容也更加丰富，可以实现多目标，应对更为复杂的经济问题。一个经济面临的冲击无非来自需求和供给两个方面，因此，只要我们能够认清冲击的来源，就可以采取相应的宏观经济政策来应对它；一般情况下，应尽可能用需求管理应对需求冲击、用供给管理应对供给冲击。

（3）与需求管理相比，供给管理政策工具更为灵活多样，可以实现对宏观经济的精细化管理或者“微调”。比如产业政策、区域经济政策、收入分配政策都可以对受影响人群、地区或行业予以精确界定，因此就可以针对特定的人群、地区或行业设计政策。我国的外资优惠政策、高科技行业优惠政策、国企优惠政策等都属于这类政策。

三、供给管理政策与需求管理政策的对比

就短期经济波动的调节而言，供给管理政策在我国现阶段具有重要意义，事实上，当需求管理政策在克服当前失衡产生严重局限的条件下，供给政策的短期效应就必须予以特别的强调。因为，从理论上说，短期供给管理政策有其特点，即在短期调节方面，供给管理与需求管理政策对经济的影响是不同的：

（1）作用对象不同。需求管理政策针对的是消费者，包括最终消费品的消费者和购买厂房、设备等投资品的企业；而供给管理政策针对的是生产者，包括企业和工人。

（2）作用效果不同。同样性质的需求管理和供给管理政策相比，需求管理政策使得价格水平同方向变动，而供给管理政策使得价格水平反方向变动，面对一定的经济失衡问题，可以采取需求管理政策，也可以采取供给管理政策，还可以采取二者的某种结合，使经济趋于均衡。但这一过程中价格水平的变化是不同的。以经济处于衰退为例，需要采取扩张性措施，如果采用需求管理政策，随着总需求的增加，价格水平一般会上升，企业在给定的生产成本下利润上升，进而会增加产出、增加就业；如果采用供给管理政策，随着供给增加，价格水平

一般会下降,这时总需求量就会随着价格的下降而增加,于是均衡产出上升,这同样会增加就业。

(3) 作用方式不同。需求管理政策主要调节购买者的购买力,而供给管理政策主要调节生产者的积极性。供给管理之所以能够对经济进行短期调节,重要的原因就在于它能够改变包括企业和劳动者在内的生产者的积极性。经济中的要素禀赋,包括资本、劳动、资源、技术等要素的客观禀性,在短期内难以发生重大变化,因而供给管理政策难以将要素禀赋作为对象,但生产者面临的激励却是可以随时变化的,因而可以成为供给管理政策短期调节的作用对象。

四、需求管理政策与供给管理政策的组合及其效果

在选择需求管理政策与供给管理政策的组合时,需要考虑经济出现问题的原因。如果经济一开始处于充分就业状态,但由于负的需求冲击导致均衡产出和物价水平下降,如图 11.2 所示,既可采用需求管理政策,也可采用供给管理政策使经济恢复充分就业状态。但二者的后果是不一样的。供给管理政策将使得价格水平进一步下降至 P_2,这意味着通货紧缩,对私人部门的总需求可能会有负面影响,从而使经济陷入恶性循环。而需求管理政策则使得价格水平从 P_1 恢复到 P_0,这一过程是通货膨胀。通货膨胀将使得私人部门的总需求上升,从而加快经济的恢复。因此,此时应更多地采用需求管理政策。

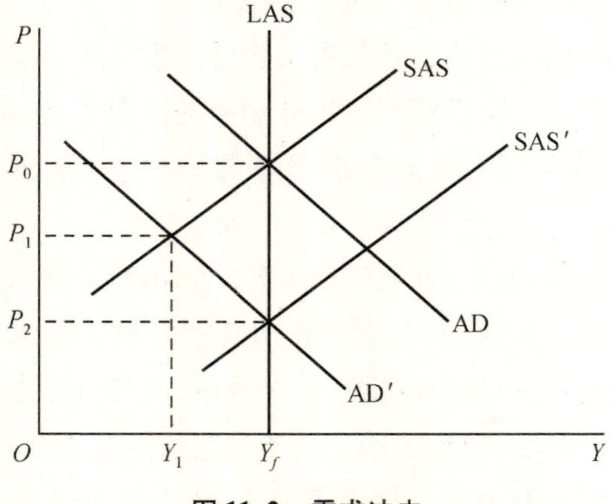

图 11.2　需求冲击

如果经济一开始处于充分就业状态,但由于负的供给冲击导致均衡产出和

物价水平下降，如图 11.3 所示，同样既可采用需求管理政策，也可采用供给管理政策使经济恢复充分就业状态。但二者的后果是不一样的。需求管理政策将使得价格水平进一步上升至 P_2，这意味着在失业逐渐消除的同时通货膨胀率较高。而供给管理政策则使得价格水平从 P_1 恢复到 P_0。因而经济可以在不经受或少经受通货膨胀的情况下恢复充分就业。因此，此时应更多地采用供给管理政策。

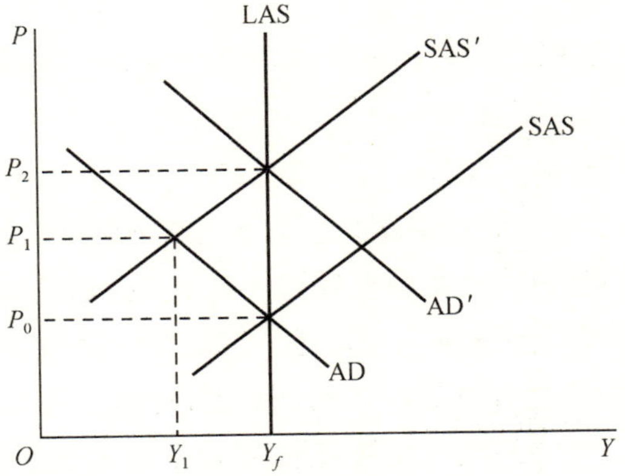

图 11.3 供给冲击

因此，在稳定经济时，应尽量用需求管理政策对付需求冲击，用供给管理政策对付供给冲击。用需求管理政策对付供给冲击，或用供给管理政策对付需求冲击，虽然能使经济恢复充分就业，但都会对经济产生负面影响，这种负面影响主要体现为物价水平的不稳定。

在实际应用中，需求管理和供给管理的组合可以分为四种：需求、供给双扩张；需求扩张、供给紧缩；需求紧缩、供给扩张；需求、供给双紧缩。在多数情况下，供给方面的政策倾向是扩张性的，但也不乏需要供给紧缩的情形，在现实经济中也不乏供给紧缩的实际案例。比如，美国对农业采取的休耕措施——为了保护粮食安全，美国采取休耕措施限制农产品的产量；再比如，我国 20 世纪 90 年代在纺织行业曾经采取过的“限产压锭”，以及最近几年在钢铁业拆除低端产能的措施。实际上，在出现产能过剩的情况下，要使得供求均衡，从理论上说，一个可行的办法就是压缩产能，但这会导致失业上升，因此大多数政府都不愿采取这个政策，如果能够解决失业问题或消除高失业的负面影响，压缩产能就是可行的。

鉴于财政政策和货币政策都既可能影响总需求，也可能影响总供给，因此在宏观经济政策分析中，仅用“财政政策”、“货币政策”这样的术语就不能恰当地说明政策的意图了。严密地说，应该用“供给管理型财政政策”、“需求管理型财政政策”、“供给管理型货币政策”、“需求管理型货币政策”之类的术语。

第四节 供给管理政策为什么被长期忽视

一提起宏观经济政策，人们往往自然不自然地把它等同于需求管理政策。供给管理政策虽然也是宏观经济政策的一部分，而且在经济实践中经常被采用，但却总是被人们忽视。究其原因，主要源于三方面：一是体制性原因，即供给管理的运用要求以较为充分和自由的竞争性市场机制作为体制基础，否则，供给管理政策的系统运用很可能促使经济体制导向计划机制，而对计划经济的恐惧，使得人们对供给管理政策产生疑虑。二是理论上的原因，即凯恩斯的偏好。由于凯恩斯作为现代宏观经济学的创建者，对需求管理的偏爱和强调，以及需求管理政策在战后取得的历史性成果，奠定了需求管理政策在宏观经济管理中的基础性地位，同时也导致人们对供给管理政策的忽视。三是政策实践的原因，即20世纪80年代初供给学派政策实践的失败。

一、对计划经济的顾虑

供给管理政策作用的是生产者，因而政府的政策可以直接影响到国民经济生产的微观单位，从而使政策干预的深入和具体程度可能高于需求管理政策，由此导致人们产生一种疑虑，即人们担心系统的供给管理最终会导向计划经济。

就政策作用的方式和内容而言，计划经济实际上也就是供给管理。计划经济的管理本质上是通过行政手段来直接控制供给的政策体系，计划经济从制度效应上首先是针对社会生产，尤其是直接约束生产者行为，这与供给管理政策以生产者为政策作用对象的特点是相似的。在计划经济中，当生产与消费、供给与需求产生矛盾时，最简单也是成本最低的办法便是以各种票证、指标等数量信号表达出来的配给制，即以政府行政性组织的排队来实现低效率下的强制均衡。而这种配给制恰恰也可作为一种供给管理政策来使用，同时，以供给而不是需求作为管理政策的切入点,也正是供给管理的基本方法,这又进一步提高了计划经济与供给管理的相似性。

因此,从一定意义上可以说,计划经济是供给管理的极端形态,供给管理使用到极致,甚至是在否定市场经济体制的制度基础上运用供给管理政策,那就是计划经济。而计划经济在经济上的低效率是历史已经证明了的,在政治上的过于集权也是众所周知的。所以,基于对计划经济的恐惧,特别是担心供给管理政策的过度引入进而导致对市场自由竞争的削弱和否定,导致人们对供给管理政策存有疑虑。

因而,在应用供给管理政策时,应该坚持经济自由主义,把供给管理政策的运用建立在充分自由的市场竞争机制基础上。因为:一方面,只有市场体制的健全和完善才能在体制上鼓励竞争,从而加快技术创新,以提高效率;另一方面,只有充分尊重生产者的市场竞争的权利和责任,才能够对生产者产生充分的动力和压力,在体制上形成对生产者足够的刺激和有效的约束。因此,应该把竞争性的市场机制作为供给管理政策的基本制度前提。脱离市场机制的对生产者行为的政府政策干预,很可能导致资源配置方式的行政化,导致政府对市场的替代,导致生产者竞争动力和压力的减弱,从而使供给管理政策的效率目标难以实现。也就是说,供给管理政策应该是政府在承认并尊重市场竞争机制的基础上,对市场经济中的真正生产者所面临的激励和约束条件产生更有利于竞争性效率提升的变化,而不是对市场的否定,更不是对市场竞争中生产者权利和责任的否定。越是强调供给管理政策效率目标的实现,越需要强调市场竞争的自由和充分性。

二、凯恩斯对需求管理的偏爱

现代宏观经济学的创始人凯恩斯在理论和政策上对需求管理政策予以更多的偏爱和强调,并且在战后的发达国家宏观经济调控实践中,凯恩斯的需求管理政策也的确取得了较长时期的成功。这在奠定了需求管理政策在宏观经济管理中的基础性正统地位的同时,也形成了对供给管理政策忽视的传统。凯恩斯的理论和政策面对的是大萧条的经济,如何治理大萧条,凯恩斯认为问题的关键在于降低真实工资,而要降低真实工资,有两种方法:一是提高价格,二是降低工资。提高价格需要刺激总需求,属于需求管理政策;而降低工资的目的是降低生产成本,属于供给管理政策。在凯恩斯看来,降低工资会受到工人和工会的反对,社会阻力太大,因此是不可行的。凯恩斯认为,选择社会阻力大的降低工资的供给管理政策是愚蠢的,而通过有伸缩性的需求管理政策来直接刺激总需求,进而降低真实工资,推动经济恢复均衡,则是明智有效的。凯恩斯指出:

> 人性与制度既是如此,则只有愚蠢之徒才会挑选有伸缩性的工资政策,而不挑选有伸缩性的货币政策……故说在一个大体上是自由放任的经济体系之中,有伸缩性的工资政策是应有的、必要的附属品,这种说法,刚与真理相反。(凯恩斯,1936,第268—269页)

三、20世纪80年代供给学派政策在实践上的失败

20世纪70年代出现的“滞胀”对凯恩斯主义经济学的冲击,曾经使人们开始重视供给管理政策,形成所谓“供给学派经济学”,特别强调通过降低税率的方式来刺激经济、增加就业,实现均衡(如“拉佛曲线”所描述的状况)。当时的供给管理政策是作为需求管理政策的替代物而被提出来的,其目的就是应付短期经济波动。在供给学派经济学家看来,供给管理政策之所以能够对经济进行短期调节,就在于它能够改变包括企业和劳动者在内的生产者所面临的激励。

由于里根政府大量采取供给学派的政策并未取得预期的成功,加之人们对于“滞胀”的理解逐步深入,需求管理政策又重新占据了宏观经济政策体系的重要地位,供给管理政策在主流宏观经济学的视野中也逐步退出。到了20世纪90年代以后,伴随技术革命带来的产业结构调整和经济全球化所导致的区域经济布局的深刻变化,以及人们对长期经济增长命题的关注程度不断提高,使得产业政策、区域政策以及针对长期总供给的增长政策等成为长期性供给管理政策的主要构成部分,重新引起了人们的关注。正是由于供给管理政策的长期性特点,使人们对供给管理政策的重视仅限于其对经济的长期影响,而对供给管理政策的短期调节效应没有予以充分承认。

事实上,供给管理政策不仅能够,而且经常被运用于调节短期经济波动,在现实经济中,供给管理政策经常被用于调节短期经济波动,只是很少受到人们的关注,或者不被看做供给管理政策而已,甚至被想当然地看做需求管理政策。

供给管理政策和需求管理政策对均衡的影响是不同的，对价格水平和总产出的影响不同，区分这两种政策的特点直接影响到对宏观经济形势的预期和对宏观政策效应的判断。我国当前的宏观经济失衡的矛盾复杂性，要求在即使短期调节上，也必须将需求管理政策与供给管理政策有机结合起来。

第五节　总　　结

在面临多重政策目标的情况下，供给管理政策和需求管理政策的配合就十分必要。菲律普斯曲线在传统的宏观经济政策理论中占有非常重要的地位，菲律普斯曲线指出，政府的目标只能在低失业高通胀和高失业低通胀之间进行选择，而在考虑预期的情况下，甚至这种选择都不可行。在引入供给管理政策之后，情况发生了变化。理论上说，供给管理政策和需求管理政策的配合可以使失业和通货膨胀稳定在任一水平上。比如，要实现低失业和低通货膨胀率，如果单纯用扩张性需求管理政策，可能会抬高通货膨胀率，这时就可以同时采用扩张性供给管理政策来抑制通货膨胀；而如果单纯用扩张性供给管理政策，则可能会导致物价下跌，物价下跌又可能影响消费者的价格预期，从而导致持币待购现象，降低消费需求，这时就可以同时采用扩张性需求管理政策来稳定物价。因此，供给管理政策的引入可以打破单纯采用需求管理政策时面临菲律普斯曲线的那种被动局面。

随着以技术进步为特征的新经济的到来，新产品不断涌现，任何一个经济的产业结构都在不断地调整之中。而对于我国来说，经济的迅速发展更要求产业结构的迅速调整和升级。因此设计和实施适当的产业政策就成为我国经济政策的重点之一。而几乎所有的产业政策都是供给管理政策。因此，供给管理政策在我国今后将扮演重要的角色。

区域经济政策是供给管理政策的另一重要组成部分。作为一个主权国家的一部分，一个地区的政府没有主权国家政府那样的经济政策手段。比如，一个地区不可能执行货币政策。而如果通过财政政策增加总需求，那么增加的也只是本地区居民的总需求，而本地区居民的总需求中很可能只有一小部分是对本地产品的需求，因而对本地经济的刺激作用有限。其结果，一个地方政府花了钱，很可能是促进了其他地区经济的发展。因此，需求管理政策对于地区来说是不适合的，供给管理政策因而就成为唯一选择。

经济全球化使得一个个国家和地区越来越像主权国家管辖的地区了。各国的经济政策不再独立。商品市场、资本市场的逐步开放都使得需求管理政策的效果越来越差，一国政府需求管理政策刺激起来的总需求很可能不是对本国产品的总需求。但供给管理政策就不一样。供给管理政策的直接受益人就是位于本国主权范围内的相关企业，因此受益最大的是本国企业。其他国家的居民可能也会享受到本国供给管理政策的好处，但毕竟是第二位的。

因此，在调节经济方面，供给管理政策有着其独特的优势。可以预期，随着产业结构的不断调整和经济全球化的不断加速，供给管理政策在宏观调控中的作用将越来越大，应用范围越来越广，也将越来越受到政策制定者的重视。

我国在应用供给管理政策时，应该把供给管理政策中与计划经济相似或有可能导向计划经济的因素加以系统地纠正，这种纠正至少包含以下四方面的内容：

（1）以间接调控代替直接调控。即运用供给管理政策调节激励、约束生产者的条件，并且保证这种调节是在公平竞争的市场秩序中和政府行为法治化、民主化的规范下展开，而不是直接干预和否定生产者本身的行为。

（2）以价格调节代替数量调节。在计划经济条件下，价格信号即市场的作用被否定，数量信号和配额指标成为经济的主要调节信号和基本方式，而在市场经济条件下，对于资源配置来说市场是基础性的，价格信号是基本的，因此在进行供给管理时应以价格调节为主要手段。当然，这种价格调节不能是直接的价格管制，而是以税收、补贴等形式出现的间接影响生产成本的价格调节方式。在市场经济中，企业拥有产品定价权，政府一般不应直接规定产品价格，而应对产品价格进行间接调控。企业应当在制度上，特别是企业产权制度上具有发现贴切价格信号的动力和能力，也应当面对竞争性市场价格的硬约束。

（3）以宏观调控代替微观调控。在市场经济条件下，运用供给管理政策在对企业（生产者）进行调控时，不应直接具体干涉某企业的运营，而应当一方面尽可能使政策针对某一类企业，比如某一行业、某一地区，或某种具有相同特征的同类企业；另一方面，尽可能影响这类企业所共同面临的竞争条件和环境，而不是直接影响企业行为本身。也就是说，供给管理政策虽然是针对企业的，但应当尽可能使其“宏观化”，“普遍化”。

(4) 以法律手段代替行政手段。法律手段的优势在于它包含了政策执行者和政策作用对象之间的互动机制,也就是说,既包含了对政策作用对象(企业)的法律约束,同时也包含了对政策执行者(政府)的法律规范。在市场经济条件下运用供给管理政策,重要的条件之一在于规范政府行为,使之规范化、法治化、程序化,否则供给管理很可能导致政府行政集权。而且,任何政策都可能有漏洞,一方面,政府有可能对经济不了解或对经济某些方面缺乏足够的信息,另一方面,个别企业也可能的确面临特殊情况,因而相互之间互动机制的存在就极为重要。如果说市场经济是法治经济,那么,法治化深入的关键,不仅在于针对一般市场经济中的私人主体行为建立和健全法律约束,而且更重要的在于对公权行为主体行为形成有效的法律约束。否则,若以行政手段为主,在政府与企业间只进行垂直的行政性管制而不能形成互动机制,供给管理政策的实施便可能导致管理体制的行政化。

第十二章

如何扩大内需[①]

要应对产能过剩，就必须扩大总需求；而在必须放弃出口导向型增长方式的前提下扩大总需求，就必须扩大内需。因此，如何扩大内需就成为中国经济面临的另一个重要问题。内需由两个部分构成，即消费和私人部门的投资。本章分别讨论如何扩大这两种需求。

第一节　如何扩大消费？

对于这个问题，我国学术界和政界已经讨论了很久，从 1997 年亚洲金融危机爆发以来，这就已经成为我国宏观调控的焦点。但直到现在，14 年过去了，这个问题依然没有得到解决，可见这个问题的难度之大。

要回答这个问题，需要先弄清楚两个问题。首先，消费该扩大多少？这个问题决定了宏观经济政策的力度。我国 2007 年私人消费占 GDP 的 48.8%，美国、我国的台湾和香港私人消费占 GDP 的比例也高达 70% 左右。因此，如果我国的消费要达到上述经济体的水平，消费占 GDP 的比例就该提高将近 21 个百分点。另外，也可以从出口占 GDP 的比例上来看这一问题。2007 年我国的出口占 GDP 的比例高达 35.5%，而美国出口占 GDP 的 10% 左右。显然，作为大

---

① 本章根据以下论文改写：苏剑，"如何扩大消费？"，《中国经济时报》2006 年 4 月 21 日；苏剑、林卫斌、叶淏尹，"金融危机下中美经济形势的差异和货币政策选择"，《经济学动态》2009 年第 9 期；苏剑、刘斌，"美国金融危机的成因和我国的对策"，《经济前沿》2009 年第 1 期。

国，我国的这一比例太高，如果达到美国的水平，我国的内需也要扩大25—30个百分点，如果主要靠扩大消费来扩大内需，我国消费占GDP的比例也必须提高25—30个百分点。无论怎样，我国要实现经济增长方式的转换，消费占GDP的比重应予大幅度提高这一事实是不可避免的。现在看来我国至少应该把这一比例提高10—15个百分点。

其次，在多长时间内把消费扩大这么多？也就是扩大消费的速度问题。目前，人民币升值迫在眉睫，即使没有外国政府的压力，我国经济自身也面临人民币升值的内在压力。如果人民币不升值，外汇将继续大规模流入中国，导致国内货币的大量投放，加剧资产价格泡沫。而且，随着外汇供给的增加，人民币升值也将无法避免。如果人民币升值真的迫在眉睫，那就意味着我们需要迅速实现扩大消费的目标。

要在短期内以如此大的幅度扩大消费，传统的财政政策很显然力度不够。减税能解决问题吗？中国居民的边际消费倾向很低，减税的结果很可能只是增加了居民储蓄，而不是消费。转移支付政策效果也一样，而且由于存在扭曲激励机制的问题，转移支付的力度也不可能大。消费补贴管用吗？短期内可能管用，但不可持续，力度估计也不足。目前我国学术界提出了几条扩大内需的政策建议。

第一，鼓励自主创新。创新能够开发新产品，开发出新的消费热点，进而扩大消费。从目前的中国经济状况来看，虽然中国的出口规模很大，但中国净出口其实不多，也就是说我们消费了很多的进口品。如果能够把进口品的消费转化成内需，那么问题在很大程度上就可以得到解决。但怎样才能让百姓更喜欢国货？也就是说必须生产出跟外国产品质量和科技含量差不多的商品。这就必须通过创新。这个可能性当然有，但是扩大消费的速度太慢，远水解不了近渴。

第二，调节收入分配。温总理也指出要调节收入分配，依据就是边际消费倾向递减，穷人边际消费倾向较高，而富人较低。穷人的愿望和需要没有得到完全满足，因此得到收入就会去购买，而富人基本满足了需求，额外的收入对于他们只会变成储蓄。但是近期能够做到吗？调节收入分配都有什么方法？首先说转移支付。转移支付给多少？给谁？怎么给？转移支付的力度实际上不会很大。再比如税收，提高到什么程度？得到的收入怎么转移支付呢？如果转移支付和税收双高，很有可能就出现劳动者的懒惰和社会生产的萎缩，国家面临巨大的财政压力。就像20世纪80年代西欧一些国家出现的状况。而且通过这种方式扩大内需，遇到的各方面的阻力会很大。所以说调节收入分配的短期效果也有限。

第三，城镇化。首先，城镇化意味市场的集中。分散的村子里你是没法开小饭馆的，但如果在一个万人的小镇，你就可以把饭馆开下去。市场规模的扩就促使一些企业和产业产生和壮大，尤其是服务业的发展。其次，城镇化带来人口的集中，信息交流会很便捷，一些类型的消费，比如攀比性消费，也会被刺激起来。再次，消费实际上也有成本。假如你在山村，你需要自己运回买来的电视机，而城镇里就有送货上门。因此城镇化有助于刺激消费。但这同样是长期的事，因为城镇化需要工业化或非农业化的配合，否则就会导致失业，但实际上就农村的发展现状来看跟不上。

第四，健全社会保障体制。现在的储蓄率过高主要是预防性储蓄过高。老百姓需要预防生活中可能遭遇的意外风险，所以消费倾向就下降了。而好的社会保障体制能够消除人们的后顾之忧，从而扩大人们的消费。但是这个体制短期内也建立不了。健全的社会保障体制需要多大的财力呢？美国的医疗改革试图实行全民医保。对于此事美国人讨论了很久，很多人反对，因为成本巨大。全民医保的费用最终将趋于无限大，为什么呢？因为给人治病，尤其对于将死的人，费用是极其高的。所以美国人担心这个改革会把美国财政拖垮。这个跟教育不同，受教育者的数量在任何国家都是一定的，教育标准也是确定的，所以成本是个有限的数，不管这个数多大。但是医疗技术的进步带动了费用的提升，治疗程度加深，时间延长，成本跟着就会无限上升。所以虽然说起来容易，但是想要在短期内健全社保制度其实很难。

那么还有什么方法可以在短期内扩大消费呢？我认为可以抑制房价。房价对消费影响太大了。对中国人来说，住房需求弹性很小，所谓的安家立业，结果就是为了买房不顾一切。这样，在人们的收入或者财富有限的情况下，对住房的购买过多地挤占了人们的可用资源，并极大抑制了人们对其他商品的消费。此外，消费也是需要空间的，尤其是耐用消费品。比如买了电视机就得有地方放置，人和电视之间还得有一定的距离。房价高了，老百姓有限的资源可以买得起的住房面积就小了，甚至根本买不起房子，这样他就不会买电视。因此，抑制房价短期就能扩大消费。但想抑制房价，阻力还是很大。一是地方政府的财源很大程度依赖于房地产，二是相关政策的完善还需要时间。

最后一个方法，我认为是放松人口政策。我认为只有放松人口政策才能最大力度地扩大内需。放松计划生育政策，会导致人口的大量增加，人口的增长自然会扩大消费。而且这个政策几乎是立竿见影的，能够在短期内起作用。实际上，我国最近30年来消费过低、储蓄率过高的主要原因之一就是计划生育政策。我国有“养儿防老”的传统，那时养儿子的支出表面看起来是消费，但实际上是储蓄、是长期投资，因为儿子长大了就会养老，这在古代缺乏投资工具的情况下几乎是唯一的储蓄和投资选择。在我国实行计划生育政策之后，人们本来用于养儿防老的钱就得存下来给自己养老，于是储蓄增加。因此，放松计划生育政策就有助于扩大消费。而且在目前的形势下，放松计划生育政策的效果很可能比较大。

目前我国消费太低，投资过大的主要根源之一就是我国的生育率长期太低。在最近30年中，此前出生的大量人口参与生产，但生育率却大幅度下降，结果抚养比也大幅度下降。孩子少了，花在孩子身上的钱自然就少，因此，与孩子较多时的情形相比，消费就下降。消费下降，但收入不变甚至上升，造成储蓄过大。储蓄大了，就必须转化为投资，否则经济就无法协调发展，因此投资过大。而储蓄长期过大的结果则是流动性过剩，这正是我国一年前面临的形势。

如果现在立即取消计划生育政策，对我国目前的消费会起到有效的拉动作用。① 根据国家统计局发布的历年统计数据，我国2006年人口出生率为1.209%，而1978年之后的近三十年中，人口出生率最高的时候达到2.333%，

① 决定消费的因素有许多。收入水平、收入分配肯定是关键的因素之一。生育率长期偏低当然也是原因之一。我们应该承认消费问题的复杂性。假定其他因素不变，比较一下生育率高和低两种情况，结论很明显：高生育率一定会导致高消费率。中国老百姓的储蓄主要是预防性储蓄，就是为了预防这些方面的意外事件。但储蓄的方式却是可以选择的。目前的储蓄方式主要是银行存款、住房、股票等。家庭储蓄的另外一种方式是投资于人力资本，也就是养个孩子。古代有“养儿防老”的说法，这实际上是投资于孩子上，希望孩子长大后能再养活老人，这实际上也是一种储蓄，因此花在孩子身上的钱看似消费，实际上是储蓄，也是投资。这在我国古代是实际情况，在现代随着社会保障制度的普及，“养儿防老”的必要性降低，但人们还是普遍认为，老了有个孩子照顾是必要的，自己的孩子是最让人放心的。我认为我国最近几十年储蓄率如此之高的主要原因就是储蓄方式从养孩子这种人力资本投资转向了金融投资如银行存款、股票以及房地产投资等方式，而金融投资通过种种方式转化成实物资本投资。我认为这就是最近几十年中国高储蓄、高投资的主要原因之一。

如果放弃计划生育政策之后出生率能达到2%，那么按照人口基数为13亿来计算，每年人口将多出生约1千万。这1千万孩子的出生，可以立即解决大约1千万个人的就业问题：要么孩子的妈妈回家带孩子，从而暂时退出劳动力市场；要么雇用保姆。当然也可能是老人带孩子，但这个比例应该不大，因为现在放弃计划生育政策的话，多出生的孩子的妈妈应该多为大龄妇女，其长辈年龄可能更大，很可能已经带不了孩子了。

除此之外，孩子出生后，就得有饭吃、有衣穿、有房住、有玩具玩，在中国"望子成龙"的思想支配下，可能孩子还没出生就要为其提供好的教育条件。这样就会拉动对这些产品的需求。假定每个孩子每年的支出为10 000元，这就是1 000亿元的消费需求。通过乘数效应，这1 000亿元最终应该能够至少导致1 000亿元的引致消费需求，这将拉动我国的GDP大约1个百分点。在目前货币政策和财政政策效果都不佳的情况下，能把我国的GDP拉动1个百分点的政策措施已经很难得了。而且，这种消费支出的质量非常高，增加的是我国未来的人力资本，比投资或政府支出质量要好得多。毕竟，投资可能会导致烂账甚至金融危机，政府支出可能会浪费严重，花在孩子身上的消费则绝对不会出现银行不良贷款。

重要的是，取消计划生育政策在目前的效果尤为突出。现在取消计划生育政策，效果会立即出现，最近一年里社会对月嫂、保姆、医疗、婴儿用品的需求会立即大幅度增加，在目前需求不振的情况下，这无异于一针强心剂。其次，现在取消计划生育政策，引致的消费需求几乎全是对劳动力密集性产品和服务的需求，比如保姆服务、玩具、衣服、教育等，因此，这个政策与我国目前的经济形势和产业结构契合得非常完美。

而且，一个孩子从出生到成长为劳动力大概需要20年时间，也就是说能够拉动20年的消费。因此，至少在20年的范围内，放松人口政策有助于中国经济的可持续发展。

按照马寅初当初提出计划生育政策的初衷，计划生育政策的目的就是抑制消费，增加投资。现在看来，这个目标的确是实现了，目前我国出现的问题是消费过低，投资过高，这意味着计划生育政策执行得已经过头了，已经开始对中国经济的发展构成威胁了。因此，我国应尽快放弃计划生育政策，至少放松计划生育政策的力度。关于我国为什么要放弃计划生育政策，本书第十三章将详细讨论，此处不多论述。

第二节　如何扩大投资？

一、短期政策

目前，投资占我国GDP的比重比较大，所以人们普遍认为，我国总需求的结构不合理，在扩大内需时，大家想到的都是如何扩大消费。问题是，如前所述，在不调整人口政策的情况下，我国扩大消费的难度很大。在这种情况下，扩大内需的着眼点还是扩大投资，因为这是我们在短期内能做到的事情。

我国目前出口比重过大、对外投资持续增加、资产价格泡沫出现这三个现象的根源都是产能过剩。产能过剩了，生产出来的东西国内消化不了，就只好设法出口；产能过剩了，我国实体经济中缺乏好的投资机会，多余的资金要么流向海外，要么流向我国的资产市场，这就导致了对外投资的迅速增加和资产价格泡沫。如果能够吸引我国资金进入实体经济投资，那就同时有助于解决这三个问题。问题是，目前私人部门投资不振的主要原因是缺乏投资机会。因此，要想刺激私人投资，就得设法创造投资机会。

我国目前恰恰就有这样的机会，这就是进行大规模的生态开发。比如，中国有200多万平方公里的沙漠，这么大规模的沙漠要治理好，多少资金都能用上，而且是被高效率地利用。那么，如何能吸引私人投资于沙漠治理呢？我们可以学习美国当年开发西部的经验。19世纪后半期，美国的中西部除了西海岸沿线以外，从中部到西部荒无人烟，但西海岸沿线远离当时美国人口稠密的东部地区，如果不能把东西部连接起来，西部很可能会独立，美国就可能会分裂。为了美国的统一，美国政府决定修建横贯美国东西部的几条铁路。但当时的美国中西部人烟稀少，无论是客运量还是货运量都太小，要想让私人企业投资修建这些铁路，仅凭运输收益是远远不够的。于是美国政府采取了用铁路沿线的土地换取铁路的政策，规定铁路修到哪里，铁路两旁一定距离内的土地就按照一定规则归铁路公司所有。这种用土地换铁路的措施大大激发了私人铁路公司的投资热情，于是这些铁路很快被修建好，铁路的贯通保证了美国事实上的统一。

治理沙漠也可以借鉴这种政策。那些沙漠虽然归国家所有，但本就没有什么用处，还时时侵蚀着我国的非沙漠地带。因此，治理沙漠对于我国长远来说是有利的。为了吸引私人企业投资于治理沙漠，我国也可以用土地换投资，也就是说，谁治理好哪一块沙漠，哪一块沙漠就归谁。如果土地所有权还不足以吸引私人投资，那就再加上一点政府补贴，直到把私人投资吸引过来为止。[①] 这对中国人来说是好事情，如果采取这样的办法，把私人投资吸引到那里很不错。

实际上，现在沙漠离我国的核心城市已经很近了，张北离北京也不远，治理难度不是很大。我国那么大面积的沙漠，其中沙漠化程度较低的沙漠面积达30万平方公里，有多少资金都可以投进去，这是利国利民、兼顾长短期利益的做法。随着经济的增长，我国土地将越来越稀缺，因此持有土地的预期收益应该是上升的，以此来吸引私人投资是可行的。

同时，要进行产品结构和产业结构的调整。我国目前产能过剩问题已经非常严重。但是，我国的产能过剩只是在低端产业，高端产业仍然是产能严重不足，比如飞机制造、汽车制造等现代制造业，我国还很落后；在通信、电子、航天等领域我国还远远落后于世界先进水平。因此，淘汰低端产业、扩大高端产业就能够解决我国的产能过剩问题。实际上，我国产能过剩的问题最终也只能通过这种办法解决。从我国进出口格局看，虽然我国的出口占到了GDP的35%—40%，但我国的净出口一般只有GDP的6%—7%，这说明我国的内需是有的，但我国自己满足不了这一部分需求，如果我国能够调整自己的产业结构，把这一部分产品改由国内提供，那么我国的产能也许并不过剩，当然这里边有一个产业结构调整的过程。

调整产业结构的重要措施是加快高端产业向我国的转移。我国相对于发达国家来说还很落后，因此对于发达国家来说是夕阳产业的东西，对于我国来说可能还是朝阳产业。这就是我国的“后发优势”。在本次全球金融危机中，各个国家采取的都是治标不治本的措施，结果是其企业的根本问题并没有得到解决。发达国家采取的这种治标不治本的措施给我国提供了良好的机遇。比如，困扰美国汽车业的主要问题之一是工资太高，导致成本过高。美国汽车业的工会非常强大，这使得工资刚性非常明显。这样，美国的汽车业的成本就降不下来，其竞争力无法恢复，甚至企业最终也将无法继续存在。美国采取的措施恰

① 当然，具体措施可以是招标制。

恰维持了这种高成本的生产环境。而我国目前的经济发展阶段比较落后,工人工资水平相对较低,但工人的素质却不低,毕竟经过新中国成立以来六十多年教育事业的发展和最近十多年来的高校扩招,我国工人的文化素质大幅度提高,尤其是年轻一代的教育程度已经基本达到发达国家的水平。我国目前也不缺资金。因此,美国和其他发达国家的制造业面临一个问题,即在工资成本高昂的发达国家,它们可能无法生存,因此它们要么把产业向发展中国家转移,要么最后破产。我国的劳动力素质和劳动力数量都能够保证产业向我国的转移。不管是外国企业迁向我国还是我国企业通过自己努力实现产业转移,效果对于我国来说都是一样。实际上,近年来我国企业已经在积极探索这一道路,如吉利收购沃尔沃、联想收购 IBM 的手提电脑技术等。作为政府来说,应该采取更为积极的措施鼓励中国企业通过各种方式提升自己的产品结构和技术水平。

为了实现产业结构的调整,我国还应鼓励企业进行研究与开发。如果通过我国企业的自身努力实现产业转移的话,就得花大量的力量进行自主研发,即使购买外国先进技术,也得设法消化吸收,最终变成我国自己的竞争力。我国政府可以加大研发投入,着重进行那些具有一定的基础性特征的研究与开发工作,这些研究工作对于企业来说要么成本过大,要么周期过长,得不偿失。因此必须由政府来做。比如电脑的发展就是这样。电脑的发明出现在 20 世纪 40 年代,但大规模进入家庭却是差不多 40 年之后。这么长时间里,美国政府通过对军事研究的支持,解决了大量问题,实现了电脑的快速化、小型化,为电脑进入家庭扫清了障碍。试想,如果让企业做这件事情,哪个企业能坚持 40 年?哪个企业愿意付出那么大的投入?又有哪个企业有这么大的财力?企业虽然也做研究与开发工作,但企业做的往往只是最后一步,在水到渠成的那一刹那,打开一个缺口把水放出来。至于水是怎么流过来的,企业根本就不会去管。

政府对企业研发活动应该给予税收减免或补贴。毕竟研发都是有外部性的。企业竞争力的提高有助于经济的可持续发展,也有助于解决就业问题。

二、长期政策

本人认为,目前的宏观调控体系中,关于刺激投资的政策问题,存在严重的缺陷,那就是过度依赖货币政策。本人认为,刺激投资可以从两个方面进行,一是降低成本即利率,这主要靠货币政策进行;一是提高投资的预期收益率,这主要靠创新活动实现。扩张性货币政策将导致企业投资项目的预期收益率越来越低，从而可能引发金融危机，不利于经济的健康发展。而创新活动则会提高投资的预期收益率，有助于避免金融危机，因而有利于经济的健康持续发展。

本小节首先讨论货币政策的恶果，然后分析创新对投资需求的影响，接下来讨论创新支持政策与货币政策的效果对比，最后是总结，主要讨论创新支持政策与货币政策的组合原则。

1. 货币政策的恶果

到目前为止，投资主要是通过货币政策调控的。货币政策调控的是利率，也就是投资的成本。随着投资成本的变化，企业投资的积极性也会发生变化，从而会导致企业投资需求的变化。理论上说，这种方法是可行的，投资与利率之间的关系也是比较稳定的，最近几十年的经济实践证明了这一点。

然而，这种政策在短期内可能有效，但在中长期却对经济有着极为不利的影响。现代经济最大的特点是有效需求不足，在这个情况下，要通过货币政策刺激有效需求，就必须降低利率。利率的降低使得投资成本下降，就使得原来无利可图的投资项目变得有利可图，从而使得企业愿意进行这些投资。假定开始时市场利率为10%，那么，只有收益率大于或等于10%的项目才会被企业或个人投资，小于10%的项目就不会被投资。如果中央银行为了刺激投资，把利率降到了5%，这时，收益率介于5%到10%之间的项目变得有利可图，于是企业就会投资于这些项目。这样，投资就增加了。

但这些投资的增加是以投资质量的下降为代价的，也就是说，用货币政策刺激投资需求的结果是低效益项目被采用。随着投资的增加，企业的资本存量和生产能力也上升；而随着资本存量的增加，资本的边际收益率会递减。在资本的边际收益率递减的情况下，要想继续用货币政策刺激投资需求，就需要进一步降低利率，结果是效益更低的项目被采用。这样恶性循环下去，投资项目的质量越来越低，最后一旦经济稍有风吹草动，比如，在上述例子中，如果由于某种原因市场利率再上升到10%，那么此前进行的收益率介于5%到10%之间的项目不再有利可图，相应项目的贷款可能会变成烂账，于是就有可能引发金融危机。

最近几年发生在美国的“次贷危机”就是这种货币政策的直接后果。从2000年中期开始，美国经济开始陷入衰退，2001年的“9·11”事件更是使美国经济雪上加霜。为了挽救美国经济，美联储连续降低利率，到2003年中期，美国的目标联邦基金利率从2000年中期的6.5%降到了1%(见图12.1)。随着商业银行资金借入成本的下降,商业银行的贷款利率也跟着下降,放贷条件越来越宽松。于是,在住房抵押贷款市场上,大批原本没有贷款资格的购房者能够获得贷款了,首付也被采取各种各样的变通措施从20%变成了几乎零首付,这种贷款就是所谓的住房"次级贷款"。随后,"次级贷款"迅速大规模扩张。

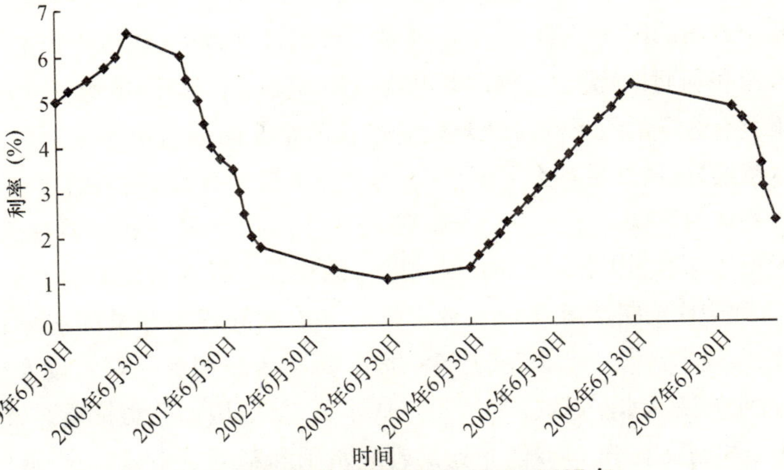

图12.1 美国的联邦基金利率,1999—2007年

这种宽松的货币政策有效地刺激了美国经济。以住房投资为主要特征的投资增加使得美国经济迅速回暖,据估计,美国2002年0.7%的经济增长率中有0.5个百分点是由房地产业创造的(李德水,2007),美国的经济增长率于2003年进一步达到了3.1%。受宽松房贷条件的影响,美国的住房需求迅速增加,结果导致房价一路飙升。到2003年中期,美国经济出现了过热的迹象,于是美联储开始提高利率。利率的提高使得当初以较低利率获得贷款的购房者的月供大幅度提高,而这些"次级贷款者"本来收入就比较低,月供的大幅度提高就使得他们再也无法承受,于是出现了大量断供的现象,而商业银行的大量"次级贷款"就成了烂账,引发"次贷危机"。

因此,在其他因素不变的情况下,长期采取扩张性货币政策的结果就是金融危机。

2. 创新与投资

既然长期用货币政策刺激投资会导致金融危机,那么,应该如何刺激投资呢？我们得从投资的决定因素说起。我们知道，企业在决定是否进行一项投资时，要进行成本—收益分析。因此，决定投资的因素无非来自成本和收益两个方面。货币政策是通过调节投资成本来调节投资需求的。那么，有没有可能通过调节投资收益来调节投资呢？

答案是肯定的。企业的投资收益可用资本的边际收益率来衡量。资本的边际收益率又决定于哪些因素呢？从宏观层面来看，资本的边际收益率决定于以下几个方面的因素。第一，市场规模。市场规模越大，同等生产能力下企业的销售额和利润也就越大，收益率也就越大。实际上，我国最近30年的对外开放政策就有这样的效果。对外开放使得我国企业面临的市场从国内市场扩大为全球市场，市场规模扩大了无数倍，为企业创造了很大的盈利空间。第二，其他生产要素的规模。对于一个企业或一个经济而言，某一种要素规模的上升，意味着其他要素变得相对稀缺，因此后者的边际收益就会上升。比如，就农业而言，耕地规模的扩大就会使农业劳动力和农机等资本存量的边际收益率上升。第三，技术水平。在企业的资本存量、劳动力雇佣量等要素投入给定的情况下，企业的技术水平越高，平均生产成本就越低，因而收益率就越高。第四，管理水平和制度效率。同理，企业的管理水平和制度效率越高，企业的收益率也会越高。因此，改善管理，提高制度效率也有助于提高企业的投资收益率。我国最近30年经济改革的效果充分说明了这一点。第五，新产品的出现。新产品刚刚出现的时候，往往需求很大，因此新产品的出现会使企业已有的生产能力得到尽可能多的利用，从而提高投资的收益率。

因此，要想从收益一边来刺激投资需求，就得从这五个方面入手，然而，技术水平的提高和新产品的出现有赖于科技创新，管理水平的提高有赖于管理能力和企业组织的创新，制度效率的提高有赖于制度创新；市场规模的扩大依赖于对外开放度的提高，同时也依赖于企业管理尤其是销售方面的创新和科技创新，比如新科技成果的出现可能为现有产品找到新的用途从而扩大该产品的市场规模；而其他要素规模的增加也依赖于科技创新，比如航天技术的发展可能会拓宽关键自然资源的来源渠道，生物能源的研究进展可能会降低对不可再生能源的依赖度，等等。因此，这五个方面的提高，最终都取决于各种各样的创新活动。创新研究大师熊彼特(2006，也可参见徐则荣(2006))把创新活动分为五大类，即寻求新市场、新资源、新工艺、新的组织形式、新产品的活动，这五类创新活动跟上述刺激投资需求的五个方面完全对应。

因此，要从收益一边刺激投资需求，就必须鼓励各种各样的创新活动，包括产品创新、工艺创新、制度创新、资源创新、市场创新五个方面。政府用于鼓励创新活动的政策就可以从这五个方面来着手，我们统称之为“创新支持政策”。

3. 创新支持政策与货币政策的效果对比

货币政策通过调节投资成本来调节投资，而创新支持政策则通过调节投资收益来调节投资。因此，二者之间有着很强的替代关系。现代经济经常遇到的难题是有效需求不足，因此如何刺激投资就是宏观经济政策的一项长期目标。如前所述，货币政策和创新支持政策二者均可用来调节投资，但二者对投资的影响效果不一样，因而对宏观经济的影响也不一样。我们从经济的强健程度、政策效果的滞后程度、政策效果的不确定性、政策效果的对称性四个方面来讨论这一问题。

首先，我们考虑经济的强健程度。所谓“经济的强健程度”，指的是经济的抗打击能力，或者应对各种外来冲击的能力。投资的质量直接决定了经济的抗打击能力。所谓“投资的质量”，是相对于“投资的数量”而言的，它指的是投资的预期收益率。货币政策和创新支持政策均可对投资的数量产生影响，但所带来的投资的质量或预期收益率是不一样的。货币政策通过降低利率来增加投资，此时所增加的投资的预期收益率是随着投资的增加而递减的；而创新支持政策则直接提高投资的预期收益率，因此所增加的投资的预期收益率不会降低甚至会更高。所以，创新支持政策所增加的投资的质量更高。投资质量越高，经济的抗打击能力就越强，经济就越强健；反之，投资质量越低，经济就越脆弱，应对各种冲击的能力就越弱，长期采用宽松的货币政策来刺激投资的结果就是金融危机出现的可能性加大。

其次，我们考虑政策效果的滞后程度。货币政策调控的是投资成本，即利率，从货币变动到利率变动这个过程可以很快。而创新支持政策首先影响的是企业或科研人员从事创新活动的积极性，创新活动本身从开始计划到最终完成需要时间，而从创新成果完成到实际应用也需要时间，最后才会导致投资的预期收益率的提高，这个过程可能会比较长。从利率变动或预期收益率的提高到投资项目最终完成同样都需要时间，但这个时间对于二者来说很可能没有大的差别。因此，相对来说，创新支持政策效果的滞后时间要比货币政策效果的滞后时间长得多。

再次,我们考虑政策效果的不确定性。创新活动,尤其是科研创新的不确定性很大。创新是在未知领域内活动,因此天然地具有很大的不确定性。创新有可能成功,也有可能失败;而且,由于知识产权保护制度的存在,即使创新活动本身成功,也可能由于完成时间晚了一步而前功尽弃。而货币政策降低的是利率,利率的变动对于企业来说是很明显的事情,因此,货币政策虽然也面临许多不确定性,但相对于创新支持政策来说,不确定性要小得多。

最后,我们考虑政策效果的对称性。在用货币政策调节投资时,理论上说,利率的提高是没有上限的,但在降低利率时却有一个下限,这就是所谓的"流动性陷阱",也就是说,利率是不可能无限度降低的,至少名义利率不可能为负。因此,当经济陷入"流动性陷阱"时,货币政策就会失灵。因此货币政策效果的对称性比较差。创新活动取决于我们对世界的认识的深化,世界是无限的,真理是无穷无尽的,而我们对世界的认识当然也是无限的,因此创新活动就没有极限。创新支持政策的目的是提高投资项目的预期收益率,而投资项目的预期收益率既没有上限也没有下限,因此创新支持政策的效果的对称性比较好,创新支持政策没有失灵的时候。

4. 总结

综上所述,在调节投资方面,货币政策和创新支持政策各有利弊。创新支持政策在经济的强健程度和政策效果的对称性方面优于货币政策,而货币政策在政策效果的滞后性和不确定性方面优于创新支持政策。因此,我们应该尽可能利用二者各自的优点,抑制其缺点。在政策组合方面,具体原则应该是"创新支持政策为主,货币政策为辅"。由于创新支持政策有利于经济的健康发展,因此应予优先采用,同时,如果创新活动持续进行、创新成果不断涌现的话,投资的预期收益率就会被保持在一个比较高的水平上,利率也就可以更高一些,经济面临"流动性陷阱"的可能性就会大大降低。而如果创新成果过多,投资的预期收益率过高从而投资过大的话,我们就可以用货币政策提高利率来抑制投资;我们知道,货币政策在增加投资方面的效果远不如在降低投资方面的效果大,因此这样正好也发挥了货币政策的长处。而货币政策的辅助作用也有利于克服创新支持政策效果的滞后性和不确定性方面的缺陷。比如,如果创新活动过于密集,导致投资收益率过大,从而引起投资过大并导致经济过热,此时可用降低创新支持度的办法来消除经济过热，但此政策效果滞后时间太长，政策效果的不确定性也太大；而如果采取货币政策提高利率就可迅速降低投资，政策效果的不确定性也相对要小得多。因此，“创新支持政策为主，货币政策为辅”的具体含义是“以创新支持政策扩张，以货币政策紧缩；以创新支持政策粗调，以货币政策微调；以创新支持政策应付中长期问题，以货币政策应付短期问题；以创新支持政策解决系统性问题，以货币政策应付随机性问题”。

创新能够改善企业的生产效率和盈利能力，因此它实际上影响的是一个经济可用资源的总量和由技术水平、管理水平以及制度决定的生产效率。因此，创新支持政策是在影响经济的供给一边，创新支持政策因而是供给管理政策的一种。与需求管理政策相比，供给管理政策有着独特的优点，在解决“滞胀”这样的经济问题方面具有需求管理政策所无法比拟的优越性。

目前，随着我国经济形势的复杂化和宏观调控难度的加大，供给管理日益受到了人们的重视。刘伟、苏剑（2007a）探讨了我国目前的宏观经济形势的特殊复杂性，并由此探讨了供给管理的重要性以及如何进行供给管理；刘伟、苏剑（2007b）探讨了供给管理在我国的市场化进程中的重要作用；苏剑（2008）较为详细地探讨了供给管理的各种政策工具及其效果的大小和特殊性，并进而分析了供给管理与需求管理组合的原则。

创新是现代经济持续增长的源泉。我国最近30年来的经济增长主要体现在制度创新上，各个方面的改革为我国经济注入了新的活力，促进了我国经济的长期高速增长。美国20世纪90年代的“新经济”所导致的经济繁荣实际上也是创新成果大量应用的结果。可以预期，创新在未来的世界经济发展中将起到越来越重要的作用，创新支持政策在未来的宏观调控中将会得到越来越广泛的应用。

第十三章

论我国人口政策的走向[①]

在本书前面的讨论中，我们提到了人口政策问题。本章详细探讨我国人口政策的走向问题。

计划生育政策在我国已经执行了近三十年了。计划生育政策政策执行的结果是我国的人口增长率大幅度下降。1992年，我国的生育率就已经低于实现人类世代交替所需的更替水平，即平均每对夫妇生育2.1个孩子。而按照人口学家的估计，我国目前的整体生育率在1.3—1.8之间，都显著低于更替水平(邓瑾,2008)。从1992年到现在，16年过去了，几乎是一代人的时间。这么长时间的低生育率，给我国带来了很多方面的严重问题。最近，据《南方周末》报道，许多人口学家认为，中国面临低生育率陷阱，学界呼吁调整人口政策(邓瑾,2008)。本文主要从经济可持续发展的角度说明低生育率给我国经济产生的严重不利影响，并呼吁我国立即调整人口政策，大幅度放松甚至完全取消计划生育政策。

本人认为，《人口论》的前提假设已经不再成立；我国的老龄化进程将加快，今后将面临巨大的养老压力；我国农村的富余劳动力已基本转移完毕，劳动力过剩将逐步让位于劳动力短缺成为我国经济面临的主要问题，放松人口政策符合我国目前和未来的经济形势，既有利于解决未来劳动力极度短缺的问题，也有助于解决目前消费需求不足的问题。

---

① 本章根据以下论文改写：苏剑，“论我国人口政策的走向”，《广东商学院学报》2010年第1期。

第一节　《人口论》的前提假设已经不再成立

马尔萨斯的《人口论》有两个前提假设，即人口按几何级数增加，而食物按算术级数增加。实际上，这两个假设在现代社会都已经不成立了。人口不再按几何级数增加，而食物也不是按算术级数增加。马寅初在其著作《新人口论》中，就注意到了马尔萨斯《人口论》的前提假设不成立的情况。他指出："当时法国拿破仑在欧洲挑起了大战，人民死得很多，粮食不足的情况好转了一些，因而大家认为马尔萨斯的'人口论'很正确。但是拿破仑战争以后，他的学说应用到德国的情况上，就不符合实际了。由于当时德国科学研究的发展，粮食也按几何级数增加，比人口增长的速度还要快，他的食物按算术级数增加的理论基础就此破产。马尔萨斯没有想到以后的科学研究能够飞跃地发展，使得粮食也按几何级数增加，并且比人口增加得更快。应该了解，土地和劳动力这些自然条件，虽是农业生产最根本的条件，但它们在发展生产上是有一定限制的，而科学的发展则是无止境的。科学愈发达，人民的文化水平也愈加提高。知识增加，一方面促使劳动生产率增长，另一方面促使生殖率减低，例如社会上层分子和脑力劳动者娱乐的方式较多，如打球、划船、骑马、打猎等多方面的活动，减低了他们的性欲。法国上层分子的生殖率停滞不变，他们把生儿育女看做包袱。又如约翰雷指出夏威夷群岛的土地非常肥沃，食品大量增加，但人口并不跟着增加，主要是因为该处的居民并不是喜欢多子多孙的，这又有力地反驳了马尔萨斯的人口论，因此他的人口按几何级数增加的理论也就此破了产。"

一、人口按几何级数增长吗?

许多因素都在自发地抑制着人口的增长。这类因素大致可以分为三类:经济因素、科技因素和生育控制技术。

经济因素对人口自然增长的作用主要表现在它决定了人口的增殖条件和生存条件，通过改变人口的出生率和死亡率来影响人口的自然增长率。人们的生活水平的提高以及社会保障体系的建立和完善降低了人们对"养儿防老"的需求，妇女受教育程度的提高导致了生养孩子的机会成本提高，城镇化引起的人们的生活方式的变化导致了家庭规模的缩小，这些都使得人口增长率下降。

科技因素对人口的自然增长也有着明显的抑制作用。随着科学技术水平的提高,人口自然增长率趋于下降,这一趋势在现代社会尤为明显,其原因主要有三个。一是随着人们接受教育年限的延长,平均婚龄也会相应推延;二是人们的科学文化水平愈高,就愈加注意自身及其后代各项素质的提高,少生优育;三是技术进步带来的劳动生产率的提高本身对劳动力需求有一定的抑制作用。

生育控制技术的进步和成熟又使得人工控制生育率成为可能。

从我国的实际情况来看,据有关机构调查发现,与1990年相比,北京35岁以下的育龄女性生育意愿已明显降低,1990年一半的育龄女性在25岁时就有孩子了,目前这一年龄已提高到28岁;而在35岁以上育龄妇女中,未生育的比例越来越高,其中35岁仍未生育的比例,已由1990年时的4.08%上升到今天的11.79%;另外,在允许生二胎的独生子女家庭中,有六成以上打算只要一胎或者不生育(程亚文,2007)。这些数据无疑表明北京市居民的生育文化,在最近十余年间向着不愿生育的方向,推进了一大步。北京的情况是整个中国,特别是中国大城市的一个先兆。

近年来,在美国、日本等发达国家以及我国北京、上海等大城市已经出现了人口负增长的情况。总体来看,我国的人口出生率呈逐渐下降趋势,而且这一趋势在一定时段内仍将延续。一旦经济发展水平赶上或接近发达国家的水平,人口将很可能不再按几何级数增长,而是按几何级数下降。

二、食物按算术级数增长吗?

食物按算术级数增加的理论背景是土地的边际报酬递减。然而,土地的边际报酬决定于许多因素,包括劳动力投入、农业技术水平、资本投入、化肥、管理水平和制度安排等。而这些因素中任意一个的变化都有可能提高土地的边际报酬,其中农业技术水平的影响尤为巨大。我国最近几十年的农业史表明,新品种的开发、化肥的使用、耕作技术的提高等都有助于提高粮食单产。最近几十年我国和世界农业的发展表明,土地的单产是逐步上升的,“土地的边际报酬递减规律”受到了其他因素的变化尤其是技术进步的强有力的抑制。

蔡承智等(2007)根据联合国粮农组织(FAO)和国际应用系统分析研究所(IIASA)基于中国1961年以来的统计资料计算了中国41个地区六大主要作物(水稻、小麦、玉米、马铃薯、油菜、大豆)的单产潜力。研究结果表明:我国以上主要作物的最高单产潜力是目前全国平均单产的1.2—2.9倍。如果再考虑到我国农业生产技术上仍然存在着较大的提升空间，我国未来粮食增产方面的潜力是非常大的，足以保证未来人口的粮食需求。

三、马寅初《新人口论》的前提假设也已不再成立

在1957年发表的《新人口论》中，马寅初先生认为我国应该控制人口增长的主要原因之一就是消费太高，积累太少，影响经济发展。而现在，困扰我们的问题不是消费太高，积累太少，而是恰恰相反，消费太低，积累太高。目前，在我国的国内生产总值中，私人消费仅占不到50%，而投资却占了40%左右。消费不足直接导致有效需求不足，间接导致了出口过大和投资过大。

第二节　韩国的教训①

在人口问题上，韩国跟中国的情况非常相似。如果人口多是个坏事情的话，那么韩国在20世纪60年代初的时候人口形势甚至比中国更严峻。在20世纪五六十年代，韩国的生育率很高，1960年的总和生育率（即一个妇女一生生育孩子的数字）高达5.9。韩国的人口密度也远远高于中国，即使扣除中国西部不适宜人居住的地方，韩国的人口密度仍然比中国大得多。

韩国于1962年开始全面推行计划生育。此后的二十多年间，韩国的生育率水平迅速下降，到1990年韩国的总和生育率降到1.59。也就是说，韩国的生育水平已经远远低于维持人口不变的水平。于是在20世纪90年代初在韩国出现了一场关于人口政策的大论战。有人担心生育率的继续下降会危及韩国未来发展，主张放弃计划生育政策；而反对者则坚持应该继续控制人口增长。最后，韩国政府决定成立一个人口政策委员会，专门就人口政策问题进行研究，根据这个委员会的建议，韩国政府于1996年采取了“新人口政策”，取消控制生育的政策。取消这个政策之后，令人们感到意外的是，韩国的总和生育率非但没有上升，反而继续快速下降，到2004年，韩国的总和生育率降到了1.19，比同期被认为已经陷入人口危机的日本还低（2004年日本的总和生育率为1.29）。

---

① 本节数据和主要素材来自文晔（2009）。

面对这种形势，韩国政府在2004年采取了鼓励生育的政策，设定了“使总和生育率在2010年提高到1.6”的目标。韩国的中小学课本中也改变了立场，告诉孩子们“人多是好事”。

我国目前的情况跟韩国20世纪90年代十分相似。现在，在北京、上海等大城市已经出现了人口自然增长率为负的情况。而经过三十多年的计划生育实践和大规模的宣传之后，人们的新的生育文化已经形成，即使农村家庭多数也不想多要孩子了。因此，我国应该立即放松计划生育政策，切莫等人口出现问题之后再去补救。

第三节　我国的老龄化进程将加快，今后将面临巨大的养老压力

据原国家统计局局长、国务院第五次全国人口普查领导小组副组长朱之鑫介绍，我国改革开放以来，随着经济社会迅速发展，人民生活水平和医疗卫生保健事业得以有了巨大改善，特别是人口生育水平迅速下降，人口老龄化进程加快。他指出，这次人口普查反映出我国人口年龄结构从1990年到2000年发生了较大变化：2000年0—14岁人口占总人口的比重为22.89%，比1990年人口普查时下降了4.8个百分点；65岁及以上人口占总人口的比重为6.96%，比1990年人口普查时上升了1.39个百分点。这说明我国今后将面临巨大的养老压力。①

根据张车伟、吴要武(2005)对于我国人口的预测，我国的工作年龄人口会在2015年前后停止增长，此后将面临工作年龄人口的净减少。由于城镇化的影响，城镇工作年龄人口的变动趋势不同于全国工作年龄人口的变动趋势，城镇工作年龄人口的增加趋势依赖于城镇化的进程。只要中国的城镇化进程不结束，城镇工作年龄人口增加的趋势就不会停止。可以预见的是，随着农村人口总量的逐步减少，城镇工作年龄人口的增长速度也会逐渐减缓。

由于计划生育政策的实施，中国得以在比多数发达国家短得多的时间内完

---

① 参见国务院新闻办公室，朱之鑫答记者问，http://www.china.com.cn/zhibo/2001-03/28/content_8784408.htm。

成人口转变过程。中国人口转变经历了两个阶段，第一个阶段是从高死亡率、高出生率、低自然增长率过渡到低死亡率、高出生率、高自然增长率的转变，这一转变是在上个世纪50年代完成的。第二个阶段是从低死亡率、高出生率、高自然增长率到低死亡率、低出生率、低自然增长率的转变，这一转变在1980—2000年短短20年中就完成了。中国的人口结构也相应地从早期年轻人口占主要地位的典型金字塔形转变为老年人口增加、中间年龄人口占主要地位的近乎橄榄形。据联合国的预测，到2030年，中国人口的年龄结构将更趋向于老年人口多于青年人口的倒金字塔形。这将使得独生子女一代的养老负担太重（李雨民，2006）。

此外，由于人口老龄化问题和劳动力濒临短缺，我国的退休政策也面临着调整的压力。在2008年的中国劳动论坛上，人力资源和社会保障部社会保障研究所所长何平透露："相关部门正在酝酿条件成熟时延长法定退休年龄，有可能女职工从2010年开始，男职工从2015年开始，采取'小步渐进'的方式，每3年延迟1岁，逐步将法定退休年龄提高到65岁。"[①]其实推迟退休年龄只是解决人口危机的被动方法，停止计划生育并鼓励生育才是主动方法。如果人口政策不调整，生育率不能有效提升，那么退休年龄就不得不一再推迟，而这一点显然不是长久之计。因此，与其推迟退休年龄，不如停止计划生育政策。

第四节　放松人口政策符合我国目前和未来的经济形势

一、放松人口政策有助于扩大内需

本书前面已经提到，如果现在立即取消计划生育政策，对我国目前的消费会起到有效的拉动作用。孩子出生后，就得有饭吃、有衣穿、有房住、有玩具玩，在中国"望子成龙"的思想支配下，可能孩子还没出生就要为其提供好的教育条件。这样就会拉动对这些产品的需求。而且，由于一个孩子从出生到成为劳动

① 参见"人保部：男女退休年龄或推至65岁"，《新京报》2008年11月6日，http://news.sina.com.cn/c/2008-11-06/032716596805.shtml。

力需要20年时间，因此一个孩子的出生可以拉动20年的消费而不对劳动力市场构成压力。在目前货币政策和财政政策效果都不佳的情况下，人口政策可能是最佳选择。

二、放松人口政策有助于应对未来劳动力短缺的局面

一个人从出生到成为劳动力需要20年时间，也就是说，现在放松人口政策影响现在的消费和20年后的劳动力市场。那么，20年后，我国的就业形势如何？这首先取决于对我国目前就业形势的判断。

在判断中国目前的就业形势时，一个最重要的因素是中国农村的富余劳动力。对此，目前有一种非常有趣的现象。一方面，蔡昉(2007)指出，有许多人认为我国目前还有1.5到两亿的富余劳动力；另一方面，蔡昉自己通过抽样调查发现，我国农村的富余劳动力在2006年已经只有5000万多一点(蔡昉，2007)，苏剑(2009)认为我国农村目前已经没有了富余劳动力，我国各级政府的农业和农村主管部门也在惊呼农村劳动力大量流失，从事农业生产的是"386199"(即妇女、小孩、老人)部队(徐州市农业资源开发局，2006；张学俭，2005)。

本人认为，我国农村的富余劳动力已经转移完毕。"民工荒"、近年来农民工真实工资水平的快速上涨、农业劳动力的匮乏都说明了这个问题。

那么，20年后我国的就业形势如何？如果20年后我国仍然面临劳动力大量过剩的形势，那么现在放松人口政策就会导致20年后的就业压力，就跟20世纪90年代末的高校扩张对现在的大学生就业形势的影响一样。因此，对20年后我国的就业形势的判断对于现在的人口政策选择就极为重要。要做到这一点，我们需要对最近30年来尤其是近年来我国的就业形势有一个明确的认识。本书第十一章指出，目前我国劳动力市场基本上已经达到均衡，那么按照同样的推论方法，20年后我国将面临严重的劳动力短缺问题。

目前，绝大多数学者都认为，我国今后应该还能维持20至30年的高速增长。我赞同这一观点。中国还是个发展中国家，生活水平距发达国家的差别还很大，这恰恰说明了我国的长期消费潜力，这就是我国经济长期增长的保证。因此，我认为中国经济增长的风险肯定是有的，但继续高速增长20年的可能性很大。如果这个判断是对的，那么可以得出结论：我国劳动力短缺的时代即将到来。不管怎样，随着经济总规模的扩大，对劳动力的需求肯定会增加。如果

劳动力需求以年均4%的速度增长，那么10年时间我国的劳动力需求就将增长近50%；如果国家统计局公布的2006年的就业数据可靠的话，那么2015年我国的劳动力需求将接近12亿。而如果我国的人口自然增长率今后依然维持2006年的0.528%的话（这也是保守估计，因为我国的人口自然增长率是逐年下降的），那么2015年我国的人口总数就将为13.8亿。如果我国经济活动人口占人口总数的比例也维持2006年的水平（即60%），我国2015年的经济活动人口总数就将为8.29亿。这样算来，我国2015年的劳动力缺口就将达到3.7亿。当然，这是按照2004年中国的劳动力素质和产业结构判断的，随着中国农民工工资的提高，中国经济的产业结构也会调整，从而劳动力需求的增长率可能不像以前劳动力密集型经济那么高。但不管怎么说，20年后劳动力短缺的局面将不可避免。

劳动力短缺对我国经济的持续增长将构成严重约束。产业结构的转化和升级的确可以解决一些问题，但随着科技的进步，人类的消费项目、活动空间都将迅速扩展，因而会需要大量的劳动力。比如互联网导致的虚拟空间的存在就带来了新的行业，比如网上社区、网络游戏、网络资源等。以后，人类的活动空间可能会向多个方向扩展，比如南极、沙漠、海洋，甚至月球、火星等，这些都需要劳动力。当然，有人会说，劳动力素质的提高可以解决这一问题，但人的劳动力素质再高，在许多场合都必须有人的存在经济和社会才可能正常运转。随着经济规模的扩大和科技的进步，人类的活动范围也越来越大，对劳动力的需求也将越来越大。而这种需求是劳动力素质提高、资本深化、技术进步等因素无法完全满足的。劳动力数量必须有一定程度的增加才能满足经济增长的要求。无论如何，一个人本事再大，他也不可能同时出现在好几个场合，人是其他要素所无法完全替代的。因此，从当前来看，放松人口是应对未来劳动力短缺的当务之急和必然选择。

第五节　人口规模对经济发展没有必然的抑制作用

在许多人，甚至人口政策主管部门看来，人口政策一旦松动，就有可能导致人口失控。在他们看来，人口过快增长，将对中国的经济、环境以及资源等带来负面影响。实际上，人们最为担心的就是人口对经济发展的负面影响。很多人认为，人口规模过大会导致经济发展过慢和贫困化，甚至超过一个国家的承担能力。实际上，这种担心毫无科学根据，完全是猜测。

人口规模跟经济发展缓慢和贫困化之间没有必然联系。如果说人口规模过大是我国改革开放前经济出现问题的主要原因之一，那么日本、新加坡以及中国香港和台湾地区这四个经济体的表现又怎么解释？这四个经济体的人口密度哪个不比我国大陆大？但人家好像并不贫困，经济增长率好像也不低。有人可能会说，这四个经济体的规模太小，没有可比性，那么我们就找个有可比性的。我们可以对比一下1956—1978年的中国经济和1978年到现在的中国经济。1956年的时候，我国大约有6亿人口，1978年的时候，我国大约有9.6亿人口，大致是一个数量级的，因此有可比性。但是，1956—1978年，我国经济到了崩溃的边缘，而1978年到现在，我国经济高速增长，贫困人口持续下降。人口规模小的经济出了问题，人口规模大的经济快速增长，这跟人口论的预言完全相反。因此，贫困化和经济增长速度低的原因绝对不会是人口问题，而在其他方面。

可能有人还会说，中国人口太多。那么中国最适度的人口规模是多少？没人能给个确定的答案。马寅初指出1957年的6亿人口已经过多，但看看现在，我国有13亿人口，但生活应该比当时好得多。最优人口规模取决于技术进步、外贸等很多因素。好多人研究最优人口规模，但是对同一国家的最优规模都有分歧，因为它的决定因素太多了。

很多人说人口过多会导致贫困化和经济增长的停滞。在我看来，它们之间没有必然联系。看看韩国、日本，以及我国的台湾和香港，它们的人口规模都比中国大陆高得多，但经济很发达。如果大家觉得这几个经济规模太小，跟大陆没有可比性，那我们就比较一下中国的两个不同时期。1958年中国有6亿人口，1978年有9.6亿，具有可比性。但是，1958—1978年，中国经济几乎崩溃；而1978年至今，经济却迅速发展：人口少却穷，人口多反而发展。因此，人口规模与贫困化和经济停滞之间没有必然联系。

第六节 总　　结

放弃计划生育政策最大的难度是人们的观念转不过来。从1978年到现在,我国的经济形势和人口形势都发生了翻天覆地的变化,但许多人关于人口问题的观念还停留在30年前,甚至50年前。

在宏观调控过程中,我们应该尽量做到预防为主。宏观调控当局不能做"消防队",等火灾发生了再去灭火,而是要尽量防患于未然。这就要求对经济有一定的预见性。对于经济的未来走向,往往会有诸多意外因素会影响我们的判断,但就长期来看,可以肯定的是,我国经济将会出现如下几个不可避免的趋势。

首先,20年后我国必将出现劳动力短缺的局面。只要我国经济在增长,这个趋势就不可避免。其次,即使没有计划生育政策,我国的人口出生率也将逐步下降。随着社会保障体系的完善、人们收入的提高、城镇化、妇女教育水平的提高,以及节育技术的进步,人口出生率下降的趋势不可避免,这已为发达国家的人口历史证实,同时这一趋势在我国北京、上海等大城市也已显现。再次,随着技术的进步和人类活动范围的扩大,人类的消费项目和消费空间也将逐步扩展,新的产业将会出现,劳动力需求将越来越大。比如太空旅行,一旦技术进步导致这种消费项目平民化,就不仅会刺激旅游业的发展,同时还需要一个强大的航天工业来支撑。

最近30年,我国的经济形势变化非常快,在人口政策领域,许多人的观念还停留在30年前。我们必须与时俱进,不能依据30年前的经济形势或30年前的经济理论来指导现在的经济政策,应立即取消计划生育政策,否则将会使我国未来的宏观经济政策陷于被动。

综上所述,劳动力短缺将是我国经济未来的主要特征,因此,放松人口政策甚至完全取消计划生育政策是我国目前的当务之急。现在取消计划生育政策,既有助于解决未来劳动力短缺的问题,也有助于应对目前内需不足的严峻局面。在目前情况下,我国居民的消费倾向很低,这使得传统的宏观经济政策的效果受到严重拟制。因此,我们应积极寻找各种非传统的政策措施,而放松人口政策就是最简单、最有效、跟我国目前的产业结构和失业结构吻合度也最高的政策措施。因此,不管从哪一方面来说,我国都应该尽快放弃计划生育政策。

第十四章

中国目前的通货膨胀:特点、成因及对策①

进入2010年以来,我国的通货膨胀率逐渐提高,10月份中国的CPI上涨率达到了近年来的新高4.4%,这引起了国内外的普遍重视。央行也随之在10天内连续两次提高法定存款准备金率。那么,本轮通货膨胀有什么特点?成因是什么?我国应该采取什么样的应对措施?本文就讨论这些问题。

第一节　我国本次通货膨胀的特点

我国目前的通货膨胀有三个特点。首先,基本上是物价普遍上涨。图14.1a和图14.1b描绘了2010年1月至10月我国的居民消费分类价格指数(同比)的变动情况。从图中可以看出,在八大类商品中,除了衣着、交通和通信两大类商品之外,其他各大类商品价格均上涨而且通货膨胀率有上涨的趋势;而家庭设备用品及服务和娱乐教育文化用品及服务两大类商品的价格指数也从年初的低于100逐步上涨到100以上。其次,食品价格的涨幅远远大于其他类商品,而且食品类价格的涨幅与其他各类商品价格涨幅之间的差距不断扩大,10月份食品类价格涨幅比居民消费价格总指数高出5.7个百分点。而在食品类价格中,蔬菜类价格的涨幅又远远高于其他食品价格的涨幅,10月份鲜菜价格的同比上涨率达到31%,鲜果价格的上涨率达到17.7%。②

---

① 本章根据以下论文改写:苏剑,“中国目前的通货膨胀:特点、成因和对策”,《经济学动态》2011年第1期,第50—55页。

② 数据来源:国家统计局网站。

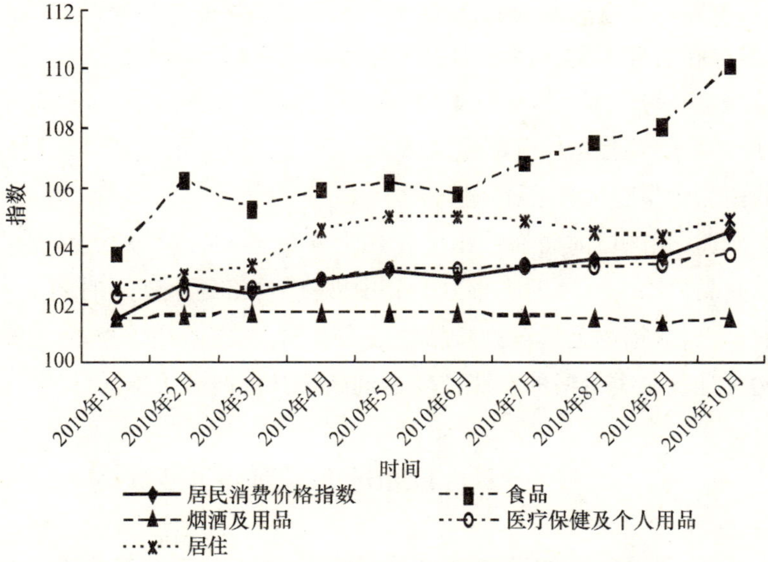

图 14.1a　2010 年 1 月至 10 月我国的居民消费分类价格指数(1)

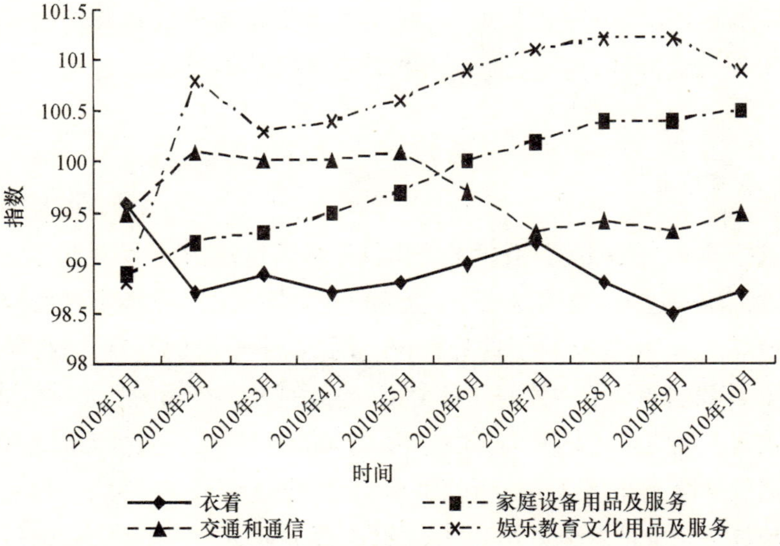

图 14.1b　2010 年 1 月至 10 月我国的居民消费分类价格指数(2)

资料来源:作者根据国家统计局网站(http://www.stats.gov.cn/tjsj/,查阅时间 2010/12/5)提供的数据绘制。

第三，本轮通货膨胀是在资产价格飞涨之后发生的。与商品价格的上涨相比，资产价格在近几年的上涨更为引人注目。从2008年到现在，中国的资产价格尤其是房价高速上涨，其中仅2009年年初到年末，北京的房价几乎翻了一番，而政府的房价调控措施几乎毫无效果。玉石、文物、古董、字画、高级酒等可以储藏的商品价格也大幅度上升。

综上所述，我国目前面临着物价普遍上涨的局面，这种局面包括资产价格的上涨和商品价格的上涨两个部分。其中，资产价格的上涨从时间上领先于商品价格的上涨，涨幅也远远超过商品价格的涨幅；而在商品价格的上涨中，食品类价格尤其是蔬菜类价格的上涨幅度远远高于其他商品价格的涨幅。

第二节　我国目前的通货膨胀的成因

本人认为，我国目前的通货膨胀是由需求和供给两方面的原因共同造成的。这跟以前的通货膨胀有所不同。我国以前的通货膨胀多数为需求拉动型的，现在，随着企业生产成本的上升，我国的通货膨胀中成本推动的作用越来越大。下面我们分别讨论为什么会出现需求拉动和成本推动两个类型的通货膨胀。

一、需求拉动

需求拉动的主要原因是我国的货币供给增长过快，而货币供给增长过快的原因是外汇流入过多。近年来，外汇流入已经成为我国中央银行投放基础货币的唯一途径。图14.2反映了这种情况。图14.2给出的是从2000年1月到2010年9月我国的外汇占款与储备货币（也就是基础货币）之比。在2001年，外汇占款占基础货币的比例为43%左右，2006年年初这一比例超过100%，此后这一比例继续上升，最高时达到129%，目前维持在120%左右。这意味着我国的基础货币完全是由购买外汇投放的，不仅如此，中央银行还得通过其他途径回收因购买外汇投放的部分基础货币。

外汇流入导致我国的货币供给增长过快，虽然中央银行采取了大量发行央行票据的政策回收基础货币，依然无法完全摆脱流动性过剩的局面。其结果，物价上涨就不可避免。但是，我国的物价上涨却有其特殊性。当流动性过剩出

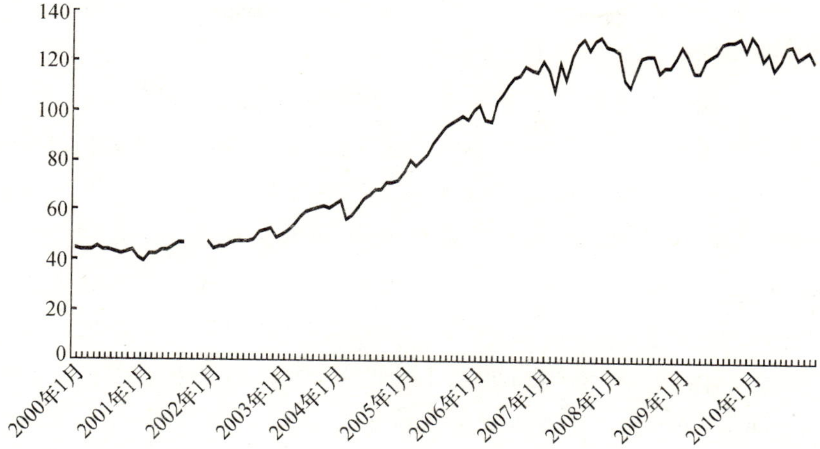

图 14.2　我国的外汇占款与基础货币之比(2000 年 1 月至 2010 年 9 月)

资料来源：作者根据中国人民银行网站提供的数据计算绘制。

现时，首先上涨的是资产价格，随后商品价格开始上涨，而且商品价格的上涨幅度远远低于资产价格的上涨幅度。为什么呢？

原因就在于我国目前存在严重的产能过剩。“产能过剩”是从供给一边说的，从需求一边看就是所谓的“有效需求不足”，二者是一个意思。“有效需求不足”的意思就是老百姓的基本消费需求快达到饱和[①]，老百姓的边际消费倾向已经很低，因此随着老百姓手中货币的增加，老百姓并不大量增加消费，而是增加储蓄，而储蓄就是对各种资产的需求。其结果，资产价格首先上涨，而商品价格由于产能过剩的存在不涨或小幅上涨。随着资产价格的上涨，资产的预期收益率逐步下降，过剩的流动性会逐步流入商品市场，导致商品价格上涨，但由于人们的消费需求不足，因此消费需求增加的幅度远小于资产需求的增加幅度，从而商品价格的上涨幅度要远小于资产价格的上涨幅度。

二、成本推动

生产成本上升是我国目前通货膨胀的另一个原因。

第一，工资成本上升。近年来中国劳动力市场出现的各种引人瞩目的事件

① 这是在目前的经济体制和收入分配格局下说的，随着经济体制和收入分配格局的变化，我国的消费也会发生变化。

如“民工荒”现象、某企业连续出现十几次员工跳楼事件、频频出现的劳资纠纷和罢工等都表明中国劳动力市场的形势已经跟以前大不相同。相应地,中国各地政府相继提高最低工资标准等因素也导致了工资成本上升。

应该明确的是,工资成本上升并不是坏事。实际上,工资成本上升在某种意义上说就是经济发展的主要目的之一。经济发展的目的就是提高居民生活水平,居民生活水平取决于其收入水平,而居民收入的大部分是工资收入,因此,要提高人民群众的生活水平,就必须提高工资,这对于企业来说意味着工资成本的上升。因此,工资成本的提高本身对经济产生的作用有两面性:一方面,工资提高是我们发展经济的目的,另一方面,工资提高又增加了企业的生产成本,给企业生产和宏观调控提出了新的问题。

第二,随着中国经济的发展和经济规模的扩大,中国对原材料、能源等自然资源的需求大幅增长,对国外资源的依存度也迅速提高。这导致资源价格上升,企业生产成本提高。

第三,随着节能减排理念在全世界逐步得到认可,以及我国经济面临的资源压力日益凸显,我国政府对节能减排越来越重视,相应的要求和标准也越来越高,为了满足这种要求,企业就得增加人力、物力,这在客观上进一步加大了企业的生产成本。

第四,随着我国居民收入水平和生活水平的提高,我国居民对生活质量越来越重视,因而对环境保护、生产安全、食品安全、生活的舒适度等方面的要求也越来越高,而满足这些要求需要增加投入,这在客观上使得生产成本上升,物价上涨的压力加大。

成本推动的通货膨胀的特点就是所谓的“滞胀”。美国两次石油危机期间的情形就是如此。我国目前的成本上升也会有相同的结果。

三、小结

以上分析有助于解释我国目前通货膨胀的特点。首先,流动性过剩导致物价的普遍上涨,这包括资产价格和商品价格两方面;其次,流动性过剩和产能过剩二者的共同作用导致资产价格快速上涨,以及商品价格上涨从时间上落后于资产价格上涨、从涨幅上低于资产价格上涨的特点;再次,由于生产成本的上升,尤其是劳动力价格的上涨,劳动密集型产品的价格上涨幅度要高于其他产品价格的上涨幅度，因此，在本轮通货膨胀中，农产品，尤其是劳动密集型农产品如蔬菜价格的上涨幅度远高于其他食品价格的上涨幅度。

第三节　我国目前应该采取的政策组合

那么，我国应该如何应对目前的通货膨胀呢？我认为，目前宏观经济学教科书中的宏观经济政策分析框架过于简单，已经无法应对目前的通货膨胀。目前的宏观经济政策主要是需求管理，而需求管理在应对需求拉动的通货膨胀时效果很好，但在应对成本推动的通货膨胀时就显得力不从心。因此，我们就应该在宏观经济政策分析框架方面进行创新。在本节，我们首先讨论需求管理政策的局限性，然后引入新的宏观经济政策分析框架，然后讨论应对目前的通货膨胀的总体思路和政策组合。

一、需求管理政策的局限性

关于需求管理政策的局限性，标准的宏观经济学教科书上都有所论述，本文就不再重复。在本人看来，教科书上说过的需求管理政策的局限性并不是最重要的，需求管理政策最主要的局限性有两个。

首先，需求管理政策不能同时解决通货膨胀和失业问题。众所周知，在宏观经济学中存在所谓的“菲利普斯曲线”，也就是通货膨胀和失业之间的交替关系。要想解决失业问题，就必须忍受较高的通货膨胀，而要解决通货膨胀问题，就得忍受高失业。这是需求管理必然的结果。

其次，需求管理政策在治理成本推动的通货膨胀（即“滞胀”）方面效果很差。如图 14.3 所示，假定开始时经济处于充分就业状态，此时的价格水平为 P_f，产出水平为 Y_f。假定由于某种原因，企业的生产成本上升，导致总供给曲线左移至 AS_2，均衡价格就会上升到 P_1，均衡产出下降至 Y_1，经济中就会出现失业和通货膨胀并存的局面，也就是“滞胀”。此时，如果用需求管理来应对，效果就较差。比如，如果要消除失业，那就得扩大总需求，使得总需求曲线右移至 AD_2，其结果是均衡价格水平会更高，通货膨胀加剧；而如果要消除通货膨胀，就得降低总需求，比如把总需求曲线左移至 AD_3，这就可以维持价格水平不变，但失业问题又会加剧。因此，需求管理无法应对这种局面。

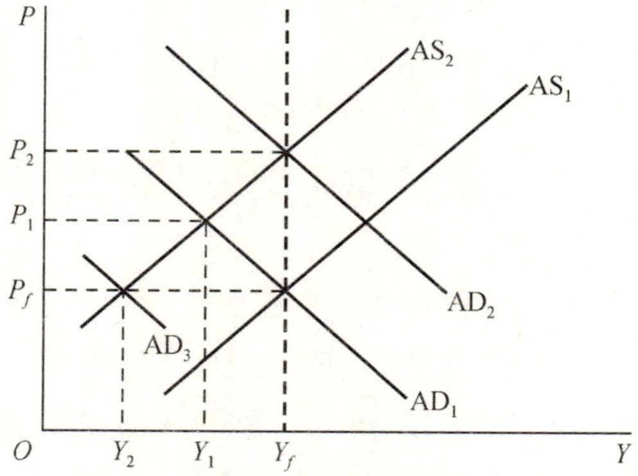

图 14.3 需求管理政策的局限性

因此,在经济面临成本推动的通货膨胀的情况下,需求管理不管怎么做都有重大缺陷。要解决失业问题,通货膨胀将更严重;而要解决通货膨胀问题,就必然进一步推高失业。因此,要应对成本推动的通货膨胀,就必须引入一种新的管理工具,这就是供给管理。

二、我国目前应该采取的政策组合

在我国目前的经济形势下,我国应该采取"供给扩张、需求紧缩"的政策组合,用需求紧缩应对需求拉动的通货膨胀,用供给扩张应对成本推动的通货膨胀,在图 14.3 中的反映就是使得总需求曲线和总供给曲线移回原来位置,从而既避免了需求拉动的通货膨胀,也避免了成本推动的通货膨胀。

在原有的框架下谈论货币政策和财政政策的松紧搭配已经解决不了目前的经济问题,因为在原有的框架下不管财政政策和货币政策如何搭配都是需求管理政策,不同的只是需求变动的来源和需求结构的变化。无论需求方面如何变化都应对不了成本推动的通货膨胀。

第四节 我国目前应该采取的具体应对措施

那么,在"供给扩张、需求紧缩"这样的政策组合中,应该采取哪些具体政策呢?

一、需求紧缩

需求紧缩的方式有两种，一是财政性需求紧缩，一是货币性需求紧缩。在需求紧缩的大框架下，需求管理内部财政政策和货币政策也可以松紧搭配，这跟目前的宏观经济政策体系没有区别。

首先，在目前的情况下，财政紧缩不合适，因为财政性需求政策直接影响总需求，因此会直接影响到实体经济，影响我国的经济增长和就业。尽管我国目前面临通货膨胀，但应该承认的是，通货膨胀率只有4.4%，绝对水平并不是很高。无论如何，在一个市场经济中，物价不可能不变，否则价格机制就不可能起作用，因此物价的变动是很正常的。物价上涨率过高，老百姓可能就承受不了；而物价上涨率过低，经济就容易陷入通货紧缩，而治理通货紧缩的难度远远大于治理同样幅度的通货膨胀。因此，一般而言，2%—3%的年通货膨胀率是最佳的，低于2%经济就容易陷入通货紧缩，所以一般而言，一旦通货膨胀率低于2%，调控当局就会紧张起来；而高于3%的话，某些特定人群受的影响可能过大，政府就必须采取措施，原因在于物价上涨往往不是所有商品价格以相同幅度上涨，而是某些商品价格上涨快，某些价格上涨慢，某些商品的价格甚至还在跌，比如目前的经济形势就是这样。因此，目前的4.4%的通货膨胀率总体上来说不算太高，但由于食品价格上涨幅度过大，对低收入家庭影响较大，所以应该采取措施治理。在我国目前流动性过剩现象十分严重的情况下，商品价格总体涨幅仅4.4%，这足以说明商品价格受到了有效需求不足的限制。也就是说尽管老百姓手中有钱，他们想买的也是各种资产，以使自己的资产保值，而不是大量增加消费，因而资产价格的涨幅远大于商品价格的涨幅。因此，我国就不应采取财政性需求紧缩政策。

其次，我国应该通过数量型货币政策来实施紧缩性需求管理，也就是所谓的“量化紧缩”政策，而不是价格型政策，即加息。

在我国，利率政策和货币政策的关系跟成熟的市场经济国家不一样。在成熟的市场经济国家，利率是市场化的，货币供给和利率之间有因果关系，因此，货币供给和利率之间中央银行只能盯住一个，放开另一个；而在我国，利率不是市场化的，货币供给和利率同时受中央银行控制，二者之间没有因果关系。因此，货币政策的效果跟那些国家就不一样。

假定我国不紧缩货币,但提高利率。结果会如何?加息会导致企业减少投资,这一方面会紧缩实体经济,另一方面会导致企业的交易性货币需求下降,在货币供给不变的情况下,多余出来的货币就会流向资产市场,加剧资产泡沫。因此,加息在我国的效果就是紧缩实体经济、扩张虚拟经济。这不符合我们调控的目的。

而"量化紧缩"政策的效果就不一样。假定我国不加息,但设法减少货币供给。由于我国目前面临流动性过剩的局面,因此货币供给减少并不影响资金的可得性,而利率不变也不影响企业的投资成本。所以,在这种情况下,实体经济不受影响,货币供给的减少直接减少了资产市场上的货币供给,因此有助于抑制资产价格泡沫。也就是说,"量化紧缩"不影响实体经济,但紧缩虚拟经济。这正好满足我国目前的调控目标。

那么,如何实施"量化紧缩"呢?首先,应该采取更为严厉的资本管制以限制热钱的流入。我国的法定存款准备金率已经高达18%,提高的空间很小;公开市场操作、再贴现等政策的空间也很小。因此,传统的货币政策工具已经不足以应对目前流动性过剩的局面。如前所述,外汇流入是导致我国流动性过剩的根源,所以,减少外汇流入就应该被作为紧缩货币的主要着眼点。而在我国目前利率相对其他国家较高、人民币升值预期比较强烈的情况下,利率政策、汇率政策等手段不便采用,实施更为严厉的资本管制几乎就成为唯一选择。

其次,应鼓励我国企业对外投资。对外投资有助于消化掉目前我国的巨额外汇储备,化解通货膨胀的压力。而且,我国经济高速发展30多年之后,我国企业的技术水平、管理水平、资金规模等都有了根本性的提高,已经具备了对外投资的条件;而我国对国外资源的依赖又迫使我国通过这一领域的对外投资来保证我国的资源安全。因此,鼓励企业对外投资对我国经济有利无害。

二、供给扩张

扩张性供给管理政策是应对成本推动的通货膨胀即"滞胀"的最佳对策。

第一,减税政策。降低企业的税收,比如企业所得税、企业增值税等,这些都有助于提高企业实际得到的利润率,有助于刺激供给。近年来,我国的税收增长率一直高于GDP的增长率,意味着资源急剧向政府积聚,政府税收占GDP的比例持续攀升。给企业减税有助于抑制这种趋势,同时也抵消了成本上升给企业增加的负担,增加了总供给。

第二,加速人民币升值。我国目前对外部能源和原材料的依赖性越来越大,人民币升值有助于降低原材料和能源价格,因而有助于降低企业的生产成本。对于我国经济来说,这相当于一个有利的供给冲击。关于人民币汇率问题,本书第六章已有论述,此处不再赘述。

第三,改善管理、深化改革,以降低成本。比如政府行政体制改革有助于改善政府服务、降低企业的运营成本;金融体系改革有助于降低企业的融资成本和交易成本;劳动就业体系改革有助于促进劳动力要素的流动、调动劳动者的积极性,提高劳动生产率;等等。

第四,从长远来看,降低企业生产成本最终还得依靠技术进步带来的生产率的提高,比如促进技术进步,包括促进企业进行技术升级和技术改造、调整要素投入组合、进行自主研发等,这些都有助于降低企业的生产成本。这些措施往往见效较慢,从政策实施到效果显现之间时滞比较长,而且不确定性较大。但这些措施有一个优点,那就是只有好处没有坏处,因此不管其作用什么时候显现,都对当时的经济有利无害,能够缓解当时宏观调控的压力。因此,虽然对目前来说可能效果不大,但也不能忽视。

第五节 总 结

我国目前的通货膨胀与我国改革开放以来出现的历次通货膨胀不同。本次通货膨胀是由需求和供给两方面的因素共同推动造成的,因此,要治理它就得从需求和供给两方面同时下手。尤其是成本推动的通货膨胀,在目前的宏观经济政策框架下根本找不到好的解决办法。因此,我国目前应该采取“供给扩张、需求紧缩”这样的政策组合。需求紧缩应该主要依靠“量化货币紧缩”政策,具体政策包括进一步加强资本管制和鼓励中国企业对外投资;供给扩张主要依靠降低企业税收的政策、加速人民币升值、深化改革、改善管理,以及技术进步政策。

应该看到的是,随着我国居民收入水平的提高,以及中国经济规模的扩大导致的对资源需求的增加,中国企业的生产成本在今后相当长一段时期内都将呈现出上升趋势,成本推动的通货膨胀将是中国经济的常态。因此,着眼于降低企业生产成本的扩张性供给管理政策应该受到我国政府的足够重视。

第六部分

展　望

第十五章

中国经济的可持续增长

最近三十多年来，中国经济以超高速增长，到2010年，中国的GDP已经超过日本，成为世界第二大经济体。那么，中国经济还能不能以这种速度持续增长下去？这涉及中国经济增长的可持续性问题。

这个问题很大，也很复杂。本人也不想在本书中就此展开讨论。但是，无论如何，在探讨了中国经济的过去和现在之后，本书的最后一部分对中国经济的未来做一个展望还是有必要的。因此，在这一章将就这一问题简单谈一下个人看法。本章分三节，首先从供给一方讨论中国经济的增长潜力，然后从需求一方讨论中国经济的增长潜力，最后讨论中国经济在未来几十年中可能面临的几种危机。

第一节　生产能力的增长

在宏观经济学中，经济增长一般指的是生产能力的增长，而生产能力的增长一般就决定了供给的增长。虽然实际供给在短期内可能会偏离生产能力，但一般情况下偏离不会太大，除非发生经济危机。

一个经济生产能力的增长取决于可用资源的增长和生产率的增长。

可用资源包括自然资源、人力资源和资本。对于中国来说，自然资源的供给有限，而且随着中国经济的增长和经济规模的扩大，中国经济对自然资源的需求将越来越大。因此自然资源将会对中国经济的增长构成约束，因此，自然资源无论如何都不会成为中国经济增长的推动力或者源泉。同样,随着中国经济的增长和经济规模的扩大,中国的劳动力也将逐步从过剩走向短缺,而且在三十多年严厉的计划生育政策的控制下,中国的人口自然增长率已经很低,劳动力的增长也难以支持持续的高增长。

资本积累可以是今后30年中国经济增长的源泉之一。中国目前还很穷,各种基础设施还很落后,覆盖面还较窄;而且中国企业的装备比之发达国家还很落后,因此,在资本积累方面中国还有很大的潜力可挖。而中国的储蓄率较高,也为资本积累提供了可能。

对于中国来说,生产率的增长主要有三个来源。

一是制度变迁。最近30年来,制度变迁对中国经济增长的贡献显而易见,改革已经成为中国经济增长的巨大动力。但中国的经济体制改革尚未完成,政治体制改革、社会体制改革等还任重道远,因此还有很大的潜力。这些领域的改革都将给中国经济增添新的活力。

二是技术进步。中国目前的技术水平与发达国家相比还有很大的距离,这就给中国提供了技术进步的巨大空间。中国最发达的沿海地区的技术水平跟发达国家之间存在很大差距,而中国内地的技术水平跟沿海地区之间又存在着巨大的差别,因此技术进步将成为中国经济增长的另一动力。

三是人力资本的积累。生产率的另一个决定因素是劳动力的素质。劳动者科学文化素质的提高有助于提高其劳动生产率。因此,发展教育事业,鼓励各种形式的学历和非学历教育和职业技能培训,都有助于中国的经济增长。目前中国劳动力的平均科学文化素质远远落后于西方国家,因此一样大有潜力可挖,是中国经济增长的另一动力。

综上所述,中国今后的经济增长仍有巨大潜力,中国经济持续高速增长的条件是具备的。

第二节 需求的增长

经济的持续增长需要需求和供给同步增长。仅有供给的增长,没有需求的增长,最终就会出现严重的产能过剩,引发金融、经济危机。

本轮金融危机的根源是世界范围内的产能过剩现象。中国也一样面临产能过剩问题。但中国的特殊情况使得中国有望保持总需求的继续扩张。首先，中国目前的城乡二元结构使得总需求的增长有很大潜力可挖。中国比较富裕的城镇居民的消费逐渐接近饱和，但庞大的农村居民形成了一个广阔的潜在市场。之所以说是“潜在市场”，就在于这些居民的收入水平和生活水平还很低，农村基础设施及社会保障体制相对不够完善，这些都限制了农村居民的消费。因此，只要能提高农村居民的收入水平，加快城镇化进程，完善农村医疗、养老等社会保障制度，农村消费完全可以支撑起中国经济的继续快速增长。中国政府近些年来以及最近出台的各项文件中都谈到了这一点。因此，即使在世界经济一片悲观的情况下，中国经济依然有望继续高速增长。

其次，就算是富裕的东部地区，其生活水平也远低于发达国家，因此相对于发达国家的居民来说，我国存在巨大的消费增长的潜力。随着经济的发展，人们收入水平提高，消费水平也将逐步提高。但要让人们的消费增长赶上生产能力的增长，就必须消除人们消费的后顾之忧，这就要求我国建立起完善的社会保障体系。

再次，虽然现在中国的出口占 GDP 的比例较高，但净出口占 GDP 的比例却不高，这意味着中国的内需其实是有的，只不过相当一部分国内消费者的需求是对外国产品的需求，因此，如果中国自己能够生产出现在进口的那些产品，也就是所谓的“进口替代”，就可以把本国居民对外国产品的需求转化为对本国产品的需求。最近几十年中国家电市场的发展历程就是一个很好的证明。上个世纪 80 年代的时候，中国的家电市场基本上是外国产品的一统天下，人们对外国货十分偏爱，现在，国产品牌是中国家电市场的绝对主力，中国人对外国品牌的家电已经没有了那样的偏爱，国产家电深受国人喜爱。

第三节　中国经济的隐忧

一、金融危机

金融危机是中国经济今后一段时期内面临的最为严重的威胁。纵观最近半个世纪以来的世界经济史，我们就会发现，采取出口导向型发展战略的国家和地区，在经历了二三十年的高速发展之后，几乎不可避免地都出现了金融危机。中国目前面临的形势跟这些国家和地区发生金融危机前的形势非常相似。巨额的外汇储备、严重的资产价格泡沫、通货膨胀的压力、本币升值的压力等，构成了中国经济严重的金融危机隐患。如何化解这一难题就成为中国政府面临的重要问题。

二、国际金融、经济危机

目前，全球金融危机刚刚过去，全球经济有所恢复，但恢复的态势还不明朗，世界各主要经济体包括美国、欧洲、日本经济增长的情况和势头并不乐观。美国在次贷危机爆发后就一直在采取极度扩张性的货币政策，最近又采取了第二轮量化宽松政策。众所周知，正是由于格林斯潘时期宽松的货币政策导致了次级贷款的急剧扩张，最终导致了次贷危机。在次贷危机爆发后，美国为了挽救经济，继续采取凯恩斯主义政策，向经济中注入了大量的货币。但这并没有使美国经济真正走上复苏之路，所以才有了第二轮量化宽松政策。近于0的利率使得投资成本很低，因此即使能够刺激投资，刺激出来的也是收益率很低的低质投资，一旦由于任何原因出现利率上升的情形，美国就可能面临第二次金融危机。在我看来，今后五年美国出现第二次金融危机的可能性很大。美国目前的货币政策的宽松程度要远远大于格林斯潘时代，因此一旦出现金融危机，危害程度也将远远大于本次全球金融危机。

欧洲债务危机尚未完全过去，而日本债务危机的可能性越来越大。在“3·11”地震前，日本的国债已经是其GDP的210%左右，其每年的国债本息支出已经占到了日本中央财政支出的25%左右；地震的发生以及救灾、重建、应对核泄露等严峻挑战将进一步加重日本的债务负担。作为世界第三大经济体，如果日本爆发债务危机的话，将对世界经济产生很大的影响，这种影响可能比不上美国金融危机对世界经济的影响，但绝对不应忽视。

三、劳动力短缺与人口危机

随着中国经济的继续增长，中国必将进入劳动力短缺的时代。经过长达30年的高速经济增长，中国农村的富余劳动力已经基本被吸收完毕，越来越严重的“民工荒”现象和近年来快速提高的农民工工资都表明，中国农村已经没有了富余劳动力。虽然中国现在存在大学生就业难的现象，但在农民工工资上涨和

“民工荒”的情况下，企业必然会调整自己的产品结构和生产技术，从而逐步增加对文化程度较高的大学生的需求。可以预见，随着中国经济的继续高速增长以及中国政府和企业共同关注的经济结构调整的逐步推进，中国很快也将会出现大学生短缺的情况。因此，“十二五”时期将是中国劳动就业形势发生根本转换的时期，劳动力全面短缺将取代劳动力过剩成为中国经济的主要特征。

与劳动力短缺相伴而来的是人口危机。最近的人口普查表明，中国人口的年龄结构已经很不合理，老龄化问题相当严重，而且按照目前的人口发展趋势，老龄化问题将越来越严重，有人估计，25 年后，中国老年人口与工作能力人口的比例将达到 0.9∶1，那时养老问题就成为中国经济最严重的问题。因此，如果中国不及时调整人口政策，人口危机将不可避免。

四、环境、资源压力

中国经济规模的扩大将导致对资源和能源的需求的大量增加。中国将面临巨大的资源压力。现在大家看到的资源压力是能源和原材料压力，但随着经济的增长，中国经济发展面临的最大资源压力将来自水资源。人类的任何活动都需要水，而中国恰恰缺乏水，尤其是中国的西部。经济发展导致的对水资源的巨大需求可能会导致水的过度利用，最终导致生态失衡。因此，包括水在内的资源短缺将是中国经济面临的另一重大问题。

参考文献

Alan S. Blinder, Offshoring: The Next Industrial Revolution?, *Foreign Affairs*, 2006, March/April; Vol. 85, No. 2, 113—128.

Bruce Bartlett and Timothy P. Roth, "Introduction" in Bruce Bartlett and Timothy P. Roth (Eds.), *The Supply-Side Solution*, London: MacMillan Publishers Ltd, 1983.

National Income and Production Account, Bureau of Economic Analysis, 2008, http://www.bea.gov/national/txt/dpga.txt; 查阅时间:2009/5/15.

Williem H. Buiter, "Lessons from the North Atlantic Financial Crisis", prepared for presentation at the conference "The Role of Money Markets" jointly organised by Columbia Business School and the Federal Reserve Bank of New York on May 2008, 29—30.

Gregory Chow and Lin, An-loh, Accounting for Economic Growth in Taiwan and Mainland China: A Comparative Analysis, *Journal of Comparative Economics*, 2002, 30, 528.

Economic Report of the President, 2009. http://www.gpoaccess.gov/eop/.

Federal Reserve Statistical Release-H.15 (519) Selected Interest Rates, Federal Reserve, 2006, http://www.federalreserve.gov/releases/h15/ Current/, Release Date: May 30, 2006.

James H. Gapinski, The Panda that grew, *China Economic Review*, 2001, 12, 268—273.

Gary H Jefferson, Jian Su, Privatization and restructuring in China: Evidence from shareholding ownership, 1995—2001, *Journal of Comparative Economics*, 2006, 34:146—166.

John Kiff, Paul Mill, Money for Nothing and Checks for Free: Recent Developments in U.S. Subprime Mortgage Markets, *New Finance*, 2007(10):43—47.

Ulrich Kohli, GDP Growth Accounting: A National Income Function Approach, *Review of Income & Wealth*, 2003, 49(1).

J. Kornei, *The socialist system*, New Jersey: Princeton University Press, 1992.

Krinsman A N., Subprime Mortgage Meltdown: How Did It Happen And How Will It End?, *The Journal of Structured Finance*, 2007, Vol. XIII, No. 2:1—9.

Paul Krugman, Trade and Ineauality: Revisited, 2007, www. voxeu. org/index. php? q = node/261; 查阅时间 2009-05-15.

Arthur B. Laffer, Introduction, in Victor A. Canto, Douglas H. Joines, and Arthur B. Lafer (eds.), *Foundations of Supply-Side Economics: Theory and Evidence*, New York: Academic Press, 1983.

Stan J. Liebowitz, Anatomy of a Train Wreck: Causes of the Mortgage Meltdown, *Independent Policy Reports*, October 3, 2008.

Liu Wei, The PRC Macroeconomic Development during the Post-11th FYP Period, manuscript, School of Economics, Peking University, 2010.5.

R. Lewis, Economic Development with Unlimited Supply of Labor, *Manchester School of Economic and Social Studies*, 1954, 22:139—91.

Dwight Perkins, *Agricultural Development in China: 1368—1968*. Cambridge, MA: Harvard University Press, 1969.

Carmen M. Reinhart and Kenneth S. Rogoff, Is the 2007 U.S. Sub-prime Financial Crisis so Different? An International Historical Comparison, *NBER Working Paper*, January 2008.

Dani Rodrik, Where are the largest gains from trade liberalization?, 2009, http://rodrik. typepad. com/; 查阅时间 2009-05-15.

Paul Samuelson, Where Ricardo and Mill Rebut and Confirm Arguments of Mainstream Economists Supporting Globalization, *Journal of Economic Perspectives*, Vol. 18, No. 3, 2004, 135—146.

Michael Snyder, 15 Signs The U.S. Housing Market Is Headed For Complete And Total Collapse, August, 2010, http://www. businessinsider. com/15-signs-that-the-us-housing-market-is-headed-for-complete-and-total-collapse-2010-8#ixzz0xXIxuLCr, 查阅时间:2010-08-24.

John A. Tatom, We are All Supply-Siders Now, in Bruce Bartlett and Timothy P. Roth (Eds.), *The Supply-Side Solution*, London: MacMillan Publishers Ltd, 1983.

Marcel P. Timmer, Gerard Ypma and Bart van Ark, IT in the European Union: Driving Productivity Divergence?, *GGDC Research Memorandum GD-67*, October 2003, University of Groningen, Appendix Tables, updated June 2005, http://www. ggdc. net/index-dseries. html#top, 查阅时间 2006-6-1;文中国别数据从相应国家的链接数据中获得.

Yan Wang and Yudong Yao, Sources of China's economic growth 1952—1999: incorporating human capital accumulation, *China Economic Review* 14, 2003, 44.

World Trade Organization, *International Trade Statistics*, 2008.

Young, Alwyn, The Tyranny of The Tyranny of Numbers: Confronting the Statistical Realities of the East Asian Growth Experience, *The Quarterly Journal of Economics*, 1995, 110(3).

巴曙松,信贷大起格局初定[J]. 首席财务官, 2010年第3期.

北京大学中国国民经济核算与经济增长研究中心,从需求管理到供给管理:中国经济增长报告2010[M]. 北京:中国发展出版社.

北京大学中国国民经济核算与增长研究中心, 中国经济增长报告[M]. 北京:中国经济出版社,2004、2005、2006年版.

北京大学中国经济研究中心宏观组,货币政策乎? 财政政策乎? ——中国宏观经济政策评析及增长的建议[J]. 经济研究,1998年第10期,http://www.cenet.org.cn/cn/ ReadNews.asp? NewsID = 14516.

北京大学中国经济研究中心宏观组,预防通货紧缩和保持经济较快增长研究[M]. 北京:北京大学出版社,2005.

蔡承智、李啸浪、梁颖,基于AEZ模型的我国农区主要作物单产潜力分析[J]. 中国种业,2007(8):34—36.

蔡昉,中国就业增长与结构变化[J]. 社会科学管理与评论,2007年第2期:30—43.

曹远征,美国住房抵押贷款次级债风波的分析与启示[J]. 国际金融研究,2007年第11期.

陈保启、李为人,生产性服务业的发展与我国经济增长方式的转变[J]. 中国社会科学院研究生院学报,2006年第6期.

陈华,赵俊燕,金融危机传导过程与机制研究:一个美国样本[J]. 金融发展研究, 2009年第4期.

程亚文,中国人口出生率将持续下降,中国发展门户网,2007年01月15日.

邓瑾,中国面临低生育率,学界呼吁调整人口政策[J]. 南方周末,2008年12月26日.

丁元竹,正确认识当前"大学生就业难"问题[J]. 宏观经济研究,2003年第3期.

范俏燕,当前国际性金融危机的生成和传导[J]. 财经科学, 2008年第7期.

方会磊、张曼、于宁、张宇哲,5万亿之忧[J]. 新世纪,2010年第6期.

高峰,发达资本主义国家经济增长方式的演变[M]. 北京:经济科学出版社,2006.

高志英等,对我国经济增长方式粗放度的计量分析[J]. 江汉论坛,2000年第6期.

龚刚、陈琳,供给推动——论经济增长方式转型中的财政政策[J]. 南开经济研究,2007年第2期.

郭金龙,经济增长方式的国际比较[M]. 北京:中国发展出版社,2000.

郭田勇、裴玉,经济刺激政策应该且战且退[J]. 数据,2010年第2期.

国家统计局,中国统计年鉴各期.

何东,金融危机后的货币政策操作——东亚国家的经验及启示[J]. 金融研究,2007年第5期.

胡伟清、张宗益,农民工劳动供给行为的理论分析——"民工荒"的微观经济视角[J]. 理论与改革,2007 年第 4 期.
黄武俊、陈漓高,外汇资产、基础货币供应与货币内生性——基于央行资产负债表的分析[J]. 财经研究,2010 年第 1 期.
黄霞,流动性过剩与资产泡沫膨胀下的中国金融稳定问题研究[D]. 中国博士学位论文全文数据库,厦门大学,2007.
黄晓鹏,加快经济增长方式转变关键在政府推动制度变迁[J]. 中国社会科学院研究生院学报,2006 年第 4 期.
贾彧,制度创新是经济增长方式转变的关键[J]. 企业经济,2006 年第 9 期.
蒋先玲,美国次级债危机剖析及其对中国的启示[J]. 金融理论与实践,2007 年第 11 期.
凯恩斯,就业、利息与货币通论(中文版)[M]. 北京:商务印书馆,1983.
R. W. 坎佩尔,*The Soviet-Type Economics*: *Performance and Evolution*,1974 年第 3 版.
西蒙·库兹涅茨著,常勋等译,各国经济的增长[M]. 北京:商务印书馆,2005.
寇博,"人口与和谐社会"国际培训项目北京大学预培训简报之一,2007 年 9 月 7 日,http://www.bimba.org/article.asp? articleid=3434,查阅时间 2011 年 5 月 3 日.
雷良海,魏遥,美国次贷危机的传导机制[J]. 世界经济研究,2009 年第 1 期.
李翀,论美国次级抵押贷款危机的原因和影响[J]. 经济学动态, 2007 年第 9 期.
李翀,论我国的资产泡沫与金融风险[J]. 福建论坛(人文社会科学版), 2008 年第 2 期.
李稻葵,今年是股市和房地产调整年,http://finance.sina.com.cn/roll/20100329/01267647383.shtml,查阅时间 2010 年 4 月 9 日.
李德水,关于美国次贷危机的若干判断,http://www.cfi.net.cn/newspage.aspx? id=20080918000250&AspxAutoDetectCookieSupport=1,查阅时间 2008 年 9 月 18 日.
李石凯,低储蓄率是美国次贷危机的根源[J]. 中国金融, 2007 年第 21 期.
李雨民,人口老龄化危机挑战中国计划生育政策[J]. 国际先驱导报,2006 年 02 月 08 日.
李月,我国"民工荒"问题的成因及对策[J]. 经济纵横,2007 年第 11 期.
梁钢华, 10 月份广东关闭中小企业多于前三季度总和,新华网,2008,http://news.xinhuanet.com/fortune/2008-12/20/content_10530788.htm,查阅时间 2009 年 7 月 1 日.
林毅夫、苏剑,论我国经济增长方式的转换[J]. 管理世界,2007 年第 11 期.
林毅夫、任若恩,关于东亚经济增长模式争论的再探讨[J]. 经济研究,2006 年第 6 期.
刘国光、李京文(主编),中国经济大转变:经济增长方式转变的综合研究[M]. 广州:广东人民出版社,2001.
刘伟,我国宏观经济失衡的新特征[J]. 中共中央党校学报,2007 年第 1 期.
刘伟、蔡志洲、苏剑,贸易保护主义抬头的原因、后果及我国的应对措施[J]. 金融研究,2009 年第 6 期.

刘伟、苏剑,如何刺激投资？兼谈创新支持政策与货币政策的关系以及宏观调控方式的未来走向[J]. 中国工商管理研究, 2009 年第 3 期.
刘伟、苏剑,人民币升值及应对措施[J]. 经济理论与经济管理, 2011 年第 4 期.
刘伟、苏剑,我国现阶段的货币政策究竟有怎样的特殊效应[J]. 经济学动态,2007 年第 10 期.
刘伟、苏剑,供给管理与我国目前的宏观调控[J]. 经济研究,2007 年第 2 期.
刘伟、苏剑,供给管理与我国的市场化改革进程[J]. 北京大学学报, 2007 年第 5 期.
刘伟、许宪春、蔡志洲,从长期发展战略看中国经济增长[J]. 管理世界,2004 年第 7 期.
刘伟,工业化加速时期的产业结构研究[M]. 北京:中国人民大学出版社,1995.
刘伟,我国宏观经济失衡的新特征[J]. 中央党校学报,2007 年第 1 期.
刘伟,应当以怎样的历史价值取向认识和推动改革[J]. 经济学动态,2006 年第 5 期.
刘现军等,经济增长方式转变的标准与指标体系[J]. 经济论坛, 1999 年第 1 期.
刘兴革,信息化:转变经济增长方式的新途径[J]. 学术交流, 2006 年第 8 期.
刘玉红、高铁梅、陶艺,中国转轨时期宏观经济政策传导机制及政策效应的模拟分析[J]. 数量经济技术经济研究, 2006 年第 23 卷第 3 期.
卢庆杰,中国货币政策工具有效性分析[J]. 复旦学报,2007 年第 1 期.
罗盘、曲昌荣,一场特殊的攻坚战——河南省帮扶 840 万返乡农民工就业纪实[N]. 人民日报, 2009 年 5 月 26 日.
戴维·罗默著,苏剑、罗涛译,高级宏观经济学[M]. 北京:商务印书馆,1999.
罗莹,德国的经济增长方式转变分析[J]. 企业研究,2002 年第 3 期.
马寅初,新人口论[N]. 人民日报, 1957 年 7 月 5 日.
安格斯·麦迪森著,伍晓鹰等译, 世界经济千年史[M]. 北京:北京大学出版社,2003 年版美联储网站,http://www.federalreserve.gov.
N. 格里高利·曼昆,宏观经济学(第四版)[M]. 北京:中国人民大学出版社,2000.
米什金,货币金融学(第四版)[M]. 中国人民大学出版社,1998.
农业部课题组,21 世纪初期我国农村就业及剩余劳动力利用问题研究[J]. 中国农村经济, 2000 年第 5 期.
戚文海,经济转轨十年:俄罗斯经济增长方式探析[J]. 东欧中亚研究, 2002 年第 4 期.
H. 钱纳里等著,吴奇等译,工业化和经济增长的比较研究[M]. 上海:上海三联书店出版社,1989.
D. W. 乔根森著,李京文等译,生产率(第二卷)[M]. 北京:中国发展出版社,2001.
邱壑,央行:继续适度宽松 解决苗头性问题[N]. 第一财经日报,2009 年 07 月 25 日,http://business.sohu.com/20090725/n265472837.shtml,查阅时间 2009/7/26.

芮莉,论货币政策工具的优化——关于法定存款准备金制度的改革与完善[J]. 经济问题探索,2004年第3期.
邵川,关于法定存款准备金作为现阶段我国常规货币政策工具的探讨[J]. 新金融,2007年第6期.
宋世方,刘易斯转折点:理论与检验[J]. 经济学家, 2009年第2期.
苏剑,中国目前的通货膨胀:特点、成因和对策[J]. 经济学动态, 2011年第1期.
苏剑,中国十二五期间的经济展望[J]. 信息(Compass), 2010年冬季号.
苏剑, 产能过剩背景下的中国宏观调控[J]. 经济学动态, 2010年第10期.
苏剑、叶淏尹,中国对外投资的历史与展望[J]. 中国经济, 2010年第9期.
苏剑,出口导向型增长的终结与中国对策[J]. 中国经济, 2010年第6期.
苏剑、盛磊,刘易斯拐点、大学生就业难和“民工荒”问题研究[J]. 广东商学院学报, 2010年第3期.
苏剑、刘斌、林卫斌,论中国目前的货币政策选择——基于中国宏观经济特殊性的思考[J]. 经济学动态, 2010年第5期.
苏剑,从全球金融危机看中国人口政策与经济的可持续发展[J]. 社会科学战线, 2010年第3期.
苏剑,论我国人口政策的走向[J]. 广东商学院学报, 2010年第1期.
苏剑,我国农村还有多少富余劳动力? [J]. 广东商学院学报, 2009年第5期(该文被《高等学校文科学术文摘》2009年第6期摘录).
苏剑、林卫斌、叶淏尹,金融危机下中美经济形势的差异和货币政策选择[J]. 经济学动态, 2009年第9期.
苏剑、刘斌,美国金融危机的成因和我国的对策[J]. 经济前沿, 2009年第1期.
苏剑,供给管理政策及其在调节短期经济波动中的应用[J]. 经济学动态, 2008年第6期.
苏剑, 央行的组合拳还没打完[N]. 中国经济时报, 2007年5月23日.
苏剑,如何扩大消费? [N]. 中国经济时报,2006年4月21日.
苏剑,降低利率有助于解决我国的失业问题吗? [J]. 经济研究, 1998年第10期.
唐勇林,放开二胎刻不容缓——专访中国人民大学校长纪宝成[N]. 南方周末, 2009年4月8日,http://www.infzm.com/content/26662,查阅时间2010/8/24.
田春生等,经济增长方式研究[M]. 南京:江苏人民出版社,2002.
田莺,关于经济增长方式的定量判断[J]. 商业研究, 1999年第4期.
王建新,地方财政的“信贷化”风险正潜滋暗长[J]. 经济研究参考,2010年第6期.
王小鲁,中国经济的可持续性与制度变革[J]. 经济研究, 2000年第7期.
王晓雷,美国次级抵押贷款危机成因[J]. 农村金融研究,2007年第10期.

王一鸣,转变经济增长方式与体制创新[J]. 经济与管理研究,2007 年第 8 期.
王玉平,银行信贷资金财政化趋势分析[J]. 中国统计,2009 年第 8 期.
王元京,1998 年以来财政资金与信贷资金配合使用的模式[J]. 金融理论与实践,2010 年第 2 期.
王远博,大学生失业的经济学原因探讨[J]. 经济问题探索,2005 年第 2 期.
文晔,中国的生育率之谜[J]. 中国新闻周刊, 2009 年 03 月, http://view.news.qq.com/a/20090329/000021.htm,查阅时间 2010/8/31.
吴敬琏,中国增长模式选择[M]. 上海:上海远东出版社,2005.
吴敬琏、刘福垣、胥和平,吴敬琏等纵论中国经济增长方式转变[J]. 时事报告, http://www.iac.org.cn/data/html/2005-04-13/show_14890.html,查阅时间 2006-5-19.
吴克明、孙百才,大学生就业期望偏高的经济学分析[J]. 教育与经济,2005 年第 4 期.
约瑟夫 · 阿洛伊斯 · 熊彼特,经济发展理论[M]. 北京:九州出版社,2006.
邢婷,纪宝成:人口问题关系民生 独生政策应调整,中国经济网,2008 年 03 月 06 日,http://www.ce.cn/ztpd/xwzt/08lh/djq/bwzg/200803/06/t20080306_14748351.shtml,查阅时间 2011 年 5 月 3 日.
E. A. 休伊特,Reforming Soviet Economy,1988 年第 1 版
徐辉、余森平、邱淑芳,信息产业的发展对实现经济增长方式转变的倍增效应[J]. 上海企业,2003 年第 4 期.
徐则荣,创新理论大师熊彼特经济思想研究[M]. 北京:首都经济贸易大学出版社,2006.
徐州市农业资源开发局,徐州市农业资源开发局 2006 年度工作总结和 2007 年度工作意见(产生日期:2006 年 12 月 28 日;公开日期:2009 年 9 月 6 号;索引号:CJO44-D0300-2006-001, http://xxgk.xz.gov.cn/xzxxgk/nrglIndex.action? catalogID = ba5a42a118adb90c0118adc91a5e0506&type = 2&messageID = ba5a42a11a22ded7011a292094840220.
杨克斯等,我国经济增长方式转变的制约因素及对策[J]. 商业时代, 2007 年第 11 期.
杨云,论人力资本积累视野下西部民族地区经济增长方式的转变[J]. 经济问题与探索, 2006 年第 12 期.
尹伯成、华桂宏,供给学派[M]. 武汉:武汉出版社,1996.
尹贤淑,韩国经济增长方式转变的经验及启示[J]. 中央财经大学学报, 2003 年第 1 期.
于治国,影响我国经济增长方式转变的内外因素分析[J]. 中国市场, 2007 年第 26 期.
余桔云,大学生就业难的成因及对策[J]. 金融与经济, 2006 年第 4 期.
曾湘泉、刘彩凤,我国劳动力供需形势分析及展望——对我国“民工荒”与就业难并存的思考[J]. 中国劳动, 2006 年第 1 期.
曾祥效,经济增长方式与创新型企业的关系及测度研究[J]. 科技管理研究, 2007 年第 1 期.

张彬,吴云雁,浅析美国次贷危机对我国出口贸易的影响[J]. 广东外语外贸大学学报, 2009年第1期.

张车伟、吴要武,城镇劳动供求形势与趋势分析[J]. 中国人口科学,2005年第5期.

张洁和王延昆,论发展循环经济对转变经济增长方式的作用[J]. 商业现代化, 2007年第26期.

张景晨,经济增长方式转变的判据[J]. 数量经济技术经济研究, 1998年第12期.

张书芬,中国未来15年的七大问题,http://finance. sina. com. cn/review/ 20060217/18222352993. shtml,查阅时间2006-6-1.

张晓波、杨进、王生林,中国经济到了刘易斯转折点了吗?——来自贫困地区的证据[J]. 浙江大学学报(人文社会科学版)2009年第9期.

张学俭,在2005年国家水土保持重点建设工程工作会议上的总结讲话,2005-12-05,http://www. swcc. org. cn/zhuanti_view_content. asp? id = 13483.

张卓元,以节能减排为着力点推动经济增长方式转变[J]. 经济纵横, 2007年第15期.

赵征,近期央行频繁适用存款准备金工具效果为何不明显[J]. 财经科学, 2007年第9期.

郑东阳,林毅夫:跌宕人生路[M]. 杭州:浙江人民出版社, 2010.

中国科学院可持续发展战略研究组,2006中国可持续发展战略报告(2006), http://www. china. com. cn/chinese/zhuanti/2006cxbg/1159623. htm,查阅时间2006-6-1.

中国人民银行,2007年第三季度中国货币政策执行报告.

中国人民银行,中国货币政策执行报告(2008年第四季度).

中国人民银行,人民币现行利率表,2006, http://www. pbc. gov. cn/ detail. asp? col = 460&ID = 366,查阅时间2006-5-31.

中国人民银行网站,http://www. pbc. gov. cn.

中国资讯行中国统计数据库,http://www. bjinfobank. com.

周建,美日经济增长方式比较研究及其对中国的启示[J]. 世界经济文汇, 2002年第2期.

周振亚,我国现阶段经济增长方式转变的战略地位[J]. 经济研究, 1996年第10期.

朱启铭,促进经济增长方式转变的金融深化机制研究[J]. 价格月刊, 2006年第4期.